2024

どこでも！学ぶ

宅建士

年度別

本試験問題集

【問題編】

日建学院

●問題編●

令和5年度　本試験問題 ……………………………　7

令和4年度　本試験問題 ……………………………　31

令和3年度(12月) 本試験問題 ………………………　57

令和3年度(10月) 本試験問題 ………………………　81

令和2年度(12月) 本試験問題 ………………………　105

令和2年度(10月) 本試験問題 ………………………　129

令和元年度　本試験問題 ……………………………　153

平成30年度　本試験問題 ……………………………　177

平成29年度　本試験問題 ……………………………　201

平成28年度　本試験問題 ……………………………　225

平成27年度　本試験問題 ……………………………　249

平成26年度　本試験問題 ……………………………　273

宅地建物取引士資格試験解答用紙

実施日	令和6年　月　日	試験地	
		電算番号	
受験番号			
氏名	フリガナ		
	漢字		

この欄は記入しないこと

0	0	0	0	0	0	0	0
1	1	1	1	1	1	1	1
2	2	2	2	2	2	2	2
3	3	3	3	3	3	3	3
4	4	4	4	4	4	4	4
5	5	5	5	5	5	5	5
6	6	6	6	6	6	6	6
7	7	7	7	7	7	7	7
8	8	8	8	8	8	8	8
9	9	9	9	9	9	9	9

解 答 欄

問題番号	解 答 番 号				問題番号	解 答 番 号			
問 1	①	②	③	④	問 26	①	②	③	④
問 2	①	②	③	④	問 27	①	②	③	④
問 3	①	②	③	④	問 28	①	②	③	④
問 4	①	②	③	④	問 29	①	②	③	④
問 5	①	②	③	④	問 30	①	②	③	④
問 6	①	②	③	④	問 31	①	②	③	④
問 7	①	②	③	④	問 32	①	②	③	④
問 8	①	②	③	④	問 33	①	②	③	④
問 9	①	②	③	④	問 34	①	②	③	④
問 10	①	②	③	④	問 35	①	②	③	④
問 11	①	②	③	④	問 36	①	②	③	④
問 12	①	②	③	④	問 37	①	②	③	④
問 13	①	②	③	④	問 38	①	②	③	④
問 14	①	②	③	④	問 39	①	②	③	④
問 15	①	②	③	④	問 40	①	②	③	④
問 16	①	②	③	④	問 41	①	②	③	④
問 17	①	②	③	④	問 42	①	②	③	④
問 18	①	②	③	④	問 43	①	②	③	④
問 19	①	②	③	④	問 44	①	②	③	④
問 20	①	②	③	④	問 45	①	②	③	④
問 21	①	②	③	④	問 46	①	②	③	④
問 22	①	②	③	④	問 47	①	②	③	④
問 23	①	②	③	④	問 48	①	②	③	④
問 24	①	②	③	④	問 49	①	②	③	④
問 25	①	②	③	④	問 50	①	②	③	④

日建学院

令和5年度
問　題

次の注意事項をよく読んでから、始めてください。

（注意事項）

1　問　題

問題は、7ページから28ページまでの50問です。

試験開始の合図と同時に、ページ数を確認してください。

乱丁や落丁があった場合は、直ちに試験監督員に申し出てください。

2　解　答

解答は、解答用紙の「記入上の注意」に従って記入してください。

正解は、各問題とも一つだけです。

二つ以上の解答をしたもの及び判読が困難なものは、正解としません。

3　適用法令

問題の中の法令に関する部分は、令和6年4月1日現在施行されている規定に基づいて出題されています。

日建学院

【問 1】 次の1から4までの記述のうち、民法の規定、判例及び下記判決文によれば、誤っているものはどれか。

（判決文）

　遺産は、相続人が数人あるときは、相続開始から遺産分割までの間、共同相続人の共有に属するものであるから、この間に遺産である賃貸不動産を使用管理した結果生ずる金銭債権たる賃料債権は、遺産とは別個の財産というべきであって、各共同相続人がその相続分に応じて分割単独債権として確定的に取得するものと解するのが相当である。

1　遺産である不動産から、相続開始から遺産分割までの間に生じた賃料債権は、遺産である不動産が遺産分割によって複数の相続人のうちの一人に帰属することとなった場合、当該不動産が帰属することになった相続人が相続開始時にさかのぼって取得する。

2　相続人が数人あるときは、相続財産は、その共有に属し、各共同相続人は、その相続分に応じて被相続人の権利義務を承継する。

3　遺産分割の効力は、相続開始の時にさかのぼって生ずる。ただし、第三者の権利を害することはできない。

4　遺産である不動産が遺産分割によって複数の相続人のうちの一人に帰属することとなった場合、当該不動産から遺産分割後に生じた賃料債権は、遺産分割によって当該不動産が帰属した相続人が取得する。

【問 2】 相隣関係に関する次の記述のうち、民法の規定によれば、正しいものはどれか。

1　土地の所有者は、境界標の調査又は境界に関する測量等の一定の目的のために必要な範囲内で隣地を使用することができる場合であっても、住家については、その家の居住者の承諾がなければ、当該住家に立ち入ることはできない。

2　土地の所有者は、隣地の竹木の枝が境界線を越える場合、その竹木の所有者にその枝を切除させることができるが、その枝を切除するよう催告したにもかかわらず相当の期間内に切除しなかったときであっても、自らその枝を切り取ることはできない。

3　相隣者の一人は、相隣者間で共有する障壁の高さを増すときは、他方の相隣者の承諾を得なければならない。

4　他の土地に囲まれて公道に通じない土地の所有者は、公道に出るためにその土地を囲んでいる他の土地を自由に選んで通行することができる。

【問　3】　Aを注文者、Bを請負人として、A所有の建物に対して独立性を有さずその構成部分となる増築部分の工事請負契約を締結し、Bは3か月間で増築工事を終了させた。この場合に関する次の記述のうち、民法の規定及び判例によれば、誤っているものはどれか。なお、この問において「契約不適合」とは品質に関して契約の内容に適合しないことをいい、当該請負契約には契約不適合責任に関する特約は定められていなかったものとする。

1　AがBに請負代金を支払っていなくても、Aは増築部分の所有権を取得する。

2　Bが材料を提供して増築した部分に契約不適合がある場合、Aは工事が終了した日から1年以内にその旨をBに通知しなければ、契約不適合を理由とした修補をBに対して請求することはできない。

3　Bが材料を提供して増築した部分に契約不適合があり、Bは不適合があることを知りながらそのことをAに告げずに工事を終了し、Aが工事終了日から3年後に契約不適合を知った場合、AはBに対して、消滅時効が完成するまでは契約不適合を理由とした修補を請求することができる。

4　増築した部分にAが提供した材料の性質によって契約不適合が生じ、Bが材料が不適当であることを知らずに工事を終了した場合、AはBに対して、Aが提供した材料によって生じた契約不適合を理由とした修補を請求することはできない。

【問　4】　AがBに対して貸金債権である甲債権を、BがAに対して貸金債権である乙債権をそれぞれ有している場合において、民法の規定及び判例によれば、次のアからエまでの記述のうち、Aが一方的な意思表示により甲債権と乙債権とを対当額にて相殺できないものを全て掲げたものは、次の1から4のうちどれか。なお、いずれの債権も相殺を禁止し又は制限する旨の意思表示はされていないものとする。

ア　弁済期の定めのない甲債権と、弁済期到来前に、AがBに対して期限の利益を放棄する旨の意思表示をした乙債権

イ　弁済期が到来している甲債権と、弁済期の定めのない乙債権

ウ　弁済期の定めのない甲債権と、弁済期が到来している乙債権

エ　弁済期が到来していない甲債権と、弁済期が到来している乙債権

1　ア、イ、ウ

2　イ、ウ

3　ウ、エ

4　エ

【問 5】 従来の住所又は居所を去った者（以下この問において「不在者」という。）の財産の管理に関する次の記述のうち、民法の規定及び判例によれば、正しいものはどれか。なお、この問において「管理人」とは、不在者の財産の管理人をいうものとする。

1 不在者が管理人を置かなかったときは、当該不在者の生死が7年間明らかでない場合に限り、家庭裁判所は、利害関係人又は検察官の請求により、その財産の管理について必要な処分を命ずることができる。

2 不在者が管理人を置いた場合において、その不在者の生死が明らかでないときは、家庭裁判所は、利害関係人又は検察官から請求があったとしても管理人を改任することはできない。

3 家庭裁判所により選任された管理人は、不在者を被告とする建物収去土地明渡請求を認容した第一審判決に対して控訴を提起するには、家庭裁判所の許可が必要である。

4 家庭裁判所により選任された管理人は、保存行為として不在者の自宅を修理することができるほか、家庭裁判所の許可を得てこれを売却することができる。

【問 6】 A所有の甲土地について、Bが所有の意思をもって平穏にかつ公然と時効取得に必要な期間占有を継続した場合に関する次の記述のうち、民法の規定及び判例によれば、正しいものはいくつあるか。

ア AがCに対して甲土地を売却し、Cが所有権移転登記を備えた後にBの取得時効が完成した場合には、Bは登記を備えていなくても、甲土地の所有権の時効取得をCに対抗することができる。

イ Bの取得時効が完成した後に、AがDに対して甲土地を売却しDが所有権移転登記を備え、Bが、Dの登記の日から所有の意思をもって平穏にかつ公然と時効取得に必要な期間占有を継続した場合、所有権移転登記を備えていなくても、甲土地の所有権の時効取得をDに対抗することができる。

ウ Bの取得時効完成後、Bへの所有権移転登記がなされないままEがAを債務者として甲土地にAから抵当権の設定を受けて抵当権設定登記をした場合において、Bがその後引き続き所有の意思をもって平穏にかつ公然と時効取得に必要な期間占有を継続した場合、特段の事情がない限り、再度の時効取得により、Bは甲土地の所有権を取得し、Eの抵当権は消滅する。

1 一つ

2 二つ

3 三つ

4 なし

【**問　7**】　甲建物を所有するＡが死亡し、Ａの配偶者Ｂが甲建物の配偶者居住権を、Ａの子Ｃが甲建物の所有権をそれぞれ取得する旨の遺産分割協議が成立した場合に関する次の記述のうち、民法の規定によれば、正しいものはどれか。

1　遺産分割協議において、Ｂの配偶者居住権の存続期間が定められなかった場合、配偶者居住権の存続期間は20年となる。

2　Ｂが高齢となり、バリアフリーのマンションに転居するための資金が必要になった場合、Ｂは、Ｃの承諾を得ずに甲建物を第三者Ｄに賃貸することができる。

3　Ｃには、Ｂに対し、配偶者居住権の設定の登記を備えさせる義務がある。

4　Ｃは、甲建物の通常の必要費を負担しなければならない。

【**問　8**】　未成年者Ａが、法定代理人Ｂの同意を得ずに、Ｃから甲建物を買い受ける契約（以下この問において「本件売買契約」という。）を締結した場合における次の記述のうち、民法の規定によれば、正しいものはどれか。なお、Ａに処分を許された財産はなく、Ａは、営業を許されてはいないものとする。

1　ＡがＢの同意を得ずに制限行為能力を理由として本件売買契約を取り消した場合、Ｂは、自己が本件売買契約の取消しに同意していないことを理由に、Ａの当該取消しの意思表示を取り消すことができる。

2　本件売買契約締結時にＡが未成年者であることにつきＣが善意無過失であった場合、Ｂは、Ａの制限行為能力を理由として、本件売買契約を取り消すことはできない。

3　本件売買契約につき、取消しがなされないままＡが成年に達した場合、本件売買契約についてＢが反対していたとしても、自らが取消権を有すると知ったＡは、本件売買契約を追認することができ、追認後は本件売買契約を取り消すことはできなくなる。

4　本件売買契約につき、Ｂが追認しないまま、Ａが成年に達する前にＢの同意を得ずに甲建物をＤに売却した場合、ＢがＤへの売却について追認していないときでも、Ａは制限行為能力を理由として、本件売買契約を取り消すことはできなくなる。

【**問　9**】　Ａを貸主、Ｂを借主として甲建物の賃貸借契約が令和6年7月1日に締結された場合の甲建物の修繕に関する次の記述のうち、民法の規定によれば、誤っているものはどれか。

1　甲建物の修繕が必要であることを、Ａが知ったにもかかわらず、Ａが相当の期間内に必要な修繕をしないときは、Ｂは甲建物の修繕をすることができる。

2　甲建物の修繕が必要である場合において、ＢがＡに修繕が必要である旨を通知したにもかかわらず、Ａが必要な修繕を直ちにしないときは、Ｂは甲建物の修繕をすることができる。

3　Bの責めに帰すべき事由によって甲建物の修繕が必要となった場合は、Aは甲建物を修繕する義務を負わない。

4　甲建物の修繕が必要である場合において、急迫の事情があるときは、Bは甲建物の修繕をすることができる。

【問　10】　債務者Aが所有する甲土地には、債権者Bが一番抵当権（債権額1,000万円）、債権者Cが二番抵当権（債権額1,200万円）、債権者Dが三番抵当権（債権額2,000万円）をそれぞれ有しているが、BがDの利益のため、Aの承諾を得て抵当権の順位を放棄した。甲土地の競売に基づく売却代金が2,400万円であった場合、Bの受ける配当額として、民法の規定によれば、正しいものはどれか。

1　0円

2　200万円

3　400万円

4　800万円

【問　11】　AがBとの間で、A所有の甲土地につき建物所有目的で期間を50年とする賃貸借契約（以下この問において「本件契約」という。）を締結する場合に関する次の記述のうち、借地借家法の規定及び判例によれば、正しいものはどれか。

1　本件契約に、当初の10年間は地代を減額しない旨の特約を定めた場合、その期間内は、BはAに対して地代の減額請求をすることはできない。

2　本件契約が甲土地上で専ら賃貸アパート事業用の建物を所有する目的である場合、契約の更新や建物の築造による存続期間の延長がない旨を定めるためには、公正証書で合意しなければならない。

3　本件契約に建物買取請求権を排除する旨の特約が定められていない場合、本件契約が終了したときは、その終了事由のいかんにかかわらず、BはAに対してBが甲土地上に所有している建物を時価で買い取るべきことを請求することができる。

4　本件契約がBの居住のための建物を所有する目的であり契約の更新がない旨を定めていない契約であって、期間満了する場合において甲土地上に建物があり、Bが契約の更新を請求したとしても、Aが遅滞なく異議を述べ、その異議に更新を拒絶する正当な事由があると認められる場合は、本件契約は更新されない。

【問　12】　令和6年7月1日に締結された建物の賃貸借契約（定期建物賃貸借契約及び一時使用目的の建物の賃貸借契約を除く。）に関する次の記述のうち、民法及び借地借家法の規定並びに判例によれば、正しいものはどれか。

1　期間を1年未満とする建物の賃貸借契約は、期間を1年とするものとみなされる。

2　当事者間において、一定の期間は建物の賃料を減額しない旨の特約がある場合、現行賃料が不相当になったなどの事情が生じたとしても、この特約は有効である。

3　賃借人が建物の引渡しを受けている場合において、当該建物の賃貸人が当該建物を譲渡するに当たり、当該建物の譲渡人及び譲受人が、賃貸人たる地位を譲渡人に留保する旨及び当該建物の譲受人が譲渡人に賃貸する旨の合意をしたときは、賃貸人たる地位は譲受人に移転しない。

4　現行賃料が定められた時から一定の期間が経過していなければ、賃料増額請求は、認められない。

【問　13】　建物の区分所有等に関する法律（以下この問において「法」という。）に関する次の記述のうち、誤っているものはどれか。

1　集会においては、法で集会の決議につき特別の定数が定められている事項を除き、規約で別段の定めをすれば、あらかじめ通知した事項以外についても決議することができる。

2　集会は、区分所有者の4分の3以上の同意があるときは、招集の手続を経ないで開くことができる。

3　共用部分の保存行為は、規約に別段の定めがある場合を除いて、各共有者がすることができるため集会の決議を必要としない。

4　一部共用部分に関する事項で区分所有者全員の利害に関係しないものについての区分所有者全員の規約は、当該一部共用部分を共用すべき区分所有者が8人である場合、3人が反対したときは変更することができない。

【問　14】　不動産の登記に関する次の記述のうち、不動産登記法の規定によれば、誤っているものはどれか。

1　建物が滅失したときは、表題部所有者又は所有権の登記名義人は、その滅失の日から1か月以内に、当該建物の滅失の登記を申請しなければならない。

2　何人も、理由の有無にかかわらず、登記官に対し、手数料を納付して、登記簿の附属書類である申請書を閲覧することができる。

3　共有物分割禁止の定めに係る権利の変更の登記の申請は、当該権利の共有者である全ての登記名義人が共同してしなければならない。

4　区分建物の所有権の保存の登記は、表題部所有者から所有権を取得した者も、申請することができる。

【問 15】　都市計画法に関する次の記述のうち、正しいものはどれか。

1　市街化調整区域は、土地利用を整序し、又は環境を保全するための措置を講ずることなく放置すれば、将来における一体の都市としての整備に支障が生じるおそれがある区域とされている。

2　高度利用地区は、土地の合理的かつ健全な高度利用と都市機能の更新とを図るため、都市計画に、建築物の高さの最低限度を定める地区とされている。

3　特定用途制限地域は、用途地域が定められている土地の区域内において、都市計画に、制限すべき特定の建築物等の用途の概要を定める地域とされている。

4　地区計画は、用途地域が定められている土地の区域のほか、一定の場合には、用途地域が定められていない土地の区域にも定めることができる。

【問 16】　都市計画法に関する次の記述のうち、正しいものはどれか。ただし、この問において条例による特別の定めはないものとし、「都道府県知事」とは、地方自治法に基づく指定都市、中核市及び施行時特例市にあってはその長をいうものとする。

1　開発許可を申請しようとする者は、あらかじめ、開発行為に関係がある公共施設の管理者と協議し、その同意を得なければならない。

2　開発許可を受けた者は、当該許可を受ける際に申請書に記載した事項を変更しようとする場合においては、都道府県知事に届け出なければならないが、当該変更が国土交通省令で定める軽微な変更に当たるときは、届け出なくてよい。

3　開発許可を受けた者は、当該開発行為に関する工事が完了し、都道府県知事から検査済証を交付されたときは、遅滞なく、当該工事が完了した旨を公告しなければならない。

4　市街化調整区域のうち開発許可を受けた開発区域以外の区域内において、自己の居住用の住宅を新築しようとする全ての者は、当該建築が開発行為を伴わない場合であれば、都道府県知事の許可を受けなくてよい。

【問 17】　建築基準法に関する次の記述のうち、誤っているものはどれか。

1　地方公共団体は、条例で、津波、高潮、出水等による危険の著しい区域を災害危険区域として指定し、当該区域内における住居の用に供する建築物の建築を禁止することができる。

2　３階建て以上の建築物の避難階以外の階を、床面積の合計が1,500㎡を超える物品販売業の店舗の売場とする場合には、当該階から避難階又は地上に通ずる２以上の直通階段を設けなければならない。

3　建築物が防火地域及び準防火地域にわたる場合、その全部について準防火地域内の建築物に関する規定を適用する。

4　石綿等をあらかじめ添加した建築材料は、石綿等を飛散又は発散させるおそれがないものとして国土交通大臣が定めたもの又は国土交通大臣の認定を受けたものを除き、使用してはならない。

【問　18】　次の記述のうち、建築基準法（以下この問において「法」という。）の規定によれば、正しいものはどれか。

1　法第53条第１項及び第２項の建蔽率制限に係る規定の適用については、準防火地域内にある準耐火建築物であり、かつ、街区の角にある敷地又はこれに準ずる敷地で特定行政庁が指定するものの内にある建築物にあっては同条第１項各号に定める数値に10分の２を加えたものをもって当該各号に定める数値とする。

2　建築物又は敷地を造成するための擁壁は、道路内に、又は道路に突き出して建築し、又は築造してはならず、地盤面下に設ける建築物においても同様である。

3　地方公共団体は、その敷地が袋路状道路にのみ接する建築物であって、延べ面積が150㎡を超えるものについては、一戸建ての住宅であっても、条例で、その敷地が接しなければならない道路の幅員、その敷地が道路に接する部分の長さその他その敷地又は建築物と道路との関係に関して必要な制限を付加することができる。

4　冬至日において、法第56条の２第１項の規定による日影規制の対象区域内の土地に日影を生じさせるものであっても、対象区域外にある建築物であれば一律に、同項の規定は適用されない。

㊎【問　19】　宅地造成及び特定盛土等規制法に関する次の記述のうち、誤っているものはどれか。なお、この問において「都道府県知事」とは、地方自治法に基づく指定都市、中核市及び施行時特例市にあってはその長をいうものとする。

1　都道府県知事は、宅地造成等工事規制区域内で、宅地造成に伴う災害で相当数の居住者その他の者に危害を生ずるものの発生のおそれが大きい一団の造成宅地の区域であって、一定の基準に該当するものを、造成宅地防災区域として指定することができる。

2　都道府県知事は、その地方の気候、風土又は地勢の特殊性により、宅地造成及び特定盛土等規制法の規定のみによっては宅地造成に伴うがけ崩れ又は土砂の流出の防止の目的を達し難いと認める場合は、都道府県（地方自治法に基づく指定都市、中核市

又は施行時特例市の区域にあっては、それぞれ指定都市、中核市又は施行時特例市）の規則で、宅地造成等工事規制区域内において行われる宅地造成に関する工事の技術的基準を強化し、又は付加することができる。

3　都道府県知事は、宅地造成等工事規制区域内の土地（公共施設用地を除く。）について、宅地造成等に伴う災害を防止するために必要があると認める場合には、その土地の所有者に対して、擁壁等の設置等の措置をとることを勧告することができる。

4　宅地造成等工事規制区域内の土地（公共施設用地を除く。）において、雨水その他の地表水又は地下水を排除するための排水施設の除却工事を行おうとする場合は、一定の場合を除き、都道府県知事への届出が必要となる。

【問　20】　土地区画整理法に関する次の記述のうち、誤っているものはどれか。

1　換地計画において定められた清算金は、換地処分の公告があった日の翌日において確定する。

2　現に施行されている土地区画整理事業の施行地区となっている区域については、その施行者の同意を得なければ、その施行者以外の者は、土地区画整理事業を施行することができない。

3　施行者は、換地処分の公告があった場合において、施行地区内の土地及び建物について土地区画整理事業の施行により変動があったときは、遅滞なく、その変動に係る登記を申請し、又は嘱託しなければならない。

4　土地区画整理組合は、仮換地を指定しようとする場合においては、あらかじめ、その指定について、土地区画整理審議会の同意を得なければならない。

【問　21】　農地に関する次の記述のうち、農地法（以下この問において「法」という。）の規定によれば、誤っているものはどれか。

1　相続により農地を取得する場合は、法第3条第1項の許可を要しないが、相続人に該当しない者が特定遺贈により農地を取得する場合は、同項の許可を受ける必要がある。

2　自己の所有する面積4アールの農地を農作物の育成又は養畜の事業のための農業用施設に転用する場合は、法第4条第1項の許可を受ける必要はない。

3　法第3条第1項又は法第5条第1項の許可が必要な農地の売買について、これらの許可を受けずに売買契約を締結しても、その所有権の移転の効力は生じない。

4　社会福祉事業を行うことを目的として設立された法人（社会福祉法人）が、農地をその目的に係る業務の運営に必要な施設の用に供すると認められる場合、農地所有適格法人でなくても、農業委員会の許可を得て、農地の所有権を取得することができる。

【問　22】　土地を取得する場合における届出に関する次の記述のうち、正しいものはどれか。なお、この問において「事後届出」とは、国土利用計画法第23条の届出をいい、「重要土地等調査法」とは、重要施設周辺及び国境離島等における土地等の利用状況の調査及び利用の規制等に関する法律をいうものとする。

1　都市計画区域外において、国から一団の土地である6,000㎡と5,000㎡の土地を購入した者は、事後届出を行う必要はない。

2　市街化区域を除く都市計画区域内において、Aが所有する7,000㎡の土地をBが相続により取得した場合、Bは事後届出を行う必要がある。

3　市街化区域において、Cが所有する3,000㎡の土地をDが購入する契約を締結した場合、C及びDは事後届出を行わなければならない。

4　重要土地等調査法の規定による特別注視区域内にある100㎡の規模の土地に関する所有権又はその取得を目的とする権利の移転をする契約を締結する場合には、当事者は、一定の事項を、あらかじめ、内閣総理大臣に届け出なければならない。

【問　23】　印紙税に関する次の記述のうち、正しいものはどれか。なお、以下の契約書はいずれも書面により作成されたものとする。

1　売主Aと買主Bが土地の譲渡契約書を3通作成し、A、B及び仲介人Cがそれぞれ1通ずつ保存する場合、当該契約書3通には印紙税が課される。

2　一の契約書に土地の譲渡契約（譲渡金額5,000万円）と建物の建築請負契約（請負金額6,000万円）をそれぞれ区分して記載した場合、印紙税の課税標準となる当該契約書の記載金額は1億1,000万円である。

3　「Dの所有する甲土地（時価2,000万円）をEに贈与する」旨を記載した贈与契約書を作成した場合、印紙税の課税標準となる当該契約書の記載金額は、2,000万円である。

4　当初作成の「土地を1億円で譲渡する」旨を記載した土地譲渡契約書の契約金額を変更するために作成する契約書で、「当初の契約書の契約金額を1,000万円減額し、9,000万円とする」旨を記載した変更契約書について、印紙税の課税標準となる当該変更契約書の記載金額は、1,000万円である。

【問　24】　不動産取得税に関する次の記述のうち、正しいものはどれか。

1　不動産取得税の徴収については、特別徴収の方法によることができる。

2　不動産取得税は、目的税である。

3　不動産取得税は、不動産の取得に対し、当該不動産所在の市町村及び特別区において、当該不動産の取得者に課する。

4　不動産取得税は、市町村及び特別区に対して、課することができない。

【問　25】　不動産の鑑定評価に関する次の記述のうち、不動産鑑定評価基準によれば、正しいものはどれか。

1　原価法は、価格時点における対象不動産の収益価格を求め、この収益価格について減価修正を行って対象不動産の比準価格を求める手法である。

2　原価法は、対象不動産が建物又は建物及びその敷地である場合には適用することができるが、対象不動産が土地のみである場合においては、いかなる場合も適用することができない。

3　取引事例比較法における取引事例が、特殊事情のある事例である場合、その具体的な状況が判明し、事情補正できるものであっても採用することは許されない。

4　取引事例比較法は、近隣地域若しくは同一需給圏内の類似地域等において対象不動産と類似の不動産の取引が行われている場合又は同一需給圏内の代替競争不動産の取引が行われている場合に有効である。

【問　26】　宅地建物取引業法第37条の規定により交付すべき書面に記載すべき事項を電磁的方法により提供すること（以下この問において「37条書面の電磁的方法による提供」という。）に関する次の記述のうち、正しいものはいくつあるか。

ア　宅地建物取引業者が自ら売主として締結する売買契約において、当該契約の相手方から宅地建物取引業法施行令第3条の4第1項に規定する承諾を得なければ、37条書面の電磁的方法による提供をすることができない。

イ　宅地建物取引業者が媒介業者として関与する売買契約について、宅地建物取引業法施行令第3条の4第1項に規定する承諾を取得するための通知の中に宅地建物取引士を明示しておけば、37条書面の電磁的方法による提供において提供に係る宅地建物取引士を明示する必要はない。

ウ　宅地建物取引業者が自ら売主として締結する売買契約において、37条書面の電磁的方法による提供を行う場合、当該提供されたファイルへの記録を取引の相手方が出力することにより書面を作成できるものでなければならない。

エ　宅地建物取引業者が媒介業者として関与する建物賃貸借契約について、37条書面の電磁的方法による提供を行う場合、当該提供するファイルに記録された記載事項について、改変が行われていないかどうかを確認することができる措置を講じなければならない。

1　一つ
2　二つ
3　三つ
4　四つ

【問　27】　宅地建物取引業法第34条の2第1項第4号に規定する建物状況調査（以下この問において「建物状況調査」という。）に関する次の記述のうち、誤っているものはどれか。

1　建物状況調査とは、建物の構造耐力上主要な部分又は雨水の浸入を防止する部分として国土交通省令で定めるものの状況の調査であって、経年変化その他の建物に生じる事象に関する知識及び能力を有する者として国土交通省令で定める者が実施するものをいう。

2　宅地建物取引業者が建物状況調査を実施する者のあっせんを行う場合、建物状況調査を実施する者は建築士法第2条第1項に規定する建築士であって国土交通大臣が定める講習を修了した者でなければならない。

3　既存住宅の売買の媒介を行う宅地建物取引業者が売主に対して建物状況調査を実施する者のあっせんを行った場合、宅地建物取引業者は売主から報酬とは別にあっせんに係る料金を受領することはできない。

4　既存住宅の貸借の媒介を行う宅地建物取引業者は、宅地建物取引業法第37条の規定により交付すべき書面に建物の構造耐力上主要な部分等の状況について当事者の双方が確認した事項を記載しなければならない。

【問　28】　宅地建物取引業者Aの業務に関する次の記述のうち、宅地建物取引業法（以下この問において「法」という。）の規定に違反するものはいくつあるか。

ア　Aの従業員Bが、Cが所有する戸建住宅の買取りを目的とした訪問勧誘をCに対して行ったところ、Cから「契約の意思がないので今後勧誘に来ないでほしい」と言われたことから、後日、Aは、別の従業員Dに同じ目的で訪問勧誘を行わせて、当該勧誘を継続した。

イ　Aの従業員Eは、Fが所有する戸建住宅の買取りを目的とした電話勧誘をFに対して行った際に、不実のことと認識しながら「今後5年以内にこの一帯は再開発されるので、急いで売却した方がよい。」と説明した。

ウ　Aの従業員Gは、Hが所有する戸建住宅の買取りを目的とした電話勧誘をHに対して行おうと考え、23時頃にHの自宅に電話をかけ、勧誘を行い、Hの私生活の平穏を害し、Hを困惑させた。

エ　Aは、Jとの間でJが所有する戸建住宅を買い取る売買契約を締結し、法第37条の規定に基づく書面をJに交付したが、Aの宅地建物取引士に、当該書面に記名のみさせ、押印させることを省略した。

1　一つ

2　二つ

3　三つ

4　四つ

【問　29】　宅地建物取引業の免許（以下この問において「免許」という。）に関する次の記述のうち、宅地建物取引業法の規定によれば、正しいものはどれか。

1　宅地建物取引業者A社の使用人であって、A社の宅地建物取引業を行う支店の代表者であるものが、道路交通法の規定に違反したことにより懲役の刑に処せられたとしても、A社の免許は取り消されることはない。

2　宅地建物取引業者B社の取締役が、所得税法の規定に違反したことにより罰金の刑に処せられたとしても、B社の免許は取り消されることはない。

3　宅地建物取引業者である個人Cが、宅地建物取引業法の規定に違反したことにより罰金の刑に処せられたとしても、Cの免許は取り消されることはない。

4　宅地建物取引業者D社の非常勤の取締役が、刑法第222条（脅迫）の罪を犯したことにより罰金の刑に処せられたとしても、D社の免許は取り消されることはない。

【問　30】　宅地建物取引業者A（甲県知事免許）の営業保証金に関する次の記述のうち、宅地建物取引業法の規定によれば、正しいものはいくつあるか。なお、Aは宅地建物取引業保証協会の社員ではないものとする。

ア　Aが免許を受けた日から6か月以内に甲県知事に営業保証金を供託した旨の届出を行わないとき、甲県知事はその届出をすべき旨の催告をしなければならず、当該催告が到達した日から1か月以内にAが届出を行わないときは、その免許を取り消すことができる。

イ　Aは、営業保証金を供託したときは、その供託物受入れの記載のある供託書の写しを添付して、その旨を甲県知事に届け出なければならず、当該届出をした後でなければ、その事業を開始することができない。

ウ　Aは、営業保証金が還付され、甲県知事から営業保証金が政令で定める額に不足が生じた旨の通知を受け、その不足額を供託したときは、30日以内に甲県知事にその旨を届け出なければならない。

エ　Aが免許失効に伴い営業保証金を取り戻す際、供託した営業保証金につき還付を受ける権利を有する者に対し、3か月を下らない一定期間内に申し出るべき旨を公告し、期間内にその申出がなかった場合でなければ、取り戻すことができない。

1　一つ

2　二つ

3　三つ

4　四つ

【問　31】 宅地建物取引業者がその業務に関して行う広告に関する次の記述のうち、宅地建物取引業法（以下この問において「法」という。）の規定によれば、正しいものはどれか。なお、この問において「建築確認」とは、建築基準法第6条第1項の確認をいうものとする。

1　宅地又は建物の売買に関する注文を受けたときは、遅滞なくその注文をした者に対して取引態様の別を明らかにしなければならないが、当該注文者が事前に取引態様の別を明示した広告を見てから注文してきた場合においては、取引態様の別を遅滞なく明らかにする必要はない。

2　既存の住宅に関する広告を行うときは、法第34条の2第1項第4号に規定する建物状況調査を実施しているかどうかを明示しなければならない。

3　これから建築工事を行う予定である建築確認申請中の建物については、当該建物の売買の媒介に関する広告をしてはならないが、貸借の媒介に関する広告はすることができる。

4　販売する宅地又は建物の広告に関し、著しく事実に相違する表示をした場合、監督処分の対象となるだけでなく、懲役若しくは罰金に処せられ、又はこれを併科されることもある。

【問　32】 宅地建物取引業者が行う届出に関する次の記述のうち、宅地建物取引業法の規定によれば、誤っているものはどれか。

1　宅地建物取引業者A（甲県知事免許）が、新たに宅地建物取引業を営む支店を甲県内に設置した場合、Aはその日から30日以内にその旨を甲県知事に届け出なければならない。

2　宅地建物取引業者B（乙県知事免許）が、宅地建物取引業者ではないCとの合併により消滅した場合、Bを代表する役員であった者は、その日から30日以内にその旨を乙県知事に届け出なければならない。

3　宅地建物取引業者D（丙県知事免許）が、本店における専任の宅地建物取引士Eの退職に伴い、新たに専任の宅地建物取引士Fを本店に置いた場合、Dはその日から30日以内にその旨を丙県知事に届け出なければならない。

4　宅地建物取引業者G（丁県知事免許）が、その業務に関し展示会を丁県内で実施する場合、展示会を実施する場所において売買契約の締結（予約を含む。）又は売買契約の申込みの受付を行うときは、Gは展示会での業務を開始する日の5日前までに展示会を実施する場所について丁県知事に届け出なければならない。

【問 33】 宅地建物取引業法第35条に規定する重要事項の説明に関する次の記述のうち、正しいものはどれか。

1 甲宅地を所有する宅地建物取引業者Aが、乙宅地を所有する宅地建物取引業者ではない個人Bと、甲宅地と乙宅地の交換契約を締結するに当たって、Bに対して、甲宅地に関する重要事項の説明を行う義務はあるが、乙宅地に関する重要事項の説明を行う義務はない。

2 宅地の売買における当該宅地の引渡しの時期について、重要事項説明において説明しなければならない。

3 宅地建物取引業者が売主となる宅地の売買に関し、売主が買主から受領しようとする金銭のうち、買主への所有権移転の登記以後に受領するものに対して、宅地建物取引業法施行規則第16条の4に定める保全措置を講ずるかどうかについて、重要事項説明書に記載する必要がある。

4 重要事項説明書の電磁的方法による提供については、重要事項説明を受ける者から電磁的方法でよいと口頭で依頼があった場合、改めて電磁的方法で提供することについて承諾を得る必要はない。

【問 34】 宅地建物取引業者A（消費税課税事業者）は貸主Bから建物の貸借の媒介の依頼を受け、宅地建物取引業者C（消費税課税事業者）は借主Dから建物の貸借の媒介の依頼を受け、BとDとの間で、1か月分の借賃を12万円（消費税等相当額を含まない。）とする賃貸借契約（以下この間において「本件契約」という。）を成立させた場合における次の記述のうち、宅地建物取引業法の規定に違反するものはいくつあるか。

ア 本件契約が建物を住居として貸借する契約である場合に、Cは、媒介の依頼を受けるに当たってDから承諾を得ないまま、132,000円の報酬を受領した。

イ AはBから事前に特別な広告の依頼があったので、依頼に基づく大手新聞掲載広告料金に相当する額をBに請求し、受領した。

ウ CはDに対し、賃貸借契約書の作成費を、Dから限度額まで受領した媒介報酬の他に請求して受領した。

エ 本件契約が建物を事務所として貸借する契約である場合に、報酬として、AはBから132,000円を、CはDから132,000円をそれぞれ受領した。

1 一つ
2 二つ
3 三つ
4 四つ

【問　35】　宅地建物取引業者Aが、自ら売主として、宅地建物取引業者ではない買主Bから宅地の買受けの申込みを受けた場合における宅地建物取引業法第37条の2の規定に基づくいわゆるクーリング・オフに関する次の記述のうち、正しいものはどれか。

1　Aは、仮設テント張りの案内所でBから買受けの申込みを受けた際、以後の取引について、その取引に係る書類に関してBから電磁的方法で提供をすることについての承諾を得た場合、クーリング・オフについて電磁的方法で告げることができる。

2　Aが、仮設テント張りの案内所でBから買受けの申込みを受けた場合、Bは、クーリング・オフについて告げられた日から8日以内に電磁的方法により当該申込みの撤回を申し出れば、申込みの撤回を行うことができる。

3　Aが、Aの事務所でBから買受けの申込みを受けた場合、Bは、申込みの日から8日以内に電磁的方法により当該申込みの撤回を申し出れば、申込みの撤回を行うことができる。

4　Aが、売却の媒介を依頼している宅地建物取引業者Cの事務所でBから買受けの申込みを受けた場合、Bは、申込みの日から8日以内に書面により当該申込みの撤回を申し出ても、申込みの撤回を行うことができない。

【問　36】　次の記述のうち、宅地建物取引業者Aが行う業務に関して宅地建物取引業法の規定に違反するものはいくつあるか。

ア　建物の貸借の媒介に際して、賃借の申込みをした者がその撤回を申し出たので、Aはかかった諸費用を差し引いて預り金を返還した。

イ　Aは、売主としてマンションの売買契約を締結するに際して、買主が手付として必要な額を今すぐには用意できないと申し出たので、手付金の分割払いを買主に提案した。

ウ　Aは取引のあったつど、その年月日やその取引に係る宅地又は建物の所在及び面積その他必要な記載事項を帳簿に漏らさず記載し、必要に応じて紙面にその内容を表示できる状態で、電子媒体により帳簿の保存を行っている。

エ　Aはアンケート調査を装ってその目的がマンションの売買の勧誘であることを告げずに個人宅を訪問し、マンションの売買の勧誘をした。

1　一つ
2　二つ
3　三つ
4　四つ

【問　37】　次の記述のうち、宅地建物取引業法の規定によれば、正しいものはどれか。

1　宅地建物取引業者は、非常勤役員には従業者であることを証する証明書を携帯させ

る必要はない。

2　宅地建物取引業者は、その事務所ごとに従業者名簿を備えなければならないが、取引の関係者から閲覧の請求があった場合であっても、宅地建物取引業法第45条に規定する秘密を守る義務を理由に、閲覧を拒むことができる。

3　宅地建物取引業者の従業者は、宅地の買受けの申込みをした者から請求があった場合には、その者が宅地建物取引業者であっても、その者に従業者であることを証する証明書を提示する必要がある。

4　宅地建物取引業者は、従業者名簿を最終の記載をした日から5年間保存しなければならない。

【問　38】　次の記述のうち、宅地建物取引業法の規定によれば、正しいものはいくつあるか。

ア　宅地建物取引業者Aが、自ら所有する複数の建物について、複数人に対し、反復継続して賃貸する行為は、宅地建物取引に該当しない。

イ　宅地建物取引士とは、宅地建物取引士資格試験に合格し、都道府県知事の登録を受けた者をいう。

ウ　建設業者Bが、建築請負工事の受注を目的として、業として宅地の売買の媒介を行う行為は、宅地建物取引業に該当しない。

エ　宅地建物取引士は、宅地又は建物の取引に係る事務に必要な知識及び能力の維持向上に努めなければならない。

1　一つ

2　二つ

3　三つ

4　四つ

【問　39】　宅地建物取引業者Aが、自ら売主として、宅地建物取引業者ではない個人Bとの間で宅地の売買契約を締結する場合における手付金の保全措置に関する次の記述のうち、宅地建物取引業法の規定によれば、正しいものはどれか。なお、当該契約に係る手付金は保全措置が必要なものとする。

1　Aは、Bから手付金を受領した後に、速やかに手付金の保全措置を講じなければならない。

2　Aは、手付金の保全措置を保証保険契約を締結することにより講ずる場合、保険期間は保証保険契約が成立した時から宅地建物取引業者が受領した手付金に係る宅地の引渡しまでの期間とすればよい。

3　Aは、手付金の保全措置を保証保険契約を締結することにより講ずる場合、保険事業者との間において保証保険契約を締結すればよく、保険証券をBに交付する必要はない。

4　Aは、手付金の保全措置を保証委託契約を締結することにより講ずるときは、保証委託契約に基づいて銀行等が手付金の返還債務を連帯して保証することを約する書面のBへの交付に代えて、Bの承諾を得ることなく電磁的方法により講ずることができる。

【問　40】　宅地建物取引業者Aが、BからB所有の中古住宅の売却の依頼を受け、専任媒介契約（専属専任媒介契約ではないものとする。）を締結した場合に関する次の記述のうち、宅地建物取引業法（以下この問において「法」という。）の規定によれば、正しいものはどれか。

1　Aは、当該中古住宅について購入の申込みがあったときは、遅滞なく、その旨をBに報告しなければならないが、Bの希望条件を満たさない申込みだとAが判断した場合については報告する必要はない。

2　Aは、法第34条の2第1項の規定に基づく書面の交付後、速やかに、Bに対し、法第34条の2第1項第4号に規定する建物状況調査を実施する者のあっせんの有無について確認しなければならない。

3　Aは、当該中古住宅について法で規定されている事項を、契約締結の日から休業日数を含め7日以内に指定流通機構へ登録する義務がある。

4　Aは、Bが他の宅地建物取引業者の媒介又は代理によって売買の契約を成立させたときの措置を法第34条の2第1項の規定に基づく書面に記載しなければならない。

【問　41】　次の記述のうち、宅地建物取引業法の規定によれば、正しいものはどれか。

1　甲県知事は、宅地建物取引士に対して必要な報告を求めることができるが、その対象は、甲県知事登録の宅地建物取引士であって、適正な事務の遂行を確保するために必要な場合に限られる。

2　宅地建物取引業者A（甲県知事免許）で専任の宅地建物取引士として従事しているB（甲県知事登録）が、勤務実態のない宅地建物取引業者C（乙県知事免許）において、自らが専任の宅地建物取引士である旨の表示がされていることを許した場合には、乙県知事は、Bに対し、必要な指示をすることができる。

3　宅地建物取引士が不正の手段により宅地建物取引士証の交付を受けた場合においては、その登録をしている都道府県知事は、情状が特に重いときは、当該宅地建物取引士の登録を消除することができる。

4　都道府県知事は、宅地建物取引士に対して登録消除処分を行ったときは、適切な方

法で公告しなければならない。

【問 42】 宅地建物取引業法第35条に規定する重要事項の説明に関する次の記述のうち、誤っているものはいくつあるか。

ア 宅地建物取引士は、重要事項説明をする場合、取引の相手方から請求されなければ、宅地建物取引士証を相手方に提示する必要はない。

イ 売主及び買主が宅地建物取引業者ではない場合、当該取引の媒介業者は、売主及び買主に重要事項説明書を交付し、説明を行わなければならない。

ウ 宅地の売買について売主となる宅地建物取引業者は、買主が宅地建物取引業者である場合、重要事項説明書を交付しなければならないが、説明を省略することはできる。

エ 宅地建物取引業者である売主は、宅地建物取引業者ではない買主に対して、重要事項として代金並びにその支払時期及び方法を説明しなければならない。

1 一つ
2 二つ
3 三つ
4 四つ

【問 43】 宅地建物取引業者Aが媒介により宅地の売買契約を成立させた場合における宅地建物取引業法第37条の規定により交付すべき書面（以下この問において「37条書面」という。）に関する次の記述のうち、正しいものはどれか。

1 Aは、買主が宅地建物取引業者であるときは、37条書面に移転登記の申請時期を記載しなくてもよい。

2 Aは、37条書面を売買契約成立前に、各当事者に交付しなければならない。

3 Aは、37条書面を作成したときは、専任の宅地建物取引士をして37条書面に記名させる必要がある。

4 Aは、天災その他不可抗力による損害の負担に関する定めがあるときは、その内容を37条書面に記載しなければならない。

【問 44】 宅地建物取引業保証協会（以下この問において「保証協会」という。）に関する次の記述のうち、宅地建物取引業法の規定によれば、正しいものはどれか。

1 保証協会の社員は、自らが取り扱った宅地建物取引業に係る取引の相手方から当該取引に関する苦情について解決の申出が保証協会にあり、保証協会から関係する資料の提出を求められたときは、正当な理由がある場合でなければ、これを拒んではならない。

2　保証協会は、社員がその一部の事務所を廃止したことに伴って弁済業務保証金分担金を当該社員に返還しようとするときは、弁済業務保証金の還付請求権者に対し、一定期間内に認証を受けるため申し出るべき旨の公告を行わなければならない。

3　保証協会は、宅地建物取引業者の相手方から、社員である宅地建物取引業者の取り扱った宅地建物取引業に係る取引に関する損害の還付請求を受けたときは、直ちに弁済業務保証金から返還しなければならない。

4　保証協会は、手付金等保管事業について国土交通大臣の承認を受けた場合、社員が自ら売主となって行う宅地又は建物の売買で、宅地の造成又は建築に関する工事の完了前における買主からの手付金等の受領について、当該事業の対象とすることができる。

【問　45】　宅地建物取引業者Aが、自ら売主として、宅地建物取引業者ではない買主Bに新築住宅を販売する場合に関する次の記述のうち、特定住宅瑕疵担保責任の履行の確保等に関する法律の規定によれば、正しいものはどれか。

1　Aが信託会社又は金融機関の信託業務の兼営等に関する法律第1条第1項の認可を受けた金融機関であって、宅地建物取引業を営むものである場合、住宅販売瑕疵担保保証金の供託又は住宅販売瑕疵担保責任保険契約の締結を行う義務を負わない。

2　Aは、住宅販売瑕疵担保保証金の供託をする場合、当該住宅の売買契約を締結するまでに、Bに対し供託所の所在地等について、必ず書面を交付して説明しなければならず、買主の承諾を得ても書面の交付に代えて電磁的方法により提供することはできない。

3　Aは、住宅販売瑕疵担保保証金の供託をする場合、当該住宅の最寄りの供託所へ住宅販売瑕疵担保保証金の供託をしなければならない。

4　AB間の売買契約において、当該住宅の構造耐力上主要な部分に瑕疵があってもAが瑕疵担保責任を負わない旨の特約があった場合においても、Aは住宅販売瑕疵担保保証金の供託又は住宅販売瑕疵担保責任保険契約の締結を行う義務を負う。

【問　46】　独立行政法人住宅金融支援機構（以下この問において「機構」という。）に関する次の記述のうち、誤っているものはどれか。

1　機構は、子どもを育成する家庭又は高齢者の家庭（単身の世帯を含む。）に適した良好な居住性能及び居住環境を有する賃貸住宅の建設に必要な資金の貸付けを業務として行っている。

2　機構は、証券化支援事業（買取型）において、新築住宅に対する貸付債権のみを買取りの対象としている。

3　機構は、証券化支援事業（買取型）において、ＺＥＨ（ネット・ゼロ・エネルギー

ハウス）及び省エネルギー性、耐震性、バリアフリー性、耐久性・可変性に優れた住宅を取得する場合に、貸付金の利率を一定期間引き下げる制度を実施している。

4　機構は、マンション管理組合や区分所有者に対するマンション共用部分の改良に必要な資金の貸付けを業務として行っている。

【問　47】　宅地建物取引業者が行う広告に関する次の記述のうち、不当景品類及び不当表示防止法（不動産の表示に関する公正競争規約を含む。）の規定によれば、正しいものはどれか。

1　実際には取引する意思がない物件であっても実在するものであれば、当該物件を広告に掲載しても不当表示に問われることはない。

2　直線距離で50m以内に街道が存在する場合、物件名に当該街道の名称を用いることができる。

3　物件の近隣に所在するスーパーマーケットを表示する場合は、物件からの自転車による所要時間を明示しておくことで、徒歩による所要時間を明示する必要がなくなる。

4　一棟リノベーションマンションについては、一般消費者に対し、初めて購入の申込みの勧誘を行う場合であっても、「新発売」との表示を行うことはできない。

【問　48（参考）】　次の記述のうち、誤っているものはどれか。

注：出題内容の「参考」として、出題当時の内容をそのまま収載しました。なお、最新の数値・傾向等に改題した当問題を「ダウンロードサービス」でご提供いたします（2024年8月末日頃～公開予定）。詳しくは【解説編】P. x をご覧ください。

1　令和3年度宅地建物取引業法の施行状況調査（令和4年9月公表）によれば、令和4年3月末における宅地建物取引業者の全事業者数は14万業者を超え、8年連続で増加した。

2　令和5年地価公示（令和5年3月公表）によれば、令和4年1月以降の1年間の地価について、地方圏平均では、全用途平均、住宅地、商業地のいずれも2年連続で上昇し、工業地は6年連続で上昇した。

3　建築着工統計調査報告（令和4年計。令和5年1月公表）によれば、令和4年の民間非居住建築物の着工床面積は、前年と比較すると、工場及び倉庫は増加したが、事務所及び店舗が減少したため、全体で減少となった。

4　年次別法人企業統計調査（令和3年度。令和4年9月公表）によれば、令和3年度における不動産業の売上高営業利益率は11.1％と2年連続で前年度と比べ上昇し、売上高経常利益率も12.5％と2年連続で前年度と比べ上昇した。

【問　49】　土地に関する次の記述のうち、最も不適当なものはどれか。

1　自然堤防の後背湿地側の縁は、砂が緩く堆積していて、地下水位も浅いため、地震時に液状化被害が生じやすい地盤である。

2　谷底低地に軟弱層が厚く堆積している所では、地震動が凝縮されて、震動が小さくなる。

3　1923年の関東地震の際には、東京の谷底低地で多くの水道管や建物が被害を受けた。

4　大都市の近郊の丘陵地では、丘を削り谷部に盛土し造成宅地が造られたが、盛土造成に際しては、地下水位を下げるため排水施設を設け、締め固める等の必要がある。

【問　50】　建物の構造と材料に関する次の記述のうち、最も不適当なものはどれか。

1　鉄筋コンクリート構造は、地震や風の力を受けても、躯体の変形は比較的小さく、耐火性にも富んでいる。

2　鉄筋コンクリート構造は、躯体の断面が大きく、材料の質量が大きいので、建物の自重が大きくなる。

3　鉄筋コンクリート構造では、鉄筋とコンクリートを一体化するには、断面が円形の棒鋼である丸鋼の方が表面に突起をつけた棒鋼である異形棒鋼より、優れている。

4　鉄筋コンクリート構造は、コンクリートが固まって所定の強度が得られるまでに日数がかかり、現場での施工も多いので、工事期間が長くなる。

令和 4 年度
問　　　題

次の注意事項をよく読んでから、始めてください。

（注意事項）

1　問　　題

問題は、31ページから53ページまでの50問です。

試験開始の合図と同時に、ページ数を確認してください。

乱丁や落丁があった場合は、直ちに試験監督員に申し出てください。

2　解　　答

解答は、解答用紙の「記入上の注意」に従って記入してください。

正解は、各問題とも一つだけです。

二つ以上の解答をしたもの及び判読が困難なものは、正解としません。

3　適用法令

問題の中の法令に関する部分は、令和 6 年 4 月 1 日現在施行されている規定に基づいて出題されています。

日建学院

【問　1】　次の1から4までの記述のうち、民法の規定、判例及び下記判決文によれば、正しいものはどれか。

（判決文）

　所有者甲から乙が不動産を買い受け、その登記が未了の間に、丙が当該不動産を甲から二重に買い受け、更に丙から転得者丁が買い受けて登記を完了した場合に、たとい丙が背信的悪意者に当たるとしても、丁は、乙に対する関係で丁自身が背信的悪意者と評価されるのでない限り、当該不動産の所有権取得をもって乙に対抗することができるものと解するのが相当である。

1　所有者AからBが不動産を買い受け、その登記が未了の間に、Cが当該不動産をAから二重に買い受けて登記を完了した場合、Cは、自らが背信的悪意者に該当するときであっても、当該不動産の所有権取得をもってBに対抗することができる。

2　所有者AからBが不動産を買い受け、その登記が未了の間に、背信的悪意者ではないCが当該不動産をAから二重に買い受けた場合、先に買い受けたBは登記が未了であっても当該不動産の所有権取得をもってCに対抗することができる。

3　所有者AからBが不動産を買い受け、その登記が未了の間に、背信的悪意者であるCが当該不動産をAから二重に買い受け、更にCから転得者Dが買い受けて登記を完了した場合、DもBに対する関係で背信的悪意者に該当するときには、Dは当該不動産の所有権取得をもってBに対抗することができない。

4　所有者AからBが不動産を買い受け、その登記が未了の間に、Cが当該不動産をAから二重に買い受け登記を完了した場合、Cが背信的悪意者に該当しなくてもBが登記未了であることにつき悪意であるときには、Cは当該不動産の所有権取得をもってBに対抗することができない。

【問　2】　相続に関する次の記述のうち、民法の規定によれば、誤っているものはどれか。

1　被相続人の生前においては、相続人は、家庭裁判所の許可を受けることにより、遺留分を放棄することができる。

2　家庭裁判所への相続放棄の申述は、被相続人の生前には行うことができない。

3　相続人が遺留分の放棄について家庭裁判所の許可を受けると、当該相続人は、被相続人の遺産を相続する権利を失う。

4　相続人が被相続人の兄弟姉妹である場合、当該相続人には遺留分がない。

【問　3】　制限行為能力者に関する次の記述のうち、民法の規定及び判例によれば、正しいものはどれか。

1　成年後見人は、後見監督人がいる場合には、後見監督人の同意を得なければ、成年被後見人の法律行為を取り消すことができない。

2　相続の放棄は相手方のない単独行為であるから、成年後見人が成年被後見人に代わってこれを行っても、利益相反行為となることはない。

3　成年後見人は成年被後見人の法定代理人である一方、保佐人は被保佐人の行為に対する同意権と取消権を有するが、代理権が付与されることはない。

4　令和４年４月１日からは、成年年齢が18歳となったため、18歳の者は、年齢を理由とする後見人の欠格事由に該当しない。

【問　4】　A所有の甲土地にBのCに対する債務を担保するためにCの抵当権（以下この問において「本件抵当権」という。）が設定され、その旨の登記がなされた場合に関する次の記述のうち、民法の規定によれば、正しいものはどれか。

1　Aから甲土地を買い受けたDが、Cの請求に応じてその代価を弁済したときは、本件抵当権はDのために消滅する。

2　Cに対抗することができない賃貸借により甲土地を競売手続の開始前から使用するEは、甲土地の競売における買受人Fの買受けの時から６か月を経過するまでは、甲土地をFに引き渡すことを要しない。

3　本件抵当権設定登記後に、甲土地上に乙建物が築造された場合、Cが本件抵当権の実行として競売を申し立てるときには、甲土地とともに乙建物の競売も申し立てなければならない。

4　BがAから甲土地を買い受けた場合、Bは抵当不動産の第三取得者として、本件抵当権について、Cに対して抵当権消滅請求をすることができる。

【問　5】　期間の計算に関する次の記述のうち、民法の規定によれば、正しいものはどれか。なお、明記された日付は、日曜日、国民の祝日に関する法律に規定する休日その他の休日には当たらないものとする。

1　令和６年10月17日午前10時に、引渡日を契約締結日から１年後とする不動産の売買契約を締結した場合、令和７年10月16日が引渡日である。

2　令和６年８月31日午前10時に、弁済期限を契約締結日から１か月後とする金銭消費貸借契約を締結した場合、令和６年９月30日の終了をもって弁済期限となる。

3　期間の末日が日曜日、国民の祝日に関する法律に規定する休日その他の休日に当たるときは、その日に取引をしない慣習がある場合に限り、期間はその前日に満了する。

4　令和6年5月30日午前10時に、代金の支払期限を契約締結日から1か月後とする動産の売買契約を締結した場合、令和6年7月1日の終了をもって支払期限となる。

【問　6】　Aを貸主、Bを借主として、A所有の甲土地につき、資材置場とする目的で期間を2年として、AB間で、①賃貸借契約を締結した場合と、②使用貸借契約を締結した場合に関する次の記述のうち、民法の規定によれば、正しいものはどれか。

1　Aは、甲土地をBに引き渡す前であれば、①では口頭での契約の場合に限り自由に解除できるのに対し、②では書面で契約を締結している場合も自由に解除できる。

2　Bは、①ではAの承諾がなければ甲土地を適法に転貸することはできないが、②ではAの承諾がなくても甲土地を適法に転貸することができる。

3　Bは、①では期間内に解約する権利を留保しているときには期間内に解約の申入れをし解約することができ、②では期間内に解除する権利を留保していなくてもいつでも解除することができる。

4　甲土地について契約の本旨に反するBの使用によって生じた損害がある場合に、Aが損害賠償を請求するときは、①では甲土地の返還を受けた時から5年以内に請求しなければならないのに対し、②では甲土地の返還を受けた時から1年以内に請求しなければならない。

【問　7】　不在者Aが、家庭裁判所から失踪宣告を受けた。Aを単独相続したBは相続財産である甲土地をCに売却（以下この問において「本件売買契約」という。）して登記も移転したが、その後、生存していたAの請求によって当該失踪宣告が取り消された。本件売買契約当時に、Aの生存について、（ア）Bが善意でCが善意、（イ）Bが悪意でCが善意、（ウ）Bが善意でCが悪意、（エ）Bが悪意でCが悪意、の4つの場合があり得るが、これらのうち、民法の規定及び判例によれば、Cが本件売買契約に基づき取得した甲土地の所有権をAに対抗できる場合を全て掲げたものとして正しいものはどれか。

1　（ア）、（イ）、（ウ）
2　（ア）、（イ）
3　（ア）、（ウ）
4　（ア）

【問　8】　AがB所有の甲土地を建物所有目的でなく利用するための権原が、①地上権である場合と②賃借権である場合に関する次の記述のうち、民法の規定及び判例によれば、正しいものはどれか。なお、AもBも対抗要件を備えているものとする。

1　①でも②でも、特約がなくても、BはAに対して、甲土地の使用及び収益に必要な修繕をする義務を負う。

2　CがBに無断でAから当該権原を譲り受け、甲土地を使用しているときは、①でも②でも、BはCに対して、甲土地の明渡しを請求することができる。

3　①では、Aは当該権原を目的とする抵当権を設定することができるが、②では、Aは当該権原を目的とする抵当権を設定することはできない。

4　Dが甲土地を不法占拠してAの土地利用を妨害している場合、①では、Aは当該権原に基づく妨害排除請求権を行使してDの妨害の排除を求めることができるが、②では、AはDの妨害の排除を求めることはできない。

【問　9】　辞任に関する次の記述のうち、民法の規定によれば、正しいものはいくつあるか。

ア　委任によって代理権を授与された者は、報酬を受ける約束をしている場合であっても、いつでも委任契約を解除して代理権を消滅させて、代理人を辞することができる。

イ　親権者は、やむを得ない事由があるときは、法務局に届出を行うことによって、親権を辞することができる。

ウ　後見人は、正当な事由があるときは、後見監督人の許可を得て、その任務を辞することができる。

エ　遺言執行者は、正当な事由があるときは、相続人の許可を得て、その任務を辞することができる。

1　一つ

2　二つ

3　三つ

4　四つ

【問　10】　AはBに対し、自己所有の甲土地を売却し、代金と引換えにBに甲土地を引き渡したが、その後にCに対しても甲土地を売却し、代金と引換えにCに甲土地の所有権登記を移転した。この場合におけるBによる甲土地の所有権の時効取得に関する次の記述のうち、民法の規定及び判例によれば、正しいものはどれか。

1　Bが甲土地をDに賃貸し、引き渡したときは、Bは甲土地の占有を失うので、甲土地の所有権を時効取得することはできない。

2　Bが、時効の完成前に甲土地の占有をEに奪われたとしても、Eに対して占有回収の訴えを提起して占有を回復した場合には、Eに占有を奪われていた期間も時効期間に算入される。

3　Bが、甲土地の引渡しを受けた時点で所有の意思を有していたとしても、AC間の売買及びCに対する登記の移転を知ったときは、その時点で所有の意思が認められなくなるので、Bは甲土地を時効により取得することはできない。

4　Bが甲土地の所有権を時効取得した場合、Bは登記を備えなければ、その所有権を時効完成時において所有者であったCに対抗することはできない。

【問　11】　建物の所有を目的とする土地の賃貸借契約（定期借地権及び一時使用目的の借地権となる契約を除く。）に関する次の記述のうち、借地借家法の規定及び判例によれば、正しいものはどれか。

1　借地権の存続期間が満了する前に建物の滅失があった場合において、借地権者が借地権の残存期間を超えて存続すべき建物を築造したときは、その建物を築造することにつき借地権設定者の承諾がない場合でも、借地権の期間の延長の効果が生ずる。

2　転借地権が設定されている場合において、転借地上の建物が滅失したときは、転借地権は消滅し、転借地権者（転借人）は建物を再築することができない。

3　借地上の建物が滅失し、借地権設定者の承諾を得て借地権者が新たに建物を築造するに当たり、借地権設定者が存続期間満了の際における借地の返還確保の目的で、残存期間を超えて存続する建物を築造しない旨の特約を借地権者と結んだとしても、この特約は無効である。

4　借地上の建物所有者が借地権設定者に建物買取請求権を適法に行使した場合、買取代金の支払があるまでは建物の引渡しを拒み得るとともに、これに基づく敷地の占有についても、賃料相当額を支払う必要はない。

【問　12】　Aは、B所有の甲建物（床面積100㎡）につき、居住を目的として、期間2年、賃料月額10万円と定めた賃貸借契約（以下この問において「本件契約」という。）をBと締結してその日に引渡しを受けた。この場合における次の記述のうち、民法及び借地借家法の規定並びに判例によれば、誤っているものはどれか。

1　BはAに対して、本件契約締結前に、契約の更新がなく、期間の満了により賃貸借が終了する旨を記載した賃貸借契約書を交付して説明すれば、本件契約を借地借家法第38条に規定する定期建物賃貸借契約として締結することができる。

2　本件契約が借地借家法第38条に規定する定期建物賃貸借契約であるか否かにかかわらず、Aは、甲建物の引渡しを受けてから1年後に甲建物をBから購入したCに対して、賃借人であることを主張できる。

3　本件契約が借地借家法第38条に規定する定期建物賃貸借契約である場合、Aの中途解約を禁止する特約があっても、やむを得ない事情によって甲建物を自己の生活の本

拠として使用することが困難になったときは、Aは本件契約の解約の申入れをすることができる。

4　AがBに対して敷金を差し入れている場合、本件契約が期間満了で終了するに当たり、Bは甲建物の返還を受けるまでは、Aに対して敷金を返還する必要はない。

【問　13】　建物の区分所有等に関する法律（以下この問において「法」という。）に関する次の記述のうち、誤っているものはどれか。

1　管理者は、規約により、その職務に関し、区分所有者のために、原告又は被告となったときは、その旨を各区分所有者に通知しなくてよい。

2　管理者がないときは、区分所有者の5分の1以上で議決権の5分の1以上を有するものは、集会を招集することができる。ただし、この定数は、規約で減ずることができる。

3　集会において、管理者の選任を行う場合、規約に別段の定めがない限り、区分所有者及び議決権の各過半数で決する。

4　管理組合（法第3条に規定する区分所有者の団体をいう。）は、区分所有者及び議決権の各4分の3以上の多数による集会の決議で法人となる旨並びにその名称及び事務所を定め、かつ、その主たる事務所の所在地において登記をすることによって法人となる。

【問　14】　不動産の登記に関する次の記述のうち、誤っているものはどれか。

1　所有権の移転の登記の申請をする場合には、申請人は、法令に別段の定めがある場合を除き、その申請情報と併せて登記原因を証する情報を提供しなければならない。

2　所有権の移転の登記の申請をする場合において、当該申請を登記の申請の代理を業とすることができる代理人によってするときは、登記識別情報を提供することができないことにつき正当な理由があるとみなされるため、登記義務者の登記識別情報を提供することを要しない。

3　所有権の移転の登記の申請をする場合において、登記権利者が登記識別情報の通知を希望しない旨の申出をしたときは、当該登記に係る登記識別情報は通知されない。

4　所有権の移転の登記の申請をする場合において、その登記が完了した際に交付される登記完了証を送付の方法により交付することを求めるときは、その旨及び送付先の住所を申請情報の内容としなければならない。

【問　15】　都市計画法に関する次の記述のうち、誤っているものはどれか。

1　市街化区域については、都市計画に、少なくとも用途地域を定めるものとされている。

2　準都市計画区域については、都市計画に、特別用途地区を定めることができる。

3　高度地区については、都市計画に、建築物の容積率の最高限度又は最低限度を定めるものとされている。

4　工業地域は、主として工業の利便を増進するため定める地域とされている。

【問　16】　都市計画法に関する次の記述のうち、正しいものはどれか。ただし、この問において条例による特別の定めはないものとし、「都道府県知事」とは、地方自治法に基づく指定都市、中核市及び施行時特例市にあってはその長をいうものとする。

1　市街化区域内において、市街地再開発事業の施行として行う1haの開発行為を行おうとする者は、あらかじめ、都道府県知事の許可を受けなければならない。

2　区域区分が定められていない都市計画区域内において、博物館法に規定する博物館の建築を目的とした8,000㎡の開発行為を行おうとする者は、都道府県知事の許可を受けなくてよい。

3　自己の業務の用に供する施設の建築の用に供する目的で行う開発行為にあっては、開発区域内に土砂災害警戒区域等における土砂災害防止対策の推進に関する法律に規定する土砂災害警戒区域内の土地を含んではならない。

4　市街化調整区域内における開発行為について、当該開発行為が開発区域の周辺における市街化を促進するおそれがあるかどうかにかかわらず、都道府県知事は、開発審査会の議を経て開発許可をすることができる。

【問　17】　建築基準法（以下この問において「法」という。）に関する次の記述のうち、正しいものはどれか。

1　法の改正により、現に存する建築物が改正後の法の規定に適合しなくなった場合には、当該建築物は違反建築物となり、速やかに改正後の法の規定に適合させなければならない。

2　延べ面積が500㎡を超える建築物について、大規模な修繕をしようとする場合、都市計画区域外であれば建築確認を受ける必要はない。

3　地方公共団体は、条例で、建築物の敷地、構造又は建築設備に関して安全上、防火上又は衛生上必要な制限を附加することができる。

4　地方公共団体が、条例で、津波、高潮、出水等による危険の著しい区域を災害危険区域として指定した場合には、災害危険区域内における住居の用に供する建築物の建築は一律に禁止されることとなる。

【問 18】 次の記述のうち、建築基準法（以下この問において「法」という。）の規定によれば、正しいものはどれか。

1 第一種低層住居専用地域内においては、神社、寺院、教会を建築することはできない。

2 その敷地内に一定の空地を有し、かつ、その敷地面積が一定規模以上である建築物で、特定行政庁が交通上、安全上、防火上及び衛生上支障がなく、かつ、その建蔽率、容積率及び各部分の高さについて総合的な配慮がなされていることにより市街地の環境の整備改善に資すると認めて許可したものの建蔽率、容積率又は各部分の高さは、その許可の範囲内において、関係規定による限度を超えるものとすることができる。

3 法第3章の規定が適用されるに至った際、現に建築物が立ち並んでいる幅員1.8m未満の道で、あらかじめ、建築審査会の同意を得て特定行政庁が指定したものは、同章の規定における道路とみなされる。

4 第一種住居地域内においては、建築物の高さは、10m又は12mのうち当該地域に関する都市計画において定められた建築物の高さの限度を超えてはならない。

改【問 19】 宅地造成及び特定盛土等規制法に関する次の記述のうち、誤っているものはどれか。なお、この問において「都道府県知事」とは、地方自治法に基づく指定都市、中核市及び施行時特例市にあってはその長をいうものとする。

1 宅地造成等工事規制区域内の土地（公共施設用地を除く。）において、雨水その他の地表水又は地下水を排除するための排水施設の除却工事を行おうとする場合は、一定の場合を除き、都道府県知事への届出が必要となる。

2 宅地造成等工事規制区域内において、森林を宅地にするために行う切土であって、高さ3mの崖を生ずることとなるものに関する工事については、工事主は、宅地造成等に伴う災害の発生のおそれがないと認められるものとして政令で定める工事を除き、工事に着手する前に、都道府県知事の許可を受けなければならない。

3 宅地造成等工事規制区域内の土地（公共施設用地を除く。）において、過去に宅地造成等に関する工事が行われ、現在は工事主とは異なる者がその工事が行われた土地を所有している場合において、当該土地の所有者は宅地造成等に伴う災害が生じないよう、その土地を常時安全な状態に維持するように努めなければならない。

4 宅地造成等工事規制区域外に盛土によって造成された一団の造成宅地の区域において、造成された盛土の高さが5m未満の場合は、都道府県知事は、当該区域を造成宅地防災区域として指定することができない。

【問　20】　次の記述のうち、土地区画整理法の規定及び判例によれば、誤っているものはどれか。

1　土地区画整理組合の設立の認可の公告があった日以後、換地処分の公告がある日までは、施行地区内において、土地区画整理事業の施行の障害となるおそれがある建築物の新築を行おうとする者は、土地区画整理組合の許可を受けなければならない。

2　土地区画整理組合は、定款に別段の定めがある場合においては、換地計画に係る区域の全部について工事が完了する以前においても換地処分をすることができる。

3　仮換地を指定したことにより、使用し、又は収益することができる者のなくなった従前の宅地については、当該宅地を使用し、又は収益することができる者のなくなった時から換地処分の公告がある日までは、施行者が当該宅地を管理する。

4　清算金の徴収又は交付に関する権利義務は、換地処分の公告によって換地についての所有権が確定することと併せて、施行者と換地処分時点の換地所有者との間に確定的に発生するものであり、換地処分後に行われた当該換地の所有権の移転に伴い当然に移転する性質を有するものではない。

【問　21】　農地に関する次の記述のうち、農地法（以下この問において「法」という。）の規定によれば、正しいものはどれか。

1　農地の賃貸借及び使用貸借は、その登記がなくても農地の引渡しがあったときは、これをもってその後にその農地について所有権を取得した第三者に対抗することができる。

2　法第2条第3項の農地所有適格法人の要件を満たしていない株式会社は、耕作目的で農地を借り入れることはできない。

3　法第4条第1項、第5条第1項の違反について原状回復等の措置に係る命令の対象となる者（違反転用者等）には、当該規定に違反した者又はその一般承継人は含まれるが、当該違反に係る土地について工事を請け負った者は含まれない。

4　法の適用については、土地の面積は、登記簿の地積によることとしているが、登記簿の地積が著しく事実と相違する場合及び登記簿の地積がない場合には、実測に基づき農業委員会が認定したところによる。

【問　22】　国土利用計画法第23条の届出（以下この問において「事後届出」という。）に関する次の記述のうち、正しいものはどれか。なお、この問において「都道府県知事」とは、地方自治法に基づく指定都市にあってはその長をいうものとする。

1　都市計画区域外において、A市が所有する面積15,000㎡の土地を宅地建物取引業者Bが購入した場合、Bは事後届出を行わなければならない。

2 事後届出において、土地売買等の契約に係る土地の土地に関する権利の移転又は設定の対価の額については届出事項ではない。

3 市街化区域を除く都市計画区域内において、一団の土地である甲土地（C所有、面積3,500㎡）と乙土地（D所有、面積2,500㎡）を宅地建物取引業者Eが購入した場合、Eは事後届出を行わなければならない。

4 都道府県知事は、土地利用審査会の意見を聴いて、事後届出をした者に対し、当該事後届出に係る土地の利用目的について必要な変更をすべきことを勧告することができ、勧告を受けた者がその勧告に従わない場合、その勧告に反する土地売買等の契約を取り消すことができる。

【問 23】 印紙税に関する次の記述のうち、正しいものはどれか。なお、以下の覚書又は契約書はいずれも書面により作成されたものとする。

1 土地を8,000万円で譲渡することを証した覚書を売主Aと買主Bが作成した場合、本契約書を後日作成することを文書上で明らかにしていれば、当該覚書には印紙税が課されない。

2 一の契約書に甲土地の譲渡契約（譲渡金額6,000万円）と、乙建物の譲渡契約（譲渡金額3,000万円）をそれぞれ区分して記載した場合、印紙税の課税標準となる当該契約書の記載金額は、6,000万円である。

3 当初作成した土地の賃貸借契約書において「契約期間は5年とする」旨の記載がされていた契約期間を変更するために、「契約期間は10年とする」旨を記載した覚書を貸主Cと借主Dが作成した場合、当該覚書には印紙税が課される。

4 駐車場経営者Eと車両所有者Fが、Fの所有する車両を駐車場としての設備のある土地の特定の区画に駐車させる旨の賃貸借契約書を作成した場合、土地の賃借権の設定に関する契約書として印紙税が課される。

【問 24】 固定資産税に関する次の記述のうち、正しいものはどれか。

1 固定資産税の徴収については、特別徴収の方法によらなければならない。

2 土地価格等縦覧帳簿及び家屋価格等縦覧帳簿の縦覧期間は、毎年4月1日から、4月20日又は当該年度の最初の納期限の日のいずれか遅い日以後の日までの間である。

3 固定資産税の賦課期日は、市町村の条例で定めることとされている。

4 固定資産税は、固定資産の所有者に課するのが原則であるが、固定資産が賃借されている場合は、当該固定資産の賃借権者に対して課される。

【問　25】　地価公示法に関する次の記述のうち、誤っているものはどれか。

1　土地鑑定委員会は、標準地の正常な価格を判定したときは、標準地の単位面積当たりの価格のほか、当該標準地の地積及び形状についても官報で公示しなければならない。

2　正常な価格とは、土地について、自由な取引が行われるとした場合におけるその取引（一定の場合を除く。）において通常成立すると認められる価格をいい、当該土地に建物がある場合には、当該建物が存するものとして通常成立すると認められる価格をいう。

3　公示区域内の土地について鑑定評価を行う場合において、当該土地の正常な価格を求めるときは、公示価格を規準とする必要があり、その際には、当該土地とこれに類似する利用価値を有すると認められる1又は2以上の標準地との位置、地積、環境等の土地の客観的価値に作用する諸要因についての比較を行い、その結果に基づき、当該標準地の公示価格と当該土地の価格との間に均衡を保たせる必要がある。

4　公示区域とは、都市計画法第4条第2項に規定する都市計画区域その他の土地取引が相当程度見込まれるものとして国土交通省令で定める区域のうち、国土利用計画法第12条第1項の規定により指定された規制区域を除いた区域をいう。

【問　26】　宅地建物取引業法第3条第1項に規定する事務所（以下この問において「事務所」という。）に関する次の記述のうち、正しいものはどれか。

1　事務所とは、契約締結権限を有する者を置き、継続的に業務を行うことができる施設を有する場所を指すものであるが、商業登記簿に登載されていない営業所又は支店は事務所には該当しない。

2　宅地建物取引業を営まず他の兼業業務のみを営んでいる支店は、事務所には該当しない。

3　宅地建物取引業者は、主たる事務所については、免許証、標識及び国土交通大臣が定めた報酬の額を掲げ、従業者名簿及び帳簿を備え付ける義務を負う。

4　宅地建物取引業者は、その事務所ごとに一定の数の成年者である専任の宅地建物取引士を置かなければならないが、既存の事務所がこれを満たさなくなった場合は、30日以内に必要な措置を執らなければならない。

【問　27】　宅地建物取引業者A（消費税課税事業者）が受け取ることができる報酬についての次の記述のうち、宅地建物取引業法の規定によれば、正しいものはどれか。

1　Aが、Bから売買の媒介を依頼され、Bからの特別の依頼に基づき、遠隔地への現地調査を実施した。その際、当該調査に要する特別の費用について、Bが負担することを事前に承諾していたので、Aは媒介報酬とは別に、当該調査に要した特別の費用

相当額を受領することができる。

2　Aが、居住用建物について、貸主Bから貸借の媒介を依頼され、この媒介が使用貸借に係るものである場合は、当該建物の通常の借賃をもとに報酬の限度額が定まるが、その算定に当たっては、不動産鑑定業者の鑑定評価を求めなければならない。

3　Aが居住用建物の貸主B及び借主Cの双方から媒介の依頼を受けるに当たって、依頼者の一方から受けることのできる報酬の額は、借賃の1か月分の0.55倍に相当する金額以内である。ただし、媒介の依頼を受けるに当たって、依頼者から承諾を得ている場合はこの限りではなく、双方から受けることのできる報酬の合計額は借賃の1か月分の1.1倍に相当する金額を超えてもよい。

4　Aは、土地付建物について、売主Bから媒介を依頼され、代金300万円（消費税等相当額を含み、土地代金は80万円である。）で契約を成立させた。現地調査等の費用については、通常の売買の媒介に比べ5万円（消費税等相当額を含まない。）多く要する旨、Bに対して説明し、合意の上、媒介契約を締結した。この場合、AがBから受領できる報酬の限度額は20万200円である。

【問　28】　宅地建物取引業者が行う宅地建物取引業法第35条に規定する重要事項の説明に関する次の記述のうち、正しいものはどれか。

1　宅地建物取引業者が、宅地建物取引業者ではない個人から媒介業者の仲介なしに土地付建物を購入する場合、買主である宅地建物取引業者は重要事項説明書を作成しなくても宅地建物取引業法違反とはならない。

2　宅地建物取引業者が、重要事項説明書を作成する際、調査不足のため、重要事項説明書に記載された内容が事実と異なるものとなったが、意図的に事実と異なる内容を記載したものではないため、宅地建物取引業法違反とはならない。

3　宅地建物取引業者は、土地売買の媒介を行う場合、宅地建物取引業者ではない売主に対して契約が成立する前までの間に、宅地建物取引士をして重要事項説明書を交付して説明をさせなければならない。

4　宅地又は建物の取引は権利関係や法令上の制限など取引条件に関する事項が複雑で多岐にわたるため、重要事項説明書は、宅地又は建物の取引の専門的知識を有する宅地建物取引士が作成しなければならない。

【問　29】　宅地建物取引士に関する次の記述のうち、宅地建物取引業法の規定によれば、誤っているものはどれか。

1　宅地建物取引士は、禁錮以上の刑に処せられた場合、刑に処せられた日から30日以内に、その旨を宅地建物取引士の登録を受けた都道府県知事に届け出なければならない。

2 宅地建物取引士は、業務に関して事務禁止の処分を受けた場合、速やかに、宅地建物取引士証をその交付を受けた都道府県知事に提出しなければならず、これを怠った場合には罰則の適用を受けることがある。

3 宅地建物取引士は、有効期間の満了日が到来する宅地建物取引士証を更新する場合、国土交通大臣が指定する講習を受講しなければならず、また、当該宅地建物取引士証の有効期間は5年である。

4 宅地建物取引士は、宅地建物取引士の信用を害するような行為をしてはならず、信用を害するような行為には、宅地建物取引士の職務に必ずしも直接関係しない行為や私的な行為も含まれる。

【問 30】 次の記述のうち、宅地建物取引業法（以下この問において「法」という。）及び犯罪による収益の移転防止に関する法律の規定によれば、正しいものはいくつあるか。

ア 法第35条第2項の規定による割賦販売とは、代金の全部又は一部について、目的物の引渡し後6か月以上の期間にわたり、かつ、2回以上に分割して受領することを条件として販売することをいう。

イ 犯罪による収益の移転防止に関する法律において、宅地建物取引業のうち、宅地若しくは建物の売買契約の締結又はその代理若しくは媒介が特定取引として規定されている。

ウ 宅地建物取引業者は、その従業者に対し、その業務を適正に実施させるため、必要な教育を行うよう努めなければならないと法に定められている。

エ 宅地建物取引業者の使用人その他の従業者は、正当な理由がある場合でなければ、宅地建物取引業の業務を補助したことについて知り得た秘密を他に漏らしてはならないと法に定められている。

1 一つ

2 二つ

3 三つ

4 なし

【問 31】 宅地建物取引業者Aが、BからB所有の土地付建物の売却について媒介の依頼を受けた場合における次の記述のうち、宅地建物取引業法（以下この問において「法」という。）の規定によれば、正しいものはどれか。

1 Aが、Bと一般媒介契約を締結した場合、AがBに対し当該土地付建物の価額について意見を述べるために行った価額の査定に要した費用をBに請求することはできない。

2　Aは、Bとの間で締結した媒介契約が一般媒介契約である場合には、専任媒介契約の場合とは異なり、法第34条の2第1項の規定に基づく書面に、売買すべき価額を記載する必要はない。

3　Aが、Bとの間で締結した専任媒介契約については、Bからの申出により更新することができ、その後の有効期間については、更新の時から3か月を超える内容に定めることができる。

4　Aが、当該土地付建物の購入の媒介をCから依頼され、Cとの間で一般媒介契約を締結した場合、Aは、買主であるCに対しては、必ずしも法第34条の2第1項の規定に基づく書面を交付しなくともよい。

改【問　32】　宅地建物取引業法第37条の規定により交付すべき書面（以下この間において「37条書面」という。）に関する次の記述のうち、誤っているものはどれか。

1　宅地建物取引業者である売主Aは、宅地建物取引業者であるBの媒介により、宅地建物取引業者ではないCと宅地の売買契約を令和6年4月1日に締結した。AとBが共同で作成した37条書面にBの宅地建物取引士の記名がなされていれば、Aは37条書面にAの宅地建物取引士をして記名をさせる必要はない。

2　宅地建物取引士は、37条書面を交付する際、買主から請求があったときは、宅地建物取引士証を提示しなければならない。

3　宅地建物取引業者である売主Dと宅地建物取引業者ではないEとの建物の売買契約において、手付金の保全措置を講ずる場合、Dはその保全措置の概要を、重要事項説明書に記載し説明する必要があるが、37条書面には記載する必要はない。

4　宅地建物取引業者である売主と宅地建物取引業者ではない個人との建物の売買において、建物の品質に関して契約の内容に適合しない場合におけるその不適合を担保すべき責任について特約を定めたときは、37条書面にその内容を記載しなければならない。

【問　33】　宅地建物取引士に関する次の記述のうち、宅地建物取引業法の規定によれば、正しいものはいくつあるか。

ア　宅地建物取引士資格試験は未成年者でも受験することができるが、宅地建物取引士の登録は成年に達するまでいかなる場合にも受けることができない。

イ　甲県知事登録の宅地建物取引士が、宅地建物取引業者（乙県知事免許）の専任の宅地建物取引士に就任するためには、宅地建物取引士の登録を乙県に移転しなければならない。

ウ　丙県知事登録の宅地建物取引士が、事務の禁止の処分を受けた場合、丁県に所在する宅地建物取引業者の事務所の業務に従事しようとするときでも、その禁止の期間が

満了するまで、宅地建物取引士の登録の移転を丁県知事に申請することができない。

エ　戊県知事登録の宅地建物取引士が、己県へ登録の移転の申請とともに宅地建物取引士証の交付を申請した場合、己県知事が宅地建物取引士証を交付するときは、戊県で交付された宅地建物取引士証の有効期間が経過するまでの期間を有効期間とする宅地建物取引士証を交付しなければならない。

1　一つ

2　二つ

3　三つ

4　四つ

改【問　34】　宅地建物取引業者が建物の売買の媒介の際に行う宅地建物取引業法第35条に規定する重要事項の説明に関する次の記述のうち、誤っているものはどれか。なお、説明の相手方は宅地建物取引業者ではないものとする。

1　当該建物が既存の建物であるときは、宅地建物取引業法第34条の2第1項第4号に規定する建物状況調査を過去1年以内に実施しているかどうか、及びこれを実施している場合におけるその結果の概要を説明しなければならない。

2　当該建物が宅地造成及び特定盛土等規制法の規定により指定された造成宅地防災区域内にあるときは、その旨を説明しなければならない。

3　当該建物について、石綿の使用の有無の調査の結果が記録されているときは、その内容を説明しなければならない。

4　当該建物（昭和56年5月31日以前に新築の工事に着手したもの）が指定確認検査機関、建築士、登録住宅性能評価機関又は地方公共団体による耐震診断を受けたものであるときは、その旨を説明しなければならない。

【問　35】　次の記述のうち、宅地建物取引業法（以下この問において「法」という。）の規定によれば、正しいものはどれか。

1　宅地建物取引業者の従業者である宅地建物取引士は、取引の関係者から事務所で従業者証明書の提示を求められたときは、この証明書に代えて従業者名簿又は宅地建物取引士証を提示することで足りる。

2　宅地建物取引業者Aが所有する甲建物を法人Bに売却するに当たり、Bが宅地建物取引業者であるか否かにかかわらず、AはBに対し、宅地建物取引士をして、法第35条の規定に基づく書面を交付し説明をさせなければならない。

3　法人Cが所有する乙建物の個人Dへの賃貸を宅地建物取引業者Eが媒介し、当該賃貸借契約が成立したときは、EはDに対し、宅地建物取引士をして、法第35条の規定

に基づく書面を交付し説明をさせなければならない。
4 宅地建物取引業者Fが所有する丙宅地を法人Gに売却する契約を締結したとき、G
　が宅地建物取引業者であるか否かにかかわらず、FはGに対し、法第37条の規定に基
　づく書面を交付しなければならない。

【問　36】　宅地建物取引業者が行う宅地建物取引業法第35条に規定する重要事項の説
明に関する次の記述のうち、正しいものはどれか。なお、説明の相手方は宅地建物取引
業者ではないものとする。
1 建物の売買の媒介を行う場合、当該建物が既存の住宅であるときは当該建物の検査
　済証（宅地建物取引業法施行規則第16条の2の3第2号に定めるもの）の保存の状況
　について説明しなければならず、当該検査済証が存在しない場合はその旨を説明しな
　ければならない。
2 宅地の売買の媒介を行う場合、売買代金の額並びにその支払の時期及び方法につい
　て説明しなければならない。
3 建物の貸借の媒介を行う場合、当該建物が、水防法施行規則第11条第1号の規定に
　より市町村（特別区を含む。）の長が提供する図面にその位置が表示されている場合
　には、当該図面が存在していることを説明すれば足りる。
4 自ら売主となって建物の売買契約を締結する場合、当該建物の引渡しの時期につい
　て説明しなければならない。

【問　37】　宅地建物取引業者Aがその業務に関して行う広告に関する次の記述のう
ち、宅地建物取引業法（以下この問において「法」という。）の規定によれば、正しい
ものはいくつあるか。
ア　Aが未完成の建売住宅を販売する場合、建築基準法第6条第1項に基づく確認を受
　けた後、同項の変更の確認の申請書を提出している期間においては、変更の確認を受
　ける予定であることを表示し、かつ、当初の確認内容を合わせて表示すれば、変更の
　確認の内容を広告することができる。
イ　Aが新築住宅の売買に関する広告をインターネットで行った場合、実際のものより
　著しく優良又は有利であると人を誤認させるような表示を行ったが、当該広告につい
　て問合せや申込みがなかったときは、法第32条に定める誇大広告等の禁止の規定に違
　反しない。
ウ　Aが一団の宅地の販売について、数回に分けて広告をするときは、そのたびごとに
　広告へ取引態様の別を明示しなければならず、当該広告を見た者から売買に関する注
　文を受けたときも、改めて取引態様の別を明示しなければならない。

1　一つ
2　二つ
3　三つ
4　なし

【問　38】 宅地建物取引業者が自ら売主となる宅地の売買契約について、買受けの申込みを喫茶店で行った場合における宅地建物取引業法第37条の2の規定に基づくいわゆるクーリング・オフに関する次の記述のうち、正しいものはどれか。

1　買受けの申込みをした者が、売買契約締結後、当該宅地の引渡しを受けた場合、クーリング・オフによる当該売買契約の解除を行うことができない。
2　買受けの申込みをした者が宅地建物取引業者であった場合、クーリング・オフについて告げられていなくても、申込みを行った日から起算して8日を経過するまでは、書面により買受けの申込みの撤回をすることができる。
3　売主業者の申出により、買受けの申込みをした者の勤務先で売買契約を行った場合、クーリング・オフによる当該売買契約の解除を行うことはできない。
4　クーリング・オフによる売買契約の解除がなされた場合において、宅地建物取引業者は、買受けの申込みをした者に対し、速やかに、当該売買契約の締結に際し受領した手付金その他の金銭を返還しなければならない。

【問　39】 宅地建物取引業保証協会（以下この問において「保証協会」という。）に関する次の記述のうち、宅地建物取引業法の規定によれば、正しいものはどれか。

1　保証協会は、弁済業務保証金について弁済を受ける権利を有する者から認証申出書の提出があり、認証に係る事務を処理する場合には、各月ごとに、認証申出書に記載された取引が成立した時期の順序に従ってしなければならない。
2　保証協会は、当該保証協会の社員から弁済業務保証金分担金の納付を受けたときは、その納付を受けた額に相当する額の弁済業務保証金を当該社員の主たる事務所の最寄りの供託所に供託しなければならない。
3　保証協会の社員が弁済業務保証金分担金を納付した後に、新たに事務所を設置したときは、その日から2週間以内に保証協会に納付すべき弁済業務保証金分担金について、国債証券をもって充てることができる。
4　宅地建物取引業者と宅地の売買契約を締結した買主（宅地建物取引業者ではない。）は、当該宅地建物取引業者が保証協会の社員となる前にその取引により生じた債権に関し、当該保証協会が供託した弁済業務保証金について弁済を受ける権利を有する。

－47－

國【問　40】 建物の貸借の媒介を行う宅地建物取引業者が、その取引の相手方（宅地建物取引業者を除く。）に対して、次のアからエの発言に続けて宅地建物取引業法第35条の規定に基づく重要事項の説明を行った場合のうち、宅地建物取引業法の規定に違反しないものはいくつあるか。

ア　本日は重要事項の説明を行うためにお電話しました。お客様はＩＴ環境をお持ちでなく映像を見ることができないとのことですので、宅地建物取引士である私が記名した重要事項説明書は現在お住まいの住所に郵送いたしました。このお電話にて重要事項の説明をさせていただきますので、お手元でご覧いただきながらお聞き願います。

イ　建物の貸主が宅地建物取引業者で、代表者が宅地建物取引士であり建物の事情に詳しいことから、その代表者が作成し、記名した重要事項説明書がこちらになります。当社の宅地建物取引士は同席しますが、説明は貸主の代表者が担当します。

ウ　この物件の担当である弊社の宅地建物取引士が本日急用のため対応できなくなりましたが、せっかくお越しいただきましたので、重要事項説明書にある宅地建物取引士欄を訂正の上、宅地建物取引士である私が記名をし、代わりに説明をいたします。私の宅地建物取引士証をお見せします。

エ　本日はお客様のご希望ですので、テレビ会議を用いて重要事項の説明を行います。当社の側の音声は聞こえていますでしょうか。十分に聞き取れたとのお返事、こちらにも聞こえました。では、説明を担当する私の宅地建物取引士証をお示ししますので、画面上でご確認をいただき、私の名前を読み上げていただけますでしょうか。そうです、読み方も間違いありません。それでは、双方音声・映像ともやりとりできる状況ですので、説明を始めます。事前にお送りした私が記名した重要事項説明書をお手元にご用意ください。

1　一つ
2　二つ
3　三つ
4　四つ

【問　41】 営業保証金及び宅地建物取引業保証協会（以下この問において「保証協会」という。）に関する次の記述のうち、宅地建物取引業法の規定によれば、誤っているものはいくつあるか。

ア　宅地建物取引業者の代表者が、その業務に関し刑法第222条（脅迫）の罪により懲役の刑に処せられたことを理由に宅地建物取引業の免許を取り消された場合、当該宅地建物取引業者であった者は、当該刑の執行を終わった日から5年間は供託した営業保証金を取り戻すことができない。

イ　営業保証金の還付により、営業保証金が政令で定める額に不足することとなったた

め、国土交通大臣又は都道府県知事から不足額を供託すべき旨の通知書の送付を受けた宅地建物取引業者は、その送付を受けた日から2週間以内にその不足額を供託しなければならない。

ウ　保証協会の社員は、自らが取り扱った宅地建物取引業に係る取引の相手方から当該取引に関する苦情について解決の申出が保証協会にあり、保証協会から関係する資料の提出を求められたときは、正当な理由がある場合でなければ、これを拒んではならない。

エ　保証協会の社員と宅地建物取引業に関し取引をした者は、その取引により生じた債権に関し、当該社員が納付した弁済業務保証金の額に相当する額の範囲内において弁済を受ける権利を有する。

1　一つ
2　二つ
3　三つ
4　四つ

【問　42】　宅地建物取引業者Aが、BからB所有の宅地の売却を依頼され、Bと専属専任媒介契約（以下この問において「本件媒介契約」という。）を締結した場合に関する次の記述のうち、宅地建物取引業法の規定によれば、正しいものはどれか。

1　AはBに対して、契約の相手方を探索するために行った措置など本件媒介契約に係る業務の処理状況を2週間に1回以上報告しなければならない。

2　AがBに対し当該宅地の価額又は評価額について意見を述べるときは、その根拠を明らかにしなければならないが、根拠の明示は口頭でも書面を用いてもどちらでもよい。

3　本件媒介契約の有効期間について、あらかじめBからの書面による申出があるときは、3か月を超える期間を定めることができる。

4　Aは所定の事項を指定流通機構に登録した場合、Bから引渡しの依頼がなければ、その登録を証する書面をBに引き渡さなくてもよい。

【問 43】 宅地建物取引業者Aが、自ら売主として行う売買契約に関する次の記述のうち、宅地建物取引業法の規定によれば、誤っているものはどれか。なお、買主は宅地建物取引業者ではないものとする。

1　Aが、宅地又は建物の売買契約に際して手付を受領した場合、その手付がいかなる性質のものであっても、Aが契約の履行に着手するまでの間、買主はその手付を放棄して契約の解除をすることができる。

2　Aが、土地付建物の売買契約を締結する場合において、買主との間で、「売主は、売買物件の引渡しの日から1年間に限り当該物件の種類又は品質に関して契約の内容に適合しない場合におけるその不適合を担保する責任を負う」とする旨の特約を設けることができる。

3　販売代金2,500万円の宅地について、Aが売買契約の締結を行い、損害賠償の額の予定及び違約金の定めをする場合、その合計額を500万円と設定することができる。

4　Aが建物の割賦販売を行った場合、当該建物を買主に引き渡し、かつ、代金の額の10分の3を超える額の支払を受けた後は、担保の目的で当該建物を譲り受けてはならない。

【問 44】 宅地建物取引業法（以下この問において「法」という。）第37条の規定により交付すべき書面（以下この問において「37条書面」という。）に関する次の記述のうち、宅地建物取引業者Aが法の規定に違反するものはどれか。

1　Aは、自ら売主として宅地建物取引業者ではないBとの間で宅地の売買契約を締結した。この際、当該買主の代理として宅地建物取引業者Cが関与していたことから、37条書面をBに加え、Cにも交付した。

2　Aは、その媒介により建物の貸借の契約を成立させ、37条書面を借主に交付するに当たり、37条書面に記名した宅地建物取引士が不在であったことから、宅地建物取引士ではないAの従業員に書面を交付させた。

3　Aは、その媒介により借主Dと建物の貸借の契約を成立させた。この際、借賃以外の金銭の授受に関する定めがあるので、その額や当該金銭の授受の時期だけでなく、当該金銭の授受の目的についても37条書面に記載し、Dに交付した。

4　Aは、自ら売主として宅地建物取引業者Eの媒介により、宅地建物取引業者Fと宅地の売買契約を締結した。37条書面については、A、E、Fの三者で内容を確認した上で各自作成し、交付せずにそれぞれ自ら作成した書類を保管した。

【問 45】 特定住宅瑕疵担保責任の履行の確保等に関する法律に基づく住宅販売瑕疵担保保証金の供託又は住宅販売瑕疵担保責任保険契約の締結に関する次の記述のうち、

正しいものはどれか。

1　宅地建物取引業者は、自ら売主として宅地建物取引業者である買主との間で新築住宅の売買契約を締結し、その住宅を引き渡す場合、住宅販売瑕疵担保保証金の供託又は住宅販売瑕疵担保責任保険契約の締結を行う義務を負う。

2　住宅販売瑕疵担保責任保険契約は、新築住宅の引渡し時から10年以上有効でなければならないが、当該新築住宅の買主の承諾があれば、当該保険契約に係る保険期間を5年間に短縮することができる。

3　自ら売主として新築住宅を販売する宅地建物取引業者は、基準日から3週間を経過する日までの間において、当該基準日前10年間に自ら売主となる売買契約に基づき宅地建物取引業者ではない買主に引き渡した新築住宅（住宅販売瑕疵担保責任保険契約に係る新築住宅を除く。）について、住宅販売瑕疵担保保証金の供託をしていなければならない。

4　宅地建物取引業者が住宅販売瑕疵担保保証金の供託をし、その額が、基準日において、販売新築住宅の合計戸数を基礎として算定する基準額を超えることとなった場合、宅地建物取引業法の免許を受けた国土交通大臣又は都道府県知事の承認がなくても、その超過額を取り戻すことができる。

【問　46】　独立行政法人住宅金融支援機構（以下この問において「機構」という。）に関する次の記述のうち、誤っているものはどれか。

1　機構は、住宅の建設又は購入に必要な資金の貸付けに係る金融機関の貸付債権の譲受けを業務として行っているが、当該住宅の建設又は購入に付随する土地又は借地権の取得に必要な資金については、譲受けの対象としていない。

2　機構は、団体信用生命保険業務において、貸付けを受けた者が死亡した場合のみならず、重度障害となった場合においても、支払われる生命保険の保険金を当該貸付けに係る債務の弁済に充当することができる。

3　証券化支援事業（買取型）において、機構による譲受けの対象となる貸付債権の償還方法には、元利均等の方法であるものに加え、元金均等の方法であるものもある。

4　機構は、証券化支援事業（買取型）において、MBS（資産担保証券）を発行することにより、債券市場（投資家）から資金を調達している。

【問 47】 宅地建物取引業者が行う広告に関する次の記述のうち、不当景品類及び不当表示防止法（不動産の表示に関する公正競争規約を含む。）の規定によれば、正しいものはどれか。

1 物件からスーパーマーケット等の商業施設までの徒歩所要時間は、道路距離80mにつき1分間を要するものとして算出し、1分未満の端数が生じたときは、端数を切り捨てて表示しなければならない。

2 インターネット上に掲載した賃貸物件の広告について、掲載直前に契約済みとなっていたとしても、消費者からの問合せに対して既に契約済みであり取引できない旨を説明すれば、不当表示に問われることはない。

3 マンションの管理費について、住戸により管理費の額が異なる場合において、その全ての住宅の管理費を示すことが困難であるときは、最高額のみを表示すればよい。

4 建築条件付土地の取引の広告においては、当該条件の内容、当該条件が成就しなかったときの措置の内容だけでなく、そもそも当該取引の対象が土地であることも明らかにして表示しなければならない。

【問 48（参考）】 次の記述のうち、正しいものはどれか。

注1：出題内容の「参考」として、出題当時の内容をそのまま収載しました。なお、最新の数値・傾向等に改題した当問題を「ダウンロードサービス」でご提供いたします（2024年8月末日頃～公開予定）。詳しくは【解説編】P. xをご覧ください。

注2：当問題については、合格発表時に「正解肢のない」問題と公表され、全ての選択肢が「正解」として扱われました。

1 建築着工統計調査報告（令和3年計。令和4年1月公表）によれば、令和3年の新設住宅の着工戸数のうち、持家は前年比で増加したが、貸家及び分譲住宅は前年比で減少した。

2 令和4年地価公示（令和4年3月公表）によれば、令和3年1月以降の1年間の住宅地の地価は、三大都市圏平均では下落したものの、それ以外の地方圏平均では上昇した。

3 令和4年版土地白書（令和4年6月公表）によれば、令和3年の全国の土地取引件数は約133万件となり、土地取引件数の対前年比は令和元年以降減少が続いている。

4 国土交通省の公表する不動産価格指数のうち、全国の商業用不動産総合の季節調整値は、2021年（令和3年）においては第1四半期から第4四半期まで連続で対前期比増となった。

【問 49】 土地に関する次の記述のうち、最も不適当なものはどれか。

1　台地の上の浅い谷は、豪雨時には一時的に浸水することがあり、注意を要する。

2　低地は、一般に洪水や地震などに対して強く、防災的見地から住宅地として好ましい。

3　埋立地は、平均海面に対し4〜5mの比高があり護岸が強固であれば、住宅地としても利用が可能である。

4　国土交通省が運営するハザードマップポータルサイトでは、洪水、土砂災害、高潮、津波のリスク情報などを地図や写真に重ねて表示できる。

【問 50】 建築物の構造に関する次の記述のうち、最も不適当なものはどれか。

1　木構造は、主要構造を木質系材料で構成するものであり、在来軸組構法での主要構造は、一般に軸組、小屋組、床組からなる。

2　在来軸組構法の軸組は、通常、水平材である土台、桁、胴差と、垂直材の柱及び耐力壁からなる。

3　小屋組は、屋根の骨組であり、小屋梁、小屋束、母屋、垂木等の部材を組み合わせた和小屋と、陸梁、束、方杖等の部材で形成するトラス構造の洋小屋がある。

4　軸組に仕上げを施した壁には、真壁と大壁があり、真壁のみで構成する洋風構造と、大壁のみで構成する和風構造があるが、これらを併用する場合はない。

令和3年度（12月）
問　　　題

次の注意事項をよく読んでから、始めてください。

（注意事項）

1　問　　　題

問題は、57ページから78ページまでの50問です。

試験開始の合図と同時に、ページ数を確認してください。

乱丁や落丁があった場合は、直ちに試験監督員に申し出てください。

2　解　　　答

解答は、解答用紙の「記入上の注意」に従って記入してください。

正解は、各問題とも一つだけです。

二つ以上の解答をしたもの及び判読が困難なものは、正解としません。

3　適用法令

問題の中の法令に関する部分は、令和6年4月1日現在施行されている規定に基づいて出題されています。

日建学院

【問　1】　次の１から４までの記述のうち、民法の規定、判例及び下記判決文によれば、正しいものはどれか。

（判決文）

　私力の行使は、原則として法の禁止するところであるが、法律に定める手続によつたのでは、権利に対する違法な侵害に対抗して現状を維持することが不可能又は著しく困難であると認められる緊急やむを得ない特別の事情が存する場合においてのみ、その必要の限度を超えない範囲内で、例外的に許されるものと解することを妨げない。

1　権利に対する違法な侵害に対抗して法律に定める手続によらずに自力救済することは、その必要の限度を超えない範囲内であれば、事情のいかんにかかわらず許される。
2　建物賃貸借契約終了後に当該建物内に家財などの残置物がある場合には、賃貸人の権利に対する違法な侵害であり、賃貸人は賃借人の同意の有無にかかわらず、原則として裁判を行わずに当該残置物を建物内から撤去することができる。
3　建物賃貸借契約の賃借人が賃料を１年分以上滞納した場合には、賃貸人の権利を著しく侵害するため、原則として裁判を行わずに、賃貸人は賃借人の同意なく当該建物の鍵とシリンダーを交換して建物内に入れないようにすることができる。
4　裁判を行っていては権利に対する違法な侵害に対抗して現状を維持することが不可能又は著しく困難であると認められる緊急やむを得ない特別の事情が存する場合には、その必要の限度を超えない範囲内で例外的に私力の行使が許される。

【問　2】　相隣関係に関する次の記述のうち、民法の規定によれば、誤っているものはどれか。
1　土地の所有者は、隣地の所有者と共同の費用で、境界標を設けることができる。
2　隣接する土地の境界線上に設けた障壁は、相隣者の共有に属するものと推定される。
3　高地の所有者は、その高地が浸水した場合にこれを乾かすためであっても、公の水流又は下水道に至るまで、低地に水を通過させることはできない。
4　土地の所有者が直接に雨水を隣地に注ぐ構造の屋根を設けた場合、隣地所有者は、その所有権に基づいて妨害排除又は予防の請求をすることができる。

【問　3】　成年後見人が、成年被後見人を代理して行う次に掲げる法律行為のうち、民法の規定によれば、家庭裁判所の許可を得なければ代理して行うことができないものはどれか。
1　成年被後見人が所有する乗用車の第三者への売却

-57-

2　成年被後見人が所有する成年被後見人の居住の用に供する建物への第三者の抵当権の設定

3　成年被後見人が所有するオフィスビルへの第三者の抵当権の設定

4　成年被後見人が所有する倉庫についての第三者との賃貸借契約の解除

【問　4】　いずれも宅地建物取引業者ではない売主Aと買主Bとの間で令和6年7月1日に締結した売買契約に関する次の記述のうち、民法の規定によれば、正しいものはどれか。

1　BがAに対して手付を交付した場合、Aは、目的物を引き渡すまではいつでも、手付の倍額を現実に提供して売買契約を解除することができる。

2　売買契約の締結と同時に、Aが目的物を買い戻すことができる旨の特約をする場合、買戻しについての期間の合意をしなければ、買戻しの特約自体が無効となる。

3　Bが購入した目的物が第三者Cの所有物であり、Aが売買契約締結時点でそのことを知らなかった場合には、Aは損害を賠償せずに売買契約を解除することができる。

4　目的物の引渡しの時点で目的物が品質に関して契約の内容に適合しないことをAが知っていた場合には、当該不適合に関する請求権が消滅時効にかかっていない限り、BはAの担保責任を追及することができる。

【問　5】　AがBの代理人として行った行為に関する次の記述のうち、民法の規定及び判例によれば、正しいものはどれか。なお、いずれの行為もBの追認はないものとし、令和3年7月1日以降になされたものとする。

1　AがBの代理人として第三者の利益を図る目的で代理権の範囲内の行為をした場合、相手方Cがその目的を知っていたとしても、AC間の法律行為の効果はBに帰属する。

2　BがAに代理権を与えていないにもかかわらず代理権を与えた旨をCに表示し、Aが当該代理権の範囲内の行為をした場合、CがAに代理権がないことを知っていたとしても、Bはその責任を負わなければならない。

3　AがBから何ら代理権を与えられていないにもかかわらずBの代理人と詐称してCとの間で法律行為をし、CがAにBの代理権があると信じた場合であっても、原則としてその法律行為の効果はBに帰属しない。

4　BがAに与えた代理権が消滅した後にAが行った代理権の範囲内の行為について、相手方Cが過失によって代理権消滅の事実を知らなかった場合でも、Bはその責任を負わなければならない。

【問　6】　不動産に関する物権変動の対抗要件に関する次の記述のうち、民法の規定及び判例によれば、誤っているものはどれか。

1　不動産の所有権がAからB、BからC、CからDと転々譲渡された場合、Aは、Dと対抗関係にある第三者に該当する。

2　土地の賃借人として当該土地上に登記ある建物を所有する者は、当該土地の所有権を新たに取得した者と対抗関係にある第三者に該当する。

3　第三者のなした登記後に時効が完成して不動産の所有権を取得した者は、当該第三者に対して、登記を備えなくても、時効取得をもって対抗することができる。

4　共同相続財産につき、相続人の一人から相続財産に属する不動産につき所有権の全部の譲渡を受けて移転登記を備えた第三者に対して、他の共同相続人は、自己の持分を登記なくして対抗することができる。

【問　7】　令和6年7月1日になされた遺言に関する次の記述のうち、民法の規定によれば、誤っているものはどれか。

1　自筆証書によって遺言をする場合、遺言者は、その全文、日付及び氏名を自書して押印しなければならないが、これに添付する相続財産の目録については、遺言者が毎葉に署名押印すれば、自書でないものも認められる。

2　公正証書遺言の作成には、証人2人以上の立会いが必要であるが、推定相続人は、未成年者でなくとも、証人となることができない。

3　船舶が遭難した場合、当該船舶中にいて死亡の危急に迫った者は、証人2人以上の立会いがあれば、口頭で遺言をすることができる。

4　遺贈義務者が、遺贈の義務を履行するため、受遺者に対し、相当の期間を定めて遺贈の承認をすべき旨の催告をした場合、受遺者がその期間内に意思表示をしないときは、遺贈を放棄したものとみなされる。

【問　8】　AはBに対して、Aが所有する甲土地を1,000万円で売却したい旨の申込みを郵便で令和6年7月1日に発信した（以下この問において「本件申込み」という。）が、本件申込みがBに到達する前にAが死亡した場合における次の記述のうち、民法の規定によれば、正しいものはどれか。

1　Bが承諾の通知を発する前に、BがAの死亡を知ったとしても、本件申込みは効力を失わない。

2　Aが、本件申込みにおいて、自己が死亡した場合には申込みの効力を失う旨の意思表示をしていたときには、BがAの死亡を知らないとしても本件申込みは効力を失う。

3 本件申込みが効力を失わない場合、本件申込みに承諾をなすべき期間及び撤回をする権利についての記載がなかったときは、Aの相続人は、本件申込みをいつでも撤回することができる。

4 本件申込みが効力を失わない場合、Bが承諾の意思表示を発信した時点で甲土地の売買契約が成立する。

【問 9】 AがBに対してA所有の甲建物を令和6年7月1日に①売却した場合と②賃貸した場合についての次の記述のうち、民法の規定及び判例によれば、誤っているものはどれか。

1 ①と②の契約が解除された場合、①ではBは甲建物を使用収益した利益をAに償還する必要があるのに対し、②では将来に向かって解除の効力が生じるのでAは解除までの期間の賃料をBに返還する必要はない。

2 ①ではBはAの承諾を得ずにCに甲建物を賃貸することができ、②ではBはAの承諾を得なければ甲建物をCに転貸することはできない。

3 甲建物をDが不法占拠している場合、①ではBは甲建物の所有権移転登記を備えていなければ所有権をDに対抗できず、②ではBは甲建物につき賃借権の登記を備えていれば賃借権をDに対抗することができる。

4 ①と②の契約締結後、甲建物の引渡し前に、甲建物がEの放火で全焼した場合、①ではBはAに対する売買代金の支払を拒むことができ、②ではBとAとの間の賃貸借契約は終了する。

【問 10】 Aは、Bからの借入金の担保として、A所有の甲建物に第一順位の抵当権（以下この問において「本件抵当権」という。）を設定し、その登記を行った。AC間にCを賃借人とする甲建物の一時使用目的ではない賃貸借契約がある場合に関する次の記述のうち、民法及び借地借家法の規定並びに判例によれば、正しいものはどれか。

1 本件抵当権設定登記後にAC間の賃貸借契約が締結され、AのBに対する借入金の返済が債務不履行となった場合、Bは抵当権に基づき、AがCに対して有している賃料債権を差し押さえることができる。

2 Cが本件抵当権設定登記より前に賃貸借契約に基づき甲建物の引渡しを受けていたとしても、AC間の賃貸借契約の期間を定めていない場合には、Cの賃借権は甲建物の競売による買受人に対抗することができない。

3 本件抵当権設定登記後にAC間で賃貸借契約を締結し、その後抵当権に基づく競売手続による買受けがなされた場合、買受けから賃貸借契約の期間満了までの期間が1年であったときは、Cは甲建物の競売における買受人に対し、期間満了までは甲建物

を引き渡す必要はない。

4 Cが本件抵当権設定登記より前に賃貸借契約に基づき甲建物の引渡しを受けていたとしても、Cは、甲建物の競売による買受人に対し、買受人の買受けの時から1年を経過した時点で甲建物を買受人に引き渡さなければならない。

【問 11】 次の記述のうち、借地借家法の規定及び判例によれば、正しいものはどれか。

1 借地権の存続期間を契約で30年と定めた場合には、当事者が借地契約を更新する際、その期間を更新の日から30年以下に定めることはできない。

2 借地権の存続期間が満了する場合、借地権者が契約の更新を請求したとき、その土地上に建物が存在する限り、借地権設定者は異議を述べることができない。

3 借地権者が借地上の建物にのみ登記をしている場合、当該借地権を第三者に対抗することができるのは、当該建物の敷地の表示として記載されている土地のみである。

4 借地権設定者は、弁済期の到来した最後の3年分の地代等について、借地権者がその土地において所有する建物の上に先取特権を有する。

【問 12】 賃貸人Aと賃借人Bとの間で令和6年7月1日に締結した一時使用目的ではない建物賃貸借契約（以下この問において「本件契約」という。）の終了に関する次の記述のうち、民法及び借地借家法の規定並びに判例によれば、正しいものはどれか。

1 本件契約に期間を2年とする旨の定めがあり、AもBも更新拒絶の通知をしなかったために本件契約が借地借家法に基づき更新される場合、更新後の期間について特段の合意がなければ、更新後の契約期間は2年となる。

2 本件契約において期間の定めがない場合、借地借家法第28条に定める正当事由を備えてAが解約の申入れをしたときには、解約の申入れをした日から6月を経過した日に、本件契約は終了する。

3 建物の転貸借がされている場合において、本件契約がB（転貸人）の債務不履行によって解除されて終了するときは、Aが転借人に本件契約の終了を通知した日から6月を経過することによって、転貸借契約は終了する。

4 BがAの同意を得て建物に付加した造作がある場合であっても、本件契約終了時にAに対して借地借家法第33条の規定に基づく造作買取請求権を行使することはできない、という特約は無効である。

【問　13】 建物の区分所有等に関する法律に関する次の記述のうち、誤っているものはどれか。

1　区分所有者以外の者であって区分所有者の承諾を得て専有部分を占有する者は、会議の目的たる事項につき利害関係を有する場合には、集会に出席して議決権を行使することはできないが、意見を述べることはできる。

2　最初に建物の専有部分の全部を所有する者は、公正証書により、共用部分（数個の専有部分に通ずる廊下又は階段室その他構造上区分所有者の全員又はその一部の共用に供されるべき建物の部分）の規約を設定することができる。

3　共用部分は、区分所有者全員の共有に属するが、規約に特別の定めがあるときは、管理者を共用部分の所有者と定めることもできる。

4　管理組合法人を設立する場合は、理事を置かなければならず、理事が数人ある場合において、規約に別段の定めがないときは、管理組合法人の事務は、理事の過半数で決する。

【問　14】 不動産の登記に関する次の記述のうち、不動産登記法の規定によれば、誤っているものはどれか。

1　表題登記がない土地の所有権を取得した者は、その所有権の取得の日から1月以内に、表題登記を申請しなければならない。

2　共用部分である旨の登記がある建物について、合併の登記をすることができる。

3　登記官は、表示に関する登記について申請があった場合において、必要があると認めるときは、当該不動産の表示に関する事項を調査することができる。

4　区分建物である建物を新築した場合において、その所有者について相続その他の一般承継があったときは、相続人その他の一般承継人も、被承継人を表題部所有者とする当該建物についての表題登記を申請することができる。

【問　15】 都市計画法に関する次の記述のうち、正しいものはどれか。

1　近隣商業地域は、主として商業その他の業務の利便の増進を図りつつ、これと調和した住居の環境を保護するため定める地域とする。

2　準工業地域は、主として環境の悪化をもたらすおそれのない工業の利便の増進を図りつつ、これと調和した住居の環境を保護するため定める地域とする。

3　第一種低層住居専用地域については、都市計画に特定用途制限地域を定めることができる場合がある。

4　第一種住居地域については、都市計画に高層住居誘導地区を定めることができる場合がある。

【問 16】 都市計画法に関する次の記述のうち、誤っているものはどれか。ただし、この問において「都道府県知事」とは、地方自治法に基づく指定都市、中核市及び施行時特例市にあってはその長をいうものとする。

1 開発許可を受けようとする者は、開発行為に関する工事の請負人又は請負契約によらないで自らその工事を施行する者を記載した申請書を都道府県知事に提出しなければならない。

2 開発許可を受けた者は、開発行為に関する国土交通省令で定める軽微な変更をしたときは、遅滞なく、その旨を都道府県知事に届け出なければならない。

3 開発許可を受けた者は、開発行為に関する工事の廃止をしようとするときは、都道府県知事の許可を受けなければならない。

4 開発行為に同意していない土地の所有者は、当該開発行為に関する工事完了の公告前に、当該開発許可を受けた開発区域内において、その権利の行使として自己の土地に建築物を建築することができる。

㊈【問 17】 建築基準法に関する次の記述のうち、誤っているものはどれか。

1 ４階建ての建築物の避難階以外の階を劇場の用途に供し、当該階に客席を有する場合には、当該階から避難階又は地上に通ずる２以上の直通階段を設けなければならない。

2 床面積の合計が500㎡の映画館の用途に供する建築物を演芸場に用途変更する場合、建築主事等又は指定確認検査機関の確認を受ける必要はない。

3 換気設備を設けていない居室には、換気のための窓その他の開口部を設け、その換気に有効な部分の面積は、その居室の床面積に対して10分の１以上としなければならない。

4 延べ面積が800㎡の百貨店の階段の部分には、排煙設備を設けなくてもよい。

【問 18】 次の記述のうち、建築基準法（以下この問において「法」という。）の規定によれば、正しいものはどれか。

1 法第68条の９第１項の規定に基づく条例の制定の際、現に建築物が立ち並んでいる道は、法上の道路とみなされる。

2 都市計画により、容積率の限度が10分の50とされている準工業地域内において、建築物の高さは、前面道路の反対側の境界線からの水平距離が35m以下の範囲内においては、当該部分から前面道路の反対側の境界線までの水平距離に、1.5を乗じて得た値以下でなければならない。

3 第一種住居地域においては、畜舎で、その用途に供する部分の床面積が4,000㎡のものを建築することができる。

4　建築物の敷地が、法第53条第1項の規定に基づく建築物の建蔽率に関する制限を受ける地域又は区域の二以上にわたる場合においては、当該建築物の敷地の過半の属する地域又は区域における建蔽率に関する制限が、当該建築物に対して適用される。

改【問　19】 宅地造成及び特定盛土等規制法に関する次の記述のうち、誤っているものはどれか。なお、この問において「都道府県知事」とは、地方自治法に基づく指定都市、中核市及び施行時特例市にあってはその長をいうものとする。

1　宅地造成等工事規制区域及び特定盛土等規制区域外において行われる宅地造成等に関する工事について、工事主は、工事に着手する前に都道府県知事に届け出なければならない。

2　都道府県知事は、宅地造成等工事規制区域内における土地（公共施設用地を除く。）の所有者、管理者又は占有者に対して、当該土地又は当該土地において行われている工事の状況について報告を求めることができる。

3　宅地造成等工事規制区域内において宅地造成等に関する工事を行う場合、宅地造成等に伴う災害を防止するために行う高さ5mを超える擁壁に係る工事については、政令で定める資格を有する者の設計によらなければならない。

4　都道府県知事は、偽りその他不正な手段によって宅地造成等工事規制区域内において行われる宅地造成等に関する工事の許可を受けた者に対して、その許可を取り消すことができる。

【問　20】 土地区画整理法（以下この問において「法」という。）に関する次の記述のうち、誤っているものはどれか。

1　土地区画整理組合が施行する土地区画整理事業に係る施行地区内の宅地について借地権のみを有する者は、その土地区画整理組合の組合員とはならない。

2　法において、「公共施設」とは、道路、公園、広場、河川その他政令で定める公共の用に供する施設をいう。

3　施行者は、換地処分の公告があった場合においては、直ちに、その旨を換地計画に係る区域を管轄する登記所に通知しなければならない。

4　市町村が施行する土地区画整理事業では、事業ごとに、市町村に土地区画整理審議会が設置され、換地計画、仮換地の指定及び減価補償金の交付に関する事項について法に定める権限を行使する。

【問　21】　農地に関する次の記述のうち、農地法（以下この問において「法」という。）の規定によれば、正しいものはどれか。

1　自己所有の農地に住宅を建設する資金を借り入れるため、当該農地に抵当権の設定をする場合には、法第3条第1項の許可を受ける必要がある。

2　農地の賃貸借の解除については、農地の所有者が、賃借人に対して一方的に解約の申入れを行う場合には、法第18条第1項の許可を受ける必要がない。

3　登記簿の地目が宅地となっている場合には、現況が農地であっても法の規制の対象とはならない。

4　市街化区域内の自己所有の農地を駐車場に転用するため、あらかじめ農業委員会に届け出た場合には、法第4条第1項の許可を受ける必要がない。

【問　22】　国土利用計画法（以下この問において「法」という。）第23条の届出（以下この問において「事後届出」という。）及び法第29条の届出に関する次の記述のうち、正しいものはどれか。なお、この問において「都道府県知事」とは、地方自治法に基づく指定都市にあってはその長をいうものとする。

1　個人Aが所有する都市計画区域外の12,000㎡の土地に、個人Bが地上権の設定を受ける契約を締結した場合、Bは一定の場合を除き事後届出を行う必要がある。

2　法第28条に基づく遊休土地に係る通知を受けた者は、その通知があった日から起算して1月以内に、その通知に係る遊休土地の利用又は処分に関する計画を、都道府県知事に届け出なければならない。

3　市街化調整区域において、宅地建物取引業者Cが所有する面積5,000㎡の土地について、宅地建物取引業者Dが一定の計画に従って、2,000㎡と3,000㎡に分割して順次購入した場合、Dは事後届出を行う必要はない。

4　都道府県知事は、事後届出があった場合において、土地の利用目的に係る必要な勧告を行うことができ、その勧告を受けた者がその勧告に従わないときは、その旨及びその内容を公表しなければならない。

【問　23】　住宅用家屋の所有権の移転登記に係る登録免許税の税率の軽減措置に関する次の記述のうち、正しいものはどれか。

1　この税率の軽減措置の適用対象となる住宅用家屋は、床面積が100㎡以上で、その住宅用家屋を取得した個人の居住の用に供されるものに限られる。

2　この税率の軽減措置の適用対象となる住宅用家屋は、売買又は競落により取得したものに限られる。

3　この税率の軽減措置は、一定の要件を満たせばその住宅用家屋の敷地の用に供され

ている土地の所有権の移転登記についても適用される。
4　この税率の軽減措置の適用を受けるためには、登記の申請書に、一定の要件を満た
す住宅用家屋であることの都道府県知事の証明書を添付しなければならない。

【問　24】　固定資産税に関する次の記述のうち、正しいものはどれか。

1　市町村長は、固定資産課税台帳に登録された価格等に重大な錯誤があることを発見
した場合においては、直ちに決定された価格等を修正して、これを固定資産課税台帳
に登録しなければならない。

2　固定資産税の納税義務者は、その納付すべき当該年度の固定資産課税に係る固定資
産について、固定資産課税台帳に登録された価格について不服があるときは、公示の
日から納税通知書の交付を受けた日後1月を経過するまでの間において、文書をもっ
て、固定資産評価審査委員会に審査の申出をすることができる。

3　年度の途中において家屋の売買が行われた場合、売主と買主は、当該年度の固定資
産税を、固定資産課税台帳に所有者として登録されている日数で按分して納付しなけ
ればならない。

4　住宅用地のうち小規模住宅用地に対して課する固定資産税の課税標準は、当該小規
模住宅用地に係る固定資産税の課税標準となるべき価格の3分の1の額である。

【問　25】　地価公示法に関する次の記述のうち、誤っているものはどれか。

1　地価公示法の目的は、都市及びその周辺の地域等において、標準地を選定し、その
正常な価格を公示することにより、一般の土地の取引価格に対して指標を与え、及び
公共の利益となる事業の用に供する土地に対する適正な補償金の額の算定等に資し、
もって適正な地価の形成に寄与することである。

2　不動産鑑定士は、公示区域内の土地について鑑定評価を行う場合において、当該土地
の正常な価格を求めるときは、公示価格と実際の取引価格を規準としなければならない。

3　不動産鑑定士は、土地鑑定委員会の求めに応じて標準地の鑑定評価を行うに当たっ
ては、近傍類地の取引価格から算定される推定の価格、近傍類地の地代等から算定さ
れる推定の価格及び同等の効用を有する土地の造成に要する推定の費用の額を勘案し
なければならない。

4　関係市町村の長は、土地鑑定委員会が公示した事項のうち、当該市町村が属する都
道府県に存する標準地に係る部分を記載した書面等を、当該市町村の事務所において
一般の閲覧に供しなければならない。

㋕【問　26】 宅地建物取引業者が宅地建物取引業法第37条の規定により交付すべき書面（以下この問において「37条書面」という。）に関する次の記述のうち、正しいものはどれか。

1　宅地建物取引業者は、その媒介により建物の売買の契約を成立させた場合において、当該建物の引渡しの時期又は移転登記の申請の時期のいずれかを37条書面に記載し、当該契約の各当事者に交付しなければならない。

2　宅地建物取引業者は、その媒介により建物の貸借の契約を成立させた場合において、当該建物が既存の建物であるときは、建物の構造耐力上主要な部分等の状況について当事者の双方が確認した事項を37条書面に記載し、当該契約の各当事者に交付しなければならない。

3　宅地建物取引業者は、その媒介により建物の貸借の契約を成立させた場合において、借賃以外の金銭の授受に関する定めがあるときは、その額や当該金銭の授受の時期だけでなく、当該金銭の授受の目的についても37条書面に記載し、当該契約の各当事者に交付しなければならない。

4　宅地建物取引業者は、37条書面を交付するに当たり、宅地建物取引士をして、その書面に記名の上、その内容を説明させなければならない。

【問　27】 宅地建物取引業者Aが、自ら売主として、宅地建物取引業者ではないBとの間で建物の売買契約を締結する場合における次の記述のうち、宅地建物取引業法の規定によれば、正しいものはどれか。

1　AB間で建物の売買契約を締結する場合において、当事者の債務の不履行を理由とする契約の解除に伴う損害賠償の額についての特約を、代金の額の10分の2を超えて定めた場合、当該特約は全体として無効となる。

2　AB間で建築工事完了前の建物の売買契約を締結する場合において、AがBから保全措置が必要となる額の手付金を受領する場合、Aは、事前に、国土交通大臣が指定する指定保管機関と手付金等寄託契約を締結し、かつ、当該契約を証する書面を買主に交付した後でなければ、Bからその手付金を受領することができない。

3　AB間で建物の売買契約を締結する場合において、Aは、あらかじめBの承諾を書面で得た場合に限り、売買代金の額の10分の2を超える額の手付を受領することができる。

4　AB間で建築工事完了前の建物の売買契約を締結する場合において、売買代金の10分の2の額を手付金として定めた場合、Aが手付金の保全措置を講じていないときは、Bは手付金の支払を拒否することができる。

【問　28】　宅地建物取引業者A（甲県知事免許）に関する監督処分及び罰則に関する次の記述のうち、宅地建物取引業法（以下この問において「法」という。）の規定によれば、正しいものはいくつあるか。

ア　Aが、不正の手段により甲県知事から免許を受けたとき、甲県知事はAに対して当該免許を取り消さなければならない。

イ　Aが、法第3条の2第1項の規定により付された条件に違反したときは、甲県知事はAの免許を取り消さなければならない。

ウ　Aが、事務所の公衆の見やすい場所に国土交通大臣が定めた報酬の額を掲示しなかった場合、Aは甲県知事から指示処分を受けることはあるが、罰則の適用を受けることはない。

エ　Aの従業者名簿の作成に当たり、法第48条第3項の規定により記載しなければならない事項についてAの従業者Bが虚偽の記載をした場合、Bは罰則の適用を受けることはあるが、Aは罰則の適用を受けることはない。

1　一つ

2　二つ

3　三つ

4　四つ

【問　29】　次の記述のうち、宅地建物取引業法の規定によれば、誤っているものはどれか。

1　宅地建物取引業の免許の有効期間は5年であり、免許の更新の申請は、有効期間満了の日の90日前から30日前までの間に行わなければならない。

2　宅地建物取引業者から免許の更新の申請があった場合において、有効期間の満了の日までにその申請について処分がなされないときは、従前の免許は、有効期間の満了後もその処分がなされるまでの間は、なお効力を有する。

3　個人である宅地建物取引業者A（甲県知事免許）が死亡した場合、Aの相続人は、Aの死亡の日から30日以内に、その旨を甲県知事に届け出なければならない。

4　法人である宅地建物取引業者B（乙県知事免許）が合併により消滅した場合、Bを代表する役員であった者は、その日から30日以内に、その旨を乙県知事に届け出なければならない。

【問　30】　宅地建物取引業者Aがその業務に関して行う広告に関する次の記述のうち、宅地建物取引業法（以下この問において「法」という。）の規定によれば、正しいものはどれか。

1 Aは、中古の建物の売買において、当該建物の所有者から媒介の依頼を受け、取引態様の別を明示せずに広告を掲載したものの、広告を見た者からの問合せはなく、契約成立には至らなかった場合には、当該広告は法第34条の規定に違反するものではない。

2 Aは、自ら売主として、建築基準法第6条第1項の確認の申請中である新築の分譲マンションについて「建築確認申請済」と明示した上で広告を行った。当該広告は、建築確認を終えたものと誤認させるものではないため、法第33条の規定に違反するものではない。

3 Aは、顧客を集めるために売る意思のない条件の良い物件を広告し、実際は他の物件を販売しようとしたが注文がなく、売買が成立しなかった場合であっても、監督処分の対象となる。

4 Aは、免許を受けた都道府県知事から宅地建物取引業の免許の取消しを受けたものの、当該免許の取消し前に建物の売買の広告をしていた場合、当該建物の売買契約を締結する目的の範囲内においては、なお宅地建物取引業者とみなされる。

【問 31】 宅地建物取引業者A（消費税課税事業者）が貸主Bから建物の貸借の代理の依頼を受け、宅地建物取引業者C（消費税課税事業者）が借主Dから媒介の依頼を受け、BとDとの間で賃貸借契約を成立させた場合における次の記述のうち、宅地建物取引業法の規定によれば、誤っているものはいくつあるか。なお、1か月分の借賃は8万円とし、借賃及び権利金（権利設定の対価として支払われる金銭であって返還されないものをいう。）には、消費税等相当額を含まないものとする。

ア 建物を住居として貸借する場合、Cは、媒介の依頼を受けるに当たってDから承諾を得ているときを除き、44,000円を超える報酬をDから受領することはできない。

イ 建物を店舗として貸借する場合、AがBから受領する報酬とCがDから受領する報酬の合計額は88,000円を超えてはならない。

ウ 建物を店舗として貸借する場合、200万円の権利金の授受があるときは、A及びCが受領できる報酬の額の合計は、110,000円を超えてはならない。

エ Aは、Bから媒介報酬の限度額まで受領する他に、Bの依頼によらない通常の広告の料金に相当する額を別途受領することができる。

1 一つ

2 二つ

3 三つ

4 四つ

【問 32】 宅地建物取引業法第35条の2に規定する供託所等に関する説明についての次の記述のうち、正しいものはどれか。なお、特に断りのない限り、宅地建物取引業者の相手方は宅地建物取引業者ではないものとする。

1 宅地建物取引業者は、宅地建物取引業者の相手方に対して供託所等の説明を行う際に書面を交付することは要求されていないが、重要事項説明書に記載して説明することが望ましい。

2 宅地建物取引業者は、宅地建物取引業者が取引の相手方の場合においても、供託所等に係る説明をしなければならない。

3 宅地建物取引業者は、売買、交換又は貸借の契約に際し、契約成立後、速やかに供託所等に係る説明をしなければならない。

4 宅地建物取引業者は、自らが宅地建物取引業保証協会の社員である場合、営業保証金を供託した主たる事務所の最寄りの供託所及び所在地の説明をしなければならない。

【問 33】 宅地建物取引業者Aは、BからB所有の宅地の売却について媒介の依頼を受けた。この場合における次の記述のうち、宅地建物取引業法の規定によれば、正しいものはいくつあるか。なお、この問において「専任媒介契約」とは、専属専任媒介契約ではない専任媒介契約をいう。

ア AがBとの間で専任媒介契約を締結した場合、AはBに対して、当該専任媒介契約に係る業務の処理状況を1週間に1回以上報告しなければならない。

イ AがBとの間で専任媒介契約を締結した場合、Bの要望により当該宅地を指定流通機構に登録しない旨の特約をしているときを除き、Aは、当該専任媒介契約締結日から7日以内（休業日数を含まない。）に、指定流通機構に当該宅地の所在等を登録しなければならない。

ウ AがBとの間で一般媒介契約を締結した場合、AはBに対して、遅滞なく、宅地建物取引業法第34条の2第1項の規定に基づく書面を交付しなければならない。

エ AがBとの間で一般媒介契約を締結した場合、AがBに対し当該宅地の価額又は評価額について意見を述べるときは、その根拠を明らかにしなければならないが、根拠の明示は口頭でも書面を用いてもよい。

1 一つ
2 二つ
3 三つ
4 四つ

【問 34】 宅地、建物に関する次の記述のうち、宅地建物取引業法の規定によれば、正しいものはどれか。

1 宅地とは、建物の敷地に供せられる土地をいい、道路、公園、河川、広場及び水路に供せられているものは宅地には当たらない。

2 建物の一部の売買の代理を業として行う行為は、宅地建物取引業に当たらない。

3 建物とは、土地に定着する工作物のうち、屋根及び柱若しくは壁を有するものをいうが、学校、病院、官公庁施設等の公共的な施設は建物には当たらない。

4 宅地とは、現に建物の敷地に供せられている土地をいい、その地目、現況によって宅地に当たるか否かを判断する。

改【問 35】 宅地建物取引業者が宅地及び建物の売買の媒介を行う場合における宅地建物取引業法第35条に規定する重要事項の説明及び重要事項説明書の交付に関する次の記述のうち、正しいものはどれか。

1 宅地建物取引士は、テレビ会議等のITを活用して重要事項の説明を行うときは、相手方の承諾があれば宅地建物取引士証の提示を省略することができる。

2 宅地建物取引業者は、その媒介により売買契約が成立したときは、当該契約の各当事者に、遅滞なく、重要事項説明書を交付しなければならない。

3 宅地建物取引業者は、重要事項説明書の交付に当たり、専任の宅地建物取引士をして当該書面に記名させるとともに、売買契約の各当事者にも当該書面に記名させなければならない。

4 宅地建物取引業者は、買主が宅地建物取引業者であっても、重要事項説明書を交付しなければならない。

【問 36】 宅地建物取引業の免許（以下この問において「免許」という。）に関する次の記述のうち、宅地建物取引業法の規定によれば、正しいものはどれか。

1 法人である宅地建物取引業者A（甲県知事免許）について破産手続開始の決定があった場合、その日から30日以内に、Aを代表する役員Bは、その旨を、甲県知事に届け出なければならない。

2 宅地建物取引業者C（乙県知事免許）が国土交通大臣に免許換えの申請を行っているときは、Cは、取引の相手方に対し、重要事項説明書及び宅地建物取引業法第37条の規定により交付すべき書面を交付することができない。

3 宅地建物取引業者D（丙県知事免許）が、免許の更新の申請を怠り、その有効期間が満了した場合、Dは、遅滞なく、丙県知事に免許証を返納しなければならない。

4 宅地建物取引業者E（丁県知事免許）が引き続いて1年以上事業を休止したときは、

丁県知事は免許を取り消さなければならない。

【問 37】 宅地建物取引士に関する次の記述のうち、宅地建物取引業法の規定によれば、正しいものはどれか。なお、この問において「登録」とは、宅地建物取引士の登録をいうものとする。

1 甲県知事の登録を受けている宅地建物取引士は、乙県に主たる事務所を置く宅地建物取引業者の専任の宅地建物取引士となる場合、乙県知事に登録の移転を申請しなければならない。

2 宅地建物取引士の氏名等が登載されている宅地建物取引士資格登録簿は一般の閲覧に供されることとはされていないが、専任の宅地建物取引士は、その氏名が宅地建物取引業者名簿に登載され、当該名簿が一般の閲覧に供される。

3 宅地建物取引士が、刑法第204条（傷害）の罪により罰金の刑に処せられ、登録が消除された場合、当該登録が消除された日から5年を経過するまでは、新たな登録を受けることができない。

4 未成年者は、宅地建物取引業に係る営業に関し成年者と同一の行為能力を有していたとしても、成年に達するまでは登録を受けることができない。

【問 38】 次の記述のうち、宅地建物取引業法の規定に違反しないものの組合せとして、正しいものはどれか。なお、この問において「建築確認」とは、建築基準法第6条第1項の確認をいうものとする。

ア 宅地建物取引業者Aは、建築確認の済んでいない建築工事完了前の賃貸住宅の貸主Bから当該住宅の貸借の媒介を依頼され、取引態様を媒介と明示して募集広告を行った。

イ 宅地建物取引業者Cは、建築確認の済んでいない建築工事完了前の賃貸住宅の貸主Dから当該住宅の貸借の代理を依頼され、代理人として借主Eとの間で当該住宅の賃貸借契約を締結した。

ウ 宅地建物取引業者Fは、自己の所有に属しない宅地について、自ら売主として、宅地建物取引業者Gと売買契約の予約を締結した。

エ 宅地建物取引業者Hは、農地の所有者Iと建物の敷地に供するため農地法第5条の許可を条件とする売買契約を締結したので、自ら売主として宅地建物取引業者ではない個人JとI所有の農地の売買契約を締結した。

1 ア、イ
2 ア、エ
3 イ、ウ
4 ウ、エ

【問　39】　宅地建物取引業保証協会（以下この問において「保証協会」という。）に関する次の記述のうち、宅地建物取引業法の規定によれば、誤っているものはどれか。

1　保証協会は、その名称、住所又は事務所の所在地を変更しようとするときは、あらかじめ、その旨を国土交通大臣に届け出なければならない。

2　保証協会は、新たに社員が加入したときは、直ちに、その旨を当該社員である宅地建物取引業者が免許を受けた国土交通大臣又は都道府県知事に報告しなければならない。

3　宅地建物取引業者で保証協会に加入しようとする者は、その加入した日から1週間以内に、政令で定める額の弁済業務保証金分担金を当該保証協会に納付しなければならない。

4　保証協会の社員は、自らが取り扱った宅地建物取引業に係る取引の相手方から当該取引に関する苦情について解決の申出が保証協会にあり、保証協会から説明を求められたときは、正当な理由がある場合でなければ、これを拒んではならない。

改【問　40】　宅地建物取引業法第37条の規定により交付すべき書面（以下この問において「37条書面」という。）についての宅地建物取引業者Aの義務に関する次の記述のうち、正しいものはどれか。

1　Aは、自ら売主として、宅地建物取引業者Bの媒介により、Cと宅地の売買契約を締結した。Bが宅地建物取引士をして37条書面に記名させている場合、Aは宅地建物取引士をして当該書面に記名させる必要はない。

2　Aは、Dを売主としEを買主とする宅地の売買契約を媒介した。当該売買契約に、当該宅地が種類又は品質に関して契約の内容に適合しない場合においてその不適合を担保すべき責任に関する特約があるときは、Aは、当該特約について記載した37条書面をD及びEに交付しなければならない。

3　Aは、自ら買主として、Fと宅地の売買契約を締結した。この場合、Fに対して37条書面を交付する必要はない。

4　Aは、自ら貸主として、Gと事業用建物の定期賃貸借契約を締結した。この場合において、借賃の支払方法についての定めがあるときは、Aはその内容を37条書面に記載しなければならず、Gに対して当該書面を交付しなければならない。

改【問　41】　宅地建物取引士に関する次の記述のうち、宅地建物取引業法の規定によれば、誤っているものはどれか。

1　宅地建物取引業者Aは、一団の宅地建物の分譲をするため設置した案内所には、契約を締結することなく、かつ、契約の申込みを受けることがないときでも、1名以上の専任の宅地建物取引士を置かなければならない。

2　宅地建物取引業者Bは、その主たる事務所に従事する唯一の専任の宅地建物取引士が退職したときは、2週間以内に、宅地建物取引業法第31条の3第1項の規定に適合させるため必要な措置を執らなければならない。

3　宅地建物取引業者Cが、20戸の一団の分譲建物の売買契約の申込みのみを受ける案内所甲を設置した場合、売買契約の締結は事務所乙で行うとしても、甲にも専任の宅地建物取引士を置かなければならない。

4　法人である宅地建物取引業者D社の従業者であり、宅地建物取引業に係る営業に関し成年者と同一の行為能力を有する18歳未満の宅地建物取引士Eは、D社の役員であるときを除き、D社の専任の宅地建物取引士となることができない。

【問 42】　宅地建物取引業者が媒介により既存建物の貸借の契約を成立させた場合に関する次の記述のうち、宅地建物取引業法第37条の規定により当該貸借の契約当事者に対して交付すべき書面に記載しなければならない事項はいくつあるか。

ア　借賃以外の金銭の授受に関する定めがあるときは、その額並びに当該金銭の授受の時期及び目的

イ　設計図書、点検記録その他の建物の建築及び維持保全の状況に関する書面で、国土交通省令で定めるものの保存の状況

ウ　契約の解除に関する定めがあるときは、その内容

エ　天災その他不可抗力による損害の負担に関する定めがあるときは、その内容

1　一つ

2　二つ

3　三つ

4　四つ

【問 43】　宅地建物取引業者Aが、自ら売主として、宅地建物取引業者ではない法人B又は宅地建物取引業者ではない個人Cをそれぞれ買主とする土地付建物の売買契約を締結する場合において、宅地建物取引業法第37条の2の規定に基づくいわゆるクーリング・オフに関する次の記述のうち、誤っているものはどれか。なお、この問において、買主は本件売買契約に係る代金の全部を支払ってはおらず、かつ、土地付建物の引渡しを受けていないものとする。

1　Bは、Aの仮設テント張りの案内所で買受けの申込みをし、その8日後にAの事務所で契約を締結したが、その際クーリング・オフについて書面の交付を受けずに告げられた。この場合、クーリング・オフについて告げられた日から8日後には、Bはクーリング・オフによる契約の解除をすることができない。

2　Bは、Aの仮設テント張りの案内所で買受けの申込みをし、その３日後にAの事務所でクーリング・オフについて書面の交付を受け、告げられた上で契約を締結した。この書面の中で、クーリング・オフによる契約の解除ができる期間を14日間としていた場合、Bは、その書面を交付された日から12日後であっても契約の解除をすることができる。

3　Cは、Aの仮設テント張りの案内所で買受けの申込みをし、その３日後にAの事務所でクーリング・オフについて書面の交付を受け、告げられた上で契約を締結した。Cは、その書面を受け取った日から起算して８日目に、Aに対しクーリング・オフによる契約の解除を行う旨の文書を送付し、その２日後にAに到達した。この場合、Aは契約の解除を拒むことができない。

4　Cは、Aの事務所で買受けの申込みをし、その翌日、喫茶店で契約を締結したが、Aはクーリング・オフについて告げる書面をCに交付しなかった。この場合、Cはクーリング・オフによる契約の解除をすることができない。

【問　44】　宅地建物取引業者が行う宅地建物取引業法第35条に規定する重要事項の説明についての次の記述のうち、正しいものはいくつあるか。なお、説明の相手方は宅地建物取引業者ではないものとする。

ア　賃貸借契約において、取引対象となる宅地又は建物が、水防法施行規則第11条第１号の規定により市町村（特別区を含む。）の長が提供する図面に当該宅地又は建物の位置が表示されている場合には、当該図面における当該宅地又は建物の所在地を説明しなければならない。

イ　賃貸借契約において、対象となる建物が既存の住宅であるときは、法第34条の２第１項第４号に規定する建物状況調査を実施しているかどうか、及びこれを実施している場合におけるその結果の概要を説明しなければならない。

ウ　建物の売買において、その建物の種類又は品質に関して契約の内容に適合しない場合におけるその不適合を担保すべき責任の履行に関し保証保険契約の締結などの措置を講ずるかどうか、また、講ずる場合はその措置の概要を説明しなければならない。

1　一つ

2　二つ

3　三つ

4　なし

【問 45】 宅地建物取引業者Aが、自ら売主として宅地建物取引業者ではない買主B に新築住宅を販売する場合における次の記述のうち、特定住宅瑕疵担保責任の履行の確保等に関する法律の規定によれば、正しいものはどれか。

1　Aは、Bの承諾を得た場合には、Bに引き渡した新築住宅について、住宅販売瑕疵担保保証金の供託又は住宅販売瑕疵担保責任保険契約の締結を行わなくてもよい。

2　Aは、基準日に係る住宅販売瑕疵担保保証金の供託及び住宅販売瑕疵担保責任保険契約の締結の状況について届出をしなければ、当該基準日の翌日から起算して1月を経過した日以後においては、新たに自ら売主となる新築住宅の売買契約を締結することができない。

3　Aが住宅販売瑕疵担保責任保険契約を締結する場合、保険金額は2,000万円以上でなければならないが、Bの承諾を得た場合には、保険金額を500万円以上の任意の額とすることができる。

4　Aが住宅販売瑕疵担保責任保険契約を締結した場合、住宅の構造耐力上主要な部分又は雨水の浸入を防止する部分の瑕疵があり、Aが相当の期間を経過してもなお特定住宅販売瑕疵担保責任を履行しないときは、Bは住宅販売瑕疵担保責任保険契約の有効期間内であれば、その瑕疵によって生じた損害について保険金を請求することができる。

【問 46】 独立行政法人住宅金融支援機構（以下この問において「機構」という。）に関する次の記述のうち、誤っているものはどれか。

1　機構は、子どもを育成する家庭又は高齢者の家庭に適した良好な居住性能及び居住環境を有する賃貸住宅の建設に必要な資金の貸付けを業務として行っていない。

2　機構は、災害により住宅が滅失した場合において、それに代わるべき建築物の建設又は購入に必要な資金の貸付けを業務として行っている。

3　機構が証券化支援事業（買取型）により譲り受ける貸付債権は、自ら居住する住宅又は自ら居住する住宅以外の親族の居住の用に供する住宅を建設し、又は購入する者に対する貸付けに係るものでなければならない。

4　機構は、マンション管理組合や区分所有者に対するマンション共用部分の改良に必要な資金の貸付けを業務として行っている。

改【問　47】 宅地建物取引業者が行う広告に関する次の記述のうち、不当景品類及び不当表示防止法（不動産の表示に関する公正競争規約を含む。）の規定によれば、正しいものはどれか。

1　新築分譲マンションの販売広告において、近隣のデパート、スーパーマーケット、コンビニエンスストア、商店等の商業施設は、将来確実に利用できる施設であっても、現に利用できるものでなければ表示することができない。

2　有名な旧跡から直線距離で1,100mの地点に所在する新築分譲マンションの名称に当該旧跡の名称を用いることができる。

3　土地の販売価格については、1区画当たりの価格並びに1㎡当たりの価格及び1区画当たりの土地面積のいずれも表示しなければならない。

4　新築分譲マンションの修繕積立金が住戸により異なる場合、広告スペースの関係で全ての住戸の修繕積立金を示すことが困難であっても、修繕積立金について全住戸の平均額で表示することはできない。

【問　48（参考）】 次の記述のうち、正しいものはどれか。

注：出題内容の「参考」として、出題当時の内容をそのまま収載しました。なお、最新の数値・傾向等に改題した当問題を「ダウンロードサービス」でご提供いたします（2024年8月末日頃〜公開予定）。詳しくは【解説編】P.xをご覧ください。

1　令和3年版国土交通白書（令和3年6月公表）によれば、宅地建物取引業者数は、令和元年度末において10万業者を下回っている。

2　令和3年地価公示（令和3年3月公表）によれば、令和2年1月以降の1年間の地価の変動を見ると、全国平均の用途別では、住宅地、商業地及び工業地のいずれの用途も下落に転じた。

3　令和3年版土地白書（令和3年6月公表）によれば、令和元年における我が国の国土面積は約3,780万haであり、このうち住宅地、工業用地等の宅地は約197万haとなっており、宅地及び農地の合計面積は、森林の面積を超えている。

4　建築着工統計（令和3年1月公表）によれば、令和2年1月から令和2年12月までのマンション着工戸数は、「三大都市圏計」及び「その他の地域」のいずれにおいても前年を下回っている。

【問 49】 土地に関する次の記述のうち、最も不適当なものはどれか。

1 沿岸地域における地震時の津波を免れるためには、巨大な防波堤が必要であるが、それには限度があり、完全に津波の襲来を防ぐことはできない。

2 一般に凝灰岩、頁岩、花崗岩（風化してマサ土化したもの）は、崩壊しにくい。

3 低地は、大部分が水田や宅地として利用され、大都市の大部分もここに立地している。

4 平地に乏しい都市の周辺では、住宅地が丘陵や山麓に広がり、土砂崩壊等の災害を引き起こす例も多い。

【問 50】 建物の構造に関する次の記述のうち、最も不適当なものはどれか。

1 組積式構造は、耐震性は劣るものの、熱、音などを遮断する性能が優れている。

2 組積式構造を耐震的な構造にするためには、大きな開口部を造ることを避け、壁厚を大きくする必要がある。

3 補強コンクリートブロック造は、壁式構造の一種であり、コンクリートブロック造を鉄筋コンクリートで耐震的に補強改良したものである。

4 補強コンクリートブロック造は、壁量を多く必要とはせず、住宅等の小規模の建物には使用されていない。

令和3年度（10月）
問　　題

　次の注意事項をよく読んでから、始めてください。

日建学院

【問　1】　次の1から4までの記述のうち、民法の規定、判例及び下記判決文によれば、正しいものはどれか。

（判決文）

　賃貸人は、特別の約定のないかぎり、賃借人から家屋明渡を受けた後に前記の敷金残額を返還すれば足りるものと解すべく、したがって、家屋明渡債務と敷金返還債務とは同時履行の関係にたつものではないと解するのが相当であり、このことは、賃貸借の終了原因が解除（解約）による場合であっても異なるところはないと解すべきである。

1　賃借人の家屋明渡債務が賃貸人の敷金返還債務に対し先履行の関係に立つと解すべき場合、賃借人は賃貸人に対し敷金返還請求権をもって家屋につき留置権を取得する余地はない。

2　賃貸借の終了に伴う賃借人の家屋明渡債務と賃貸人の敷金返還債務とは、1個の双務契約によって生じた対価的債務の関係にあるものといえる。

3　賃貸借における敷金は、賃貸借の終了時点までに生じた債権を担保するものであって、賃貸人は、賃貸借終了後賃借人の家屋の明渡しまでに生じた債権を敷金から控除することはできない。

4　賃貸借の終了に伴う賃借人の家屋明渡債務と賃貸人の敷金返還債務の間に同時履行の関係を肯定することは、家屋の明渡しまでに賃貸人が取得する一切の債権を担保することを目的とする敷金の性質にも適合する。

【問　2】　債務者A、B、Cの3名が、令和6年7月1日に、内部的な負担部分の割合は等しいものとして合意した上で、債権者Dに対して300万円の連帯債務を負った場合に関する次の記述のうち、民法の規定によれば、誤っているものはどれか。

1　DがAに対して裁判上の請求を行ったとしても、特段の合意がなければ、BとCがDに対して負う債務の消滅時効の完成には影響しない。

2　BがDに対して300万円の債権を有している場合、Bが相殺を援用しない間に300万円の支払の請求を受けたCは、BのDに対する債権で相殺する旨の意思表示をすることができる。

3　DがCに対して債務を免除した場合でも、特段の合意がなければ、DはAに対してもBに対しても、弁済期が到来した300万円全額の支払を請求することができる。

4　AとDとの間に更改があったときは、300万円の債権は、全ての連帯債務者の利益のために消滅する。

【問　3】　個人として事業を営むAが死亡した場合に関する次の記述のうち、民法の規定によれば、誤っているものはいくつあるか。なお、いずれの契約も令和6年7月1日付けで締結されたものとする。

ア　AがBとの間でB所有建物の清掃に関する準委任契約を締結していた場合、Aの相続人は、Bとの間で特段の合意をしなくても、当該準委任契約に基づく清掃業務を行う義務を負う。

イ　AがA所有の建物について賃借人Cとの間で賃貸借契約を締結している期間中にAが死亡した場合、Aの相続人は、Cに賃貸借契約を継続するか否かを相当の期間を定めて催告し、期間内に返答がなければ賃貸借契約をAの死亡を理由に解除することができる。

ウ　AがA所有の土地について買主Dとの間で売買契約を締結し、当該土地の引渡しと残代金決済の前にAが死亡した場合、当該売買契約は原始的に履行が不能となって無効となる。

エ　AがE所有の建物について貸主Eとの間で使用貸借契約を締結していた場合、Aの相続人は、Eとの間で特段の合意をしなくても、当該使用貸借契約の借主の地位を相続して当該建物を使用することができる。

1　一つ
2　二つ
3　三つ
4　四つ

【問　4】　被相続人Aの配偶者Bが、A所有の建物に相続開始の時に居住していたため、遺産分割協議によって配偶者居住権を取得した場合に関する次の記述のうち、民法の規定によれば、正しいものはどれか。

1　遺産分割協議でBの配偶者居住権の存続期間を20年と定めた場合、存続期間が満了した時点で配偶者居住権は消滅し、配偶者居住権の延長や更新はできない。

2　Bは、配偶者居住権の存続期間内であれば、居住している建物の所有者の承諾を得ることなく、第三者に当該建物を賃貸することができる。

3　配偶者居住権の存続期間中にBが死亡した場合、Bの相続人CはBの有していた配偶者居住権を相続する。

4　Bが配偶者居住権に基づいて居住している建物が第三者Dに売却された場合、Bは、配偶者居住権の登記がなくてもDに対抗することができる。

【問　5】　次の記述のうち、民法の規定及び判例によれば、正しいものはどれか。

1　令和3年4月1日において18歳の者は成年であるので、その時点で、携帯電話サービスの契約や不動産の賃貸借契約を1人で締結することができる。

2　養育費は、子供が未成熟であって経済的に自立することを期待することができない期間を対象として支払われるものであるから、子供が成年に達したときは、当然に養育費の支払義務が終了する。

3　営業を許された未成年者が、その営業に関するか否かにかかわらず、第三者から法定代理人の同意なく負担付贈与を受けた場合には、法定代理人は当該行為を取り消すことができない。

4　意思能力を有しないときに行った不動産の売買契約は、後見開始の審判を受けているか否かにかかわらず効力を有しない。

【問　6】　売買代金債権（以下この問において「債権」という。）の譲渡（令和6年7月1日に譲渡契約が行われたもの）に関する次の記述のうち、民法の規定によれば、誤っているものはどれか。

1　譲渡制限の意思表示がされた債権が譲渡された場合、当該債権譲渡の効力は妨げられないが、債務者は、その債権の全額に相当する金銭を供託することができる。

2　債権が譲渡された場合、その意思表示の時に債権が現に発生していないときは、譲受人は、その後に発生した債権を取得できない。

3　譲渡制限の意思表示がされた債権の譲受人が、その意思表示がされていたことを知っていたときは、債務者は、その債務の履行を拒むことができ、かつ、譲渡人に対する弁済その他の債務を消滅させる事由をもって譲受人に対抗することができる。

4　債権の譲渡は、譲渡人が債務者に通知し、又は債務者が承諾をしなければ、債務者その他の第三者に対抗することができず、その譲渡の通知又は承諾は、確定日付のある証書によってしなければ、債務者以外の第三者に対抗することができない。

【問　7】　Aを売主、Bを買主として、A所有の甲自動車を50万円で売却する契約（以下この問において「本件契約」という。）が令和6年7月1日に締結された場合に関する次の記述のうち、民法の規定によれば、誤っているものはどれか。

1　Bが甲自動車の引渡しを受けたが、甲自動車のエンジンに契約の内容に適合しない欠陥があることが判明した場合、BはAに対して、甲自動車の修理を請求することができる。

2　Bが甲自動車の引渡しを受けたが、甲自動車に契約の内容に適合しない修理不能な損傷があることが判明した場合、BはAに対して、売買代金の減額を請求することができる。

3　Bが引渡しを受けた甲自動車が故障を起こしたときは、修理が可能か否かにかかわらず、BはAに対して、修理を請求することなく、本件契約の解除をすることができる。

4　甲自動車について、第三者CがA所有ではなくC所有の自動車であると主張しており、Bが所有権を取得できないおそれがある場合、Aが相当の担保を供したときを除き、BはAに対して、売買代金の支払を拒絶することができる。

【問　8】　Aが1人で居住する甲建物の保存に瑕疵があったため、令和6年7月1日に甲建物の壁が崩れて通行人Bがケガをした場合（以下この問において「本件事故」という。）における次の記述のうち、民法の規定によれば、誤っているものはどれか。

1　Aが甲建物をCから賃借している場合、Aは甲建物の保存の瑕疵による損害の発生の防止に必要な注意をしなかったとしても、Bに対して不法行為責任を負わない。

2　Aが甲建物を所有している場合、Aは甲建物の保存の瑕疵による損害の発生の防止に必要な注意をしたとしても、Bに対して不法行為責任を負う。

3　本件事故について、AのBに対する不法行為責任が成立する場合、BのAに対する損害賠償請求権は、B又はBの法定代理人が損害又は加害者を知らないときでも、本件事故の時から20年間行使しないときには時効により消滅する。

4　本件事故について、AのBに対する不法行為責任が成立する場合、BのAに対する損害賠償請求権は、B又はBの法定代理人が損害及び加害者を知った時から5年間行使しないときには時効により消滅する。

【問　9】　Aには死亡した夫Bとの間に子Cがおり、Dには離婚した前妻Eとの間に子F及び子Gがいる。Fの親権はEが有し、Gの親権はDが有している。AとDが婚姻した後にDが令和6年7月1日に死亡した場合における法定相続分として、民法の規定によれば、正しいものはどれか。

1　Aが2分の1、Fが4分の1、Gが4分の1

2　Aが2分の1、Cが6分の1、Fが6分の1、Gが6分の1

3　Aが2分の1、Gが2分の1

4　Aが2分の1、Cが4分の1、Gが4分の1

【問　10】　AとBとの間で、Aを売主、Bを買主とする、等価値の美術品甲又は乙のいずれか選択によって定められる美術品の売買契約（以下この問において「本件契約」という。）が令和6年7月1日に締結された場合に関する次の記述のうち、民法の規定によれば、正しいものはどれか。

1　本件契約において、給付の目的を甲にするか乙にするかについて、第三者Cを選択権者とする合意がなされた場合、Cが選択をすることができないときは、選択権はBに移転する。

2　本件契約において、給付の目的を甲にするか乙にするかについて、Aを選択権者とする合意がなされた後に、Aの失火により甲が全焼したときは、給付の目的物は乙となる。

3　本件契約において、給付の目的を甲にするか乙にするかについての選択権に関する特段の合意がない場合、Bが選択権者となる。

4　本件契約において、給付の目的を甲にするか乙にするかについて、第三者Dを選択権者とする合意がなされた場合、Dが選択権を行使するときは、AとBの両者に対して意思表示をしなければならない。

【問　11】　Aは、所有している甲土地につき、Bとの間で建物所有を目的とする賃貸借契約（以下この問において「借地契約」という。）を締結する予定であるが、期間が満了した時点で、確実に借地契約が終了するようにしたい。この場合に関する次の記述のうち、借地借家法の規定によれば、誤っているものはどれか。

1　事業の用に供する建物を所有する目的とし、期間を60年と定める場合には、契約の更新や建物の築造による存続期間の延長がない旨を書面で合意すれば、公正証書で合意しなくても、その旨を借地契約に定めることができる。

2　居住の用に供する建物を所有することを目的とする場合には、公正証書によって借地契約を締結するときであっても、期間を20年とし契約の更新や建物の築造による存続期間の延長がない旨を借地契約に定めることはできない。

3　居住の用に供する建物を所有することを目的とする場合には、借地契約を書面で行えば、借地権を消滅させるため、借地権の設定から20年が経過した日に甲土地上の建物の所有権を相当の対価でBからAに移転する旨の特約を有効に定めることができる。

4　借地契約がBの臨時設備の設置その他一時使用のためになされることが明らかである場合には、期間を5年と定め、契約の更新や建物の築造による存続期間の延長がない旨を借地契約に定めることができる。

【問　12】　Aを賃貸人、Bを賃借人とする甲建物の賃貸借契約（以下この問において「本件契約」という。）が令和6年7月1日に締結された場合に関する次の記述のうち、民法及び借地借家法の規定並びに判例によれば、正しいものはどれか。

1　本件契約について期間の定めをしなかった場合、AはBに対して、いつでも解約の

申入れをすることができ、本件契約は、解約の申入れの日から3月を経過することによって終了する。

2　甲建物がBに引き渡された後、甲建物の所有権がAからCに移転した場合、本件契約の敷金は、他に特段の合意がない限り、BのAに対する未払賃料債務に充当され、残額がCに承継される。

3　甲建物が適法にBからDに転貸されている場合、AがDに対して本件契約が期間満了によって終了する旨の通知をしたときは、建物の転貸借は、その通知がされた日から3月を経過することによって終了する。

4　本件契約が借地借家法第38条の定期建物賃貸借契約で、期間を5年、契約の更新がない旨を定めた場合、Aは、期間満了の1年前から6月前までの間に、Bに対し賃貸借が終了する旨の通知をしなければ、従前の契約と同一条件で契約を更新したものとみなされる。

【問　13】　建物の区分所有等に関する法律（以下この問において「法」という。）に関する次の記述のうち、誤っているものはどれか。

1　法又は規約により集会において決議をすべき場合において、区分所有者が1人でも反対するときは、集会を開催せずに書面によって決議をすることはできない。

2　形状又は効用の著しい変更を伴う共用部分の変更については、区分所有者及び議決権の各4分の3以上の多数による集会の決議で決するものであるが、規約でこの区分所有者の定数を過半数まで減ずることができる。

3　敷地利用権が数人で有する所有権その他の権利である場合には、規約に別段の定めがあるときを除いて、区分所有者は、その有する専有部分とその専有部分に係る敷地利用権とを分離して処分することができない。

4　各共有者の共用部分の持分は、規約に別段の定めがある場合を除いて、その有する専有部分の床面積の割合によるが、この床面積は壁その他の区画の中心線で囲まれた部分の水平投影面積である。

【問　14】　不動産の登記に関する次の記述のうち、不動産登記法の規定によれば、正しいものはどれか。

1　所有権の登記の抹消は、所有権の移転の登記がある場合においても、所有権の登記名義人が単独で申請することができる。

2　登記の申請をする者の委任による代理人の権限は、本人の死亡によって消滅する。

3　法人の合併による権利の移転の登記は、登記権利者が単独で申請することができる。

4　信託の登記は、受託者が単独で申請することができない。

【問　15】　都市計画法に関する次の記述のうち、誤っているものはどれか。

1　地区計画については、都市計画に、当該地区計画の目標を定めるよう努めるものと されている。

2　地区計画については、都市計画に、区域の面積を定めるよう努めるものとされている。

3　地区整備計画においては、市街化区域と市街化調整区域との区分の決定の有無を定 めることができる。

4　地区整備計画においては、建築物の建蔽率の最高限度を定めることができる。

【問　16】　都市計画法に関する次の記述のうち、正しいものはどれか。ただし、許可 を要する開発行為の面積については、条例による定めはないものとし、この問において 「都道府県知事」とは、地方自治法に基づく指定都市、中核市及び施行時特例市にあっ てはその長をいうものとする。

1　市街化区域において、都市公園法に規定する公園施設である建築物の建築を目的と した5,000㎡の土地の区画形質の変更を行おうとする者は、あらかじめ、都道府県知 事の許可を受けなければならない。

2　首都圏整備法に規定する既成市街地内にある市街化区域において、住宅の建築を目 的とした800㎡の土地の区画形質の変更を行おうとする者は、あらかじめ、都道府県 知事の許可を受けなければならない。

3　準都市計画区域において、商業施設の建築を目的とした2,000㎡の土地の区画形質 の変更を行おうとする者は、あらかじめ、都道府県知事の許可を受けなければならな い。

4　区域区分が定められていない都市計画区域において、土地区画整理事業の施行とし て行う8,000㎡の土地の区画形質の変更を行おうとする者は、あらかじめ、都道府県 知事の許可を受けなければならない。

【問　17】　建築基準法に関する次の記述のうち、正しいものはどれか。

1　居室の内装の仕上げには、ホルムアルデヒドを発散させる建築材料を使用すること が認められていない。

2　4階建ての共同住宅の敷地内には、避難階に設けた屋外への出口から道又は公園、 広場その他の空地に通ずる幅員が2m以上の通路を設けなければならない。

3　防火地域又は準防火地域内にある建築物で、外壁が防火構造であるものについて は、その外壁を隣地境界線に接して設けることができる。

4　建築主は、3階建ての木造の共同住宅を新築する場合において、特定行政庁が、安全上、防火上及び避難上支障がないと認めたときは、検査済証の交付を受ける前においても、仮に、当該共同住宅を使用することができる。

【問　18】　次の記述のうち、建築基準法の規定によれば、誤っているものはどれか。

1　都市計画により建蔽率の限度が10分の6と定められている近隣商業地域において、準防火地域内にある耐火建築物で、街区の角にある敷地又はこれに準ずる敷地で特定行政庁が指定するものの内にある建築物については、建蔽率の限度が10分の8となる。

2　市町村は、集落地区計画の区域において、用途地域における用途の制限を補完し、当該区域の特性にふさわしい土地利用の増進等の目的を達成するため必要と認める場合においては、国土交通大臣の承認を得て、当該区域における用途制限を緩和することができる。

3　居住環境向上用途誘導地区内においては、公益上必要な一定の建築物を除き、建築物の建蔽率は、居住環境向上用途誘導地区に関する都市計画において建築物の建蔽率の最高限度が定められたときは、当該最高限度以下でなければならない。

4　都市計画区域内のごみ焼却場の用途に供する建築物について、特定行政庁が建築基準法第51条に規定する都市計画審議会の議を経てその敷地の位置が都市計画上支障がないと認めて許可した場合においては、都市計画においてその敷地の位置が決定しているものでなくても、新築することができる。

㊪【問　19】　宅地造成及び特定盛土等規制法（以下この問において「法」という。）に関する次の記述のうち、誤っているものはどれか。なお、この問において「都道府県知事」とは、地方自治法に基づく指定都市、中核市及び施行時特例市にあってはその長をいうものとする。

1　宅地造成等工事規制区域内において、宅地以外の土地を宅地にするために切土をする土地の面積が500㎡であって盛土を生じない場合、切土をした部分に生じる崖の高さが1.5mであれば、都道府県知事の法第12条第1項本文の工事の許可は不要である。

2　都道府県知事は、法第12条第1項本文の工事の許可の申請があった場合においては、遅滞なく、許可又は不許可の処分をしなければならず、当該申請をした者に、許可の処分をしたときは許可証を交付し、不許可の処分をしたときは文書をもってその旨を通知しなければならない。

3　都道府県知事は、一定の場合には都道府県（地方自治法に基づく指定都市、中核市又は施行時特例市の区域にあっては、それぞれ指定都市、中核市又は施行時特例市）

の規則で、宅地造成等工事規制区域内において行われる宅地造成等に関する工事の技術的基準を強化し、又は付加することができる。

4　都道府県知事は、関係市町村長の意見を聴いて、宅地造成等工事規制区域内で、宅地造成又は特定盛土等に伴う災害で相当数の居住者その他の者に危害を生ずるものの発生のおそれが大きい一団の造成宅地の区域であって一定の基準に該当するものを、造成宅地防災区域として指定することができる。

【問　20】　土地区画整理法に関する次の記述のうち、誤っているものはどれか。

1　換地計画において参加組合員に対して与えるべきものとして定められた宅地は、換地処分の公告があった日の翌日において、当該宅地の所有者となるべきものとして換地計画において定められた参加組合員が取得する。

2　換地計画において換地を定める場合においては、換地及び従前の宅地の位置、地積、土質、水利、利用状況、環境等が照応するように定めなければならない。

3　土地区画整理組合の設立の認可の公告があった日後、換地処分の公告がある日までは、施行地区内において、土地区画整理事業の施行の障害となるおそれがある土地の形質の変更を行おうとする者は、当該土地区画整理組合の許可を受けなければならない。

4　土地区画整理組合の組合員は、組合員の3分の1以上の連署をもって、その代表者から理由を記載した書面を土地区画整理組合に提出して、理事又は監事の解任を請求することができる。

【問　21】　農地に関する次の記述のうち、農地法（以下この問において「法」という。）の規定によれば、誤っているものはどれか。

1　遺産分割によって農地を取得する場合には、法第3条第1項の許可は不要であるが、農業委員会への届出が必要である。

2　法第3条第1項の許可を受けなければならない場合の売買については、その許可を受けずに農地の売買契約を締結しても、所有権移転の効力は生じない。

3　砂利採取法第16条の認可を受けて市街化調整区域内の農地を砂利採取のために一時的に借り受ける場合には、法第5条第1項の許可は不要である。

4　都道府県が市街化調整区域内の農地を取得して病院を建設する場合には、都道府県知事（法第4条第1項に規定する指定市町村の区域内にあってはその長）との協議が成立すれば、法第5条第1項の許可があったものとみなされる。

【問　22】 国土利用計画法第23条の届出（以下この問において「事後届出」という。）に関する次の記述のうち、正しいものはどれか。なお、この問において「都道府県知事」とは、地方自治法に基づく指定都市にあってはその長をいうものとする。

1　土地売買等の契約を締結した場合には、当事者のうち当該契約による権利取得者は、その契約を締結した日の翌日から起算して3週間以内に、事後届出を行わなければならない。

2　都道府県知事は、事後届出をした者に対し、その届出に係る土地に関する権利の移転若しくは設定後における土地の利用目的又は土地に関する権利の移転若しくは設定の対価の額について、当該土地を含む周辺の地域の適正かつ合理的な土地利用を図るために必要な助言をすることができる。

3　事後届出が必要な土地売買等の契約を締結したにもかかわらず、所定の期間内に当該届出をしなかった者は、都道府県知事からの勧告を受けるが、罰則の適用はない。

4　宅地建物取引業者Aが所有する準都市計画区域内の20,000㎡の土地について、10,000㎡をB市に、10,000㎡を宅地建物取引業者Cに売却する契約を締結した場合、B市は事後届出を行う必要はないが、Cは一定の場合を除き事後届出を行う必要がある。

【問　23】 所得税法に関する次の記述のうち、正しいものはどれか。

1　譲渡所得の特別控除額（50万円）は、譲渡益のうち、まず、資産の取得の日以後5年以内にされた譲渡による所得で政令で定めるものに該当しないものに係る部分の金額から控除し、なお控除しきれない特別控除額がある場合には、それ以外の譲渡による所得に係る部分の金額から控除する。

2　譲渡所得の金額の計算上、資産の譲渡に係る総収入金額から控除する資産の取得費には、その資産の取得時に支出した購入代金や購入手数料の金額は含まれるが、その資産の取得後に支出した設備費及び改良費の額は含まれない。

3　建物の全部の所有を目的とする土地の賃借権の設定の対価として支払を受ける権利金の金額が、その土地の価額の10分の5に相当する金額を超えるときは、不動産所得として課税される。

4　居住者がその取得の日以後5年以内に固定資産を譲渡した場合には、譲渡益から譲渡所得の特別控除額（50万円）を控除した後の譲渡所得の金額の2分の1に相当する金額が課税標準とされる。

【問　24】 不動産取得税に関する次の記述のうち、正しいものはどれか。

1　平成28年に新築された既存住宅（床面積210㎡）を個人が自己の居住のために取得

した場合、当該取得に係る不動産取得税の課税標準の算定については、当該住宅の価格から1,200万円が控除される。

2 家屋が新築された日から3年を経過して、なお、当該家屋について最初の使用又は譲渡が行われない場合においては、当該家屋が新築された日から3年を経過した日において家屋の取得がなされたものとみなし、当該家屋の所有者を取得者とみなして、これに対して不動産取得税を課する。

3 不動産取得税は、不動産の取得があった日の翌日から起算して2か月以内に当該不動産の所在する都道府県に申告納付しなければならない。

4 不動産取得税は、不動産を取得するという比較的担税力のある機会に相当の税負担を求める観点から創設されたものであるが、不動産取得税の税率は4％を超えることができない。

【問 25】 不動産の鑑定評価に関する次の記述のうち、不動産鑑定評価基準によれば、誤っているものはどれか。

1 不動産鑑定士の通常の調査の範囲では、対象不動産の価格への影響の程度を判断するための事実の確認が困難な特定の価格形成要因がある場合、鑑定評価書の利用者の利益を害するおそれがないと判断されるときに限り、当該価格形成要因について調査の範囲に係る条件を設定することができる。

2 対象不動産を価格時点において再調達することを想定した場合において必要とされる適正な原価の総額を再調達原価というが、建設資材、工法等の変遷により、対象不動産の再調達原価を求めることが困難な場合には、対象不動産と同等の有用性を持つものに置き換えて求めた原価を再調達原価とみなすものとする。

3 取引事例等に係る取引が特殊な事情を含み、これが当該取引事例等に係る価格等に影響を及ぼしている場合に、適切に補正することを時点修正という。

4 不動産の鑑定評価によって求める賃料は、一般的には正常賃料又は継続賃料であるが、鑑定評価の依頼目的に対応した条件により限定賃料を求めることができる場合がある。

【問 26】 宅地建物取引業者Aが、自ら売主として宅地建物取引業者ではない買主Bに対し建物の売却を行う場合における宅地建物取引業法第35条に規定する重要事項の説明に関する次の記述のうち、正しいものはどれか。

1 Aは、Bに対し、専任の宅地建物取引士をして説明をさせなければならない。

2 Aは、Bに対し、代金以外に授受される金銭の額だけでなく、当該金銭の授受の目的についても説明しなければならない。

3 Aは、Bに対し、建物の上に存する登記された権利の種類及び内容だけでなく、移転登記の申請の時期についても説明しなければならない。

4 Aは、Bに対し、売買の対象となる建物の引渡しの時期について説明しなければならない。

【問 27】 宅地建物取引業の免許（以下この問において「免許」という。）に関する次の記述のうち、宅地建物取引業法の規定によれば、正しいものはどれか。

1 個人Aが不正の手段により免許を受けた後、免許を取り消され、その取消しの日から5年を経過した場合、その間に免許を受けることができない事由に該当することがなかったとしても、Aは再び免許を受けることはできない。

2 免許を受けようとする個人Bが破産手続開始の決定を受けた後に復権を得た場合においても、Bは免許を受けることができない。

3 免許を受けようとするC社の役員Dが刑法第211条（業務上過失致死傷等）の罪により地方裁判所で懲役1年の判決を言い渡された場合、当該判決に対してDが高等裁判所に控訴し裁判が係属中であっても、C社は免許を受けることができない。

4 免許を受けようとするE社の役員に、宅地建物取引業法の規定に違反したことにより罰金の刑に処せられた者がいる場合、その刑の執行が終わって5年を経過しなければ、E社は免許を受けることができない。

【問 28】 宅地建物取引士の登録（以下この問において「登録」という。）に関する次の記述のうち、宅地建物取引業法の規定によれば、正しいものはどれか。

1 宅地建物取引士A（甲県知事登録）が、乙県に所在する宅地建物取引業者の事務所の業務に従事することとなったときは、Aは甲県知事を経由せずに、直接乙県知事に対して登録の移転を申請しなければならない。

2 甲県知事の登録を受けているが宅地建物取引士証の交付を受けていないBが、宅地建物取引士としてすべき事務を行った場合、情状のいかんを問わず、甲県知事はBの登録を消除しなければならない。

3 宅地建物取引士C（甲県知事登録）は、宅地建物取引業者D社を退職し、宅地建物取引業者E社に再就職したが、CはD社及びE社のいずれにおいても専任の宅地建物取引士ではないので、勤務先の変更の登録を申請しなくてもよい。

4 甲県で宅地建物取引士資格試験を受け、合格したFは、乙県に転勤することとなったとしても、登録は甲県知事に申請しなければならない。

【問　29】　次の記述のうち、宅地建物取引業法の規定によれば、正しいものはどれか。

1　宅地建物取引業者は、その事務所ごとに従業者の氏名、従業者証明書番号その他国土交通省令で定める事項を記載した従業者名簿を備えなければならず、当該名簿を最終の記載をした日から5年間保存しなければならない。

2　宅地建物取引業者は、一団の宅地の分譲を行う案内所において宅地の売買の契約の締結を行わない場合、その案内所には国土交通省令で定める標識を掲示しなくてもよい。

3　宅地建物取引業者が、一団の宅地の分譲を行う案内所において宅地の売買の契約の締結を行う場合、その案内所には国土交通大臣が定めた報酬の額を掲示しなければならない。

4　宅地建物取引業者は、事務所以外の継続的に業務を行うことができる施設を有する場所であっても、契約（予約を含む。）を締結せず、かつ、その申込みを受けない場合、当該場所に専任の宅地建物取引士を置く必要はない。

【問　30】　宅地建物取引業者がその業務に関して行う広告に関する次の記述のうち、宅地建物取引業法の規定によれば、正しいものはいくつあるか。

ア　宅地の販売広告において、宅地に対する将来の利用の制限について、著しく事実に相違する表示をしてはならない。

イ　建物の貸借の媒介において広告を行った場合には、依頼者の依頼の有無にかかわらず、報酬の限度額を超えて、当該広告の料金に相当する額を受領することができる。

ウ　複数の区画がある宅地の売買について、数回に分けて広告するときは、最初に行う広告に取引態様の別を明示すれば足り、それ以降は明示する必要はない。

エ　賃貸マンションの貸借に係る媒介の依頼を受け、媒介契約を締結した場合であっても、当該賃貸マンションが建築確認申請中であるときは広告をすることができない。

1　一つ

2　二つ

3　三つ

4　四つ

【問　31】　宅地建物取引業保証協会（以下この問において「保証協会」という。）に関する次の記述のうち、宅地建物取引業法の規定によれば、誤っているものはどれか。

1　保証協会は、当該保証協会の社員である宅地建物取引業者が社員となる前に当該宅地建物取引業者と宅地建物取引業に関し取引をした者の有するその取引により生じた債権に関し弁済業務保証金の還付が行われることにより弁済業務の円滑な運営に支障

-93-

を生ずるおそれがあると認めるときは、当該社員に対し、担保の提供を求めることができる。

2　保証協会の社員である宅地建物取引業者は、取引の相手方から宅地建物取引業に係る取引に関する苦情について解決の申出が当該保証協会になされ、その解決のために当該保証協会から資料の提出の求めがあったときは、正当な理由がある場合でなければ、これを拒んではならない。

3　保証協会の社員である宅地建物取引業者は、当該宅地建物取引業者と宅地建物取引業に関し取引をした者の有するその取引により生じた債権に関し弁済業務保証金の還付がなされたときは、その日から2週間以内に還付充当金を保証協会に納付しなければならない。

4　還付充当金の未納により保証協会の社員がその地位を失ったときは、保証協会は、直ちにその旨を当該社員であった宅地建物取引業者が免許を受けた国土交通大臣又は都道府県知事に報告しなければならない。

【問　32】　宅地建物取引業の免許（以下この問において「免許」という。）に関する次の記述のうち、宅地建物取引業法の規定によれば、正しいものはどれか。なお、いずれの場合も、その行為を業として営むものとする。

1　A社が、都市計画法に規定する用途地域外の土地であって、ソーラーパネルを設置するための土地の売買を媒介しようとする場合、免許は必要ない。

2　B社が、土地区画整理事業の換地処分により取得した換地を住宅用地として分譲しようとする場合、免許は必要ない。

3　農業協同組合Cが、組合員が所有する宅地の売却の代理をする場合、免許は必要ない。

4　D社が、地方公共団体が定住促進策としてその所有する土地について住宅を建築しようとする個人に売却する取引の媒介をしようとする場合、免許は必要ない。

【問　33】　宅地建物取引業法第35条に規定する重要事項の説明における水防法施行規則第11条第1号の規定により市町村（特別区を含む。以下この問において同じ。）の長が提供する図面（以下この問において「水害ハザードマップ」という。）に関する次の記述のうち、正しいものはどれか。なお、説明の相手方は宅地建物取引業者ではないものとする。

1　宅地建物取引業者は、市町村が、取引の対象となる宅地又は建物の位置を含む水害ハザードマップを作成せず、又は印刷物の配布若しくはホームページ等への掲載等をしていないことを確認できた場合は、重要事項説明書にその旨記載し、重要事項説明の際に提示すべき水害ハザードマップが存在しない旨を説明すればよい。

-94-

2　宅地建物取引業者は、市町村が取引の対象となる宅地又は建物の位置を含む「洪水」、「雨水出水（内水）」、「高潮」の水害ハザードマップを作成している場合、重要事項説明の際にいずれか1種類の水害ハザードマップを提示すればよい。

3　宅地建物取引業者は、市町村が取引の対象となる宅地又は建物の位置を含む水害ハザードマップを作成している場合、売買又は交換の媒介のときは重要事項説明の際に水害ハザードマップを提示しなければならないが、貸借の媒介のときはその必要はない。

4　宅地建物取引業者は、市町村が取引の対象となる宅地又は建物の位置を含む水害ハザードマップを作成している場合、重要事項説明書に水害ハザードマップを添付すれば足りる。

【問　34】　宅地建物取引業法の規定に基づく営業保証金に関する次の記述のうち、正しいものはどれか。

1　国土交通大臣から免許を受けた宅地建物取引業者が、営業保証金を主たる事務所のもよりの供託所に供託した場合、当該供託所から国土交通大臣にその旨が通知されるため、当該宅地建物取引業者は国土交通大臣にその旨を届け出る必要はない。

2　宅地建物取引業者と宅地建物取引業に関し取引をした者は、その取引により生じた債権に関し、当該宅地建物取引業者が供託した営業保証金について、その債権の弁済を受ける権利を有するが、取引をした者が宅地建物取引業者に該当する場合は、その権利を有しない。

3　営業保証金は、金銭による供託のほか、有価証券をもって供託することができるが、金銭と有価証券とを併用して供託することはできない。

4　有価証券を営業保証金に充てる場合における当該有価証券の価額は、国債証券の場合はその額面金額の100分の90、地方債証券の場合はその額面金額の100分の80である。

【問　35】　宅地建物取引士の登録（以下この問において「登録」という。）及び宅地建物取引士証に関する次の記述のうち、正しいものはいくつあるか。

ア　宅地建物取引士（甲県知事登録）が事務禁止処分を受けた場合、宅地建物取引士証を甲県知事に速やかに提出しなければならず、速やかに提出しなかったときは10万円以下の過料に処せられることがある。

イ　宅地建物取引士（甲県知事登録）が宅地建物取引士としての事務禁止処分を受け、その禁止の期間中に本人の申請により登録が消除された場合は、その者が乙県で宅地建物取引士資格試験に合格したとしても、当該期間が満了していないときは、乙県知事の登録を受けることができない。

ウ　宅地建物取引士（甲県知事登録）が甲県から乙県に住所を変更したときは、乙県知事に対し、登録の移転の申請をすることができる。

エ　宅地建物取引士（甲県知事登録）が本籍を変更した場合、遅滞なく、甲県知事に変更の登録を申請しなければならない。

1　一つ
2　二つ
3　三つ
4　四つ

【問 36】　宅地建物取引業者が行う宅地建物取引業法第35条に規定する重要事項の説明に関する次の記述のうち、同法の規定に少なくとも説明しなければならない事項として掲げられていないものはどれか。

1　建物の貸借の媒介を行う場合における、「都市計画法第29条第１項の規定に基づく制限」

2　建物の貸借の媒介を行う場合における、「当該建物について、石綿の使用の有無の調査の結果が記録されているときは、その内容」

3　建物の貸借の媒介を行う場合における、「台所、浴室、便所その他の当該建物の設備の整備の状況」

4　宅地の貸借の媒介を行う場合における、「敷金その他いかなる名義をもって授受されるかを問わず、契約終了時において精算することとされている金銭の精算に関する事項」

【問 37】　宅地建物取引業法第35条の規定に基づく重要事項の説明及び同法第37条の規定により交付すべき書面（以下この問において「37条書面」という。）に関する次の記述のうち、正しいものはどれか。

1　宅地建物取引業者は、媒介により区分所有建物の賃貸借契約を成立させた場合、専有部分の用途その他の利用の制限に関する規約においてペットの飼育が禁止されているときは、その旨を重要事項説明書に記載して説明し、37条書面にも記載しなければならない。

2　宅地建物取引業者は、自ら売主となる土地付建物の売買契約において、宅地建物取引業者ではない買主から保全措置を講ずる必要のない金額の手付金を受領する場合、手付金の保全措置を講じないことを、重要事項説明書に記載して説明し、37条書面にも記載しなければならない。

3　宅地建物取引業者は、媒介により建物の敷地に供せられる土地の売買契約を成立させた場合において、当該売買代金以外の金銭の授受に関する定めがあるときは、その

額並びに当該金銭の授受の時期及び目的を37条書面に記載しなければならない。

4　宅地建物取引業者は、自ら売主となる土地付建物の売買契約及び自ら貸主となる土地付建物の賃貸借契約のいずれにおいても、37条書面を作成し、その取引の相手方に交付しなければならない。

【問　38】　宅地建物取引業者Aが、宅地建物取引業者BからB所有の建物の売却を依頼され、Bと一般媒介契約（以下この問において「本件契約」という。）を締結した場合に関する次の記述のうち、宅地建物取引業法の規定に違反しないものはいくつあるか。

ア　本件契約を締結する際に、Bから有効期間を6か月としたい旨の申出があったが、AとBが協議して、有効期間を3か月とした。

イ　当該物件に係る買受けの申込みはなかったが、AはBに対し本件契約に係る業務の処理状況の報告を口頭により14日に1回以上の頻度で行った。

ウ　Aは本件契約を締結した後、所定の事項を遅滞なく指定流通機構に登録したが、その登録を証する書面を、登録してから14日後にBに交付した。

エ　本件契約締結後、1年を経過しても当該物件を売却できなかったため、Bは売却をあきらめ、当該物件を賃貸することにした。そこでBはAと当該物件の貸借に係る一般媒介契約を締結したが、当該契約の有効期間を定めなかった。

1　一つ
2　二つ
3　三つ
4　四つ

【問　39】　宅地建物取引業者Aが、自ら売主として、宅地建物取引業者Bの媒介により、宅地建物取引業者ではないCを買主とするマンションの売買契約を締結した場合における宅地建物取引業法第37条の2の規定に基づくいわゆるクーリング・オフについて告げるときに交付すべき書面（以下この問において「告知書面」という。）に関する次の記述のうち、正しいものはどれか。

1　告知書面には、クーリング・オフによる買受けの申込みの撤回又は売買契約の解除があったときは、Aは、その買受けの申込みの撤回又は売買契約の解除に伴う損害賠償又は違約金の支払を請求することができないことを記載しなければならない。

2　告知書面には、クーリング・オフについて告げられた日から起算して8日を経過するまでの間は、Cが当該マンションの引渡しを受け又は代金の全部を支払った場合を除き、書面によりクーリング・オフによる買受けの申込みの撤回又は売買契約の解除を行うことができることを記載しなければならない。

3 告知書面には、Cがクーリング・オフによる売買契約の解除をするときは、その旨を記載した書面がAに到達した時点で、その効力が発生することを記載しなければならない。

4 告知書面には、A及びBの商号又は名称及び住所並びに免許証番号を記載しなければならない。

【問 40】 次の記述のうち、宅地建物取引業法の規定によれば、正しいものはどれか。

1 宅地建物取引業者は、その業務に関する帳簿を備え、取引のあったつど、その年月日、その取引に係る宅地又は建物の所在及び面積その他国土交通省令で定める事項を記載しなければならないが、支店及び案内所には備え付ける必要はない。

2 成年である宅地建物取引業者は、宅地建物取引業の業務に関し行った行為について、行為能力の制限を理由に取り消すことができる。

3 宅地建物取引業者は、一団の宅地建物の分譲をする場合における当該宅地又は建物の所在する場所に国土交通省令で定める標識を掲示しなければならない。

4 宅地建物取引業者は、業務上取り扱ったことについて知り得た秘密に関し、税務署の職員から質問検査権の規定に基づき質問を受けたときであっても、回答してはならない。

改【問 41】 宅地建物取引業者Aが行う業務に関する次の記述のうち、宅地建物取引業法の規定によれば、正しいものはいくつあるか。なお、この問において「37条書面」とは、同法第37条の規定により交付すべき書面をいうものとする。

ア Aが自ら売主として建物を売却する場合、宅地建物取引業者Bに当該売却の媒介を依頼したときは、Bは宅地建物取引士をして37条書面に記名させなければならず、Aも宅地建物取引士をして37条書面に記名させなければならない。

イ Aが自ら売主として建物を売却する場合、当該売買契約に際し、買主から支払われる手付金の額が売買代金の5％未満であるときは、当該手付金の額の記載があれば、授受の時期については37条書面に記載しなくてもよい。

ウ Aが売主を代理して建物を売却する場合、買主が宅地建物取引業者であるときは、37条書面を交付しなくてもよい。

エ Aが売主を代理して抵当権が設定されている建物を売却する場合、当該抵当権の内容について37条書面に記載しなければならない。

1 一つ
2 二つ
3 三つ
4 四つ

【問　42】　宅地建物取引業者Aが、自ら売主として宅地建物取引業者ではないBを買主とする土地付建物の売買契約（代金3,200万円）を締結する場合に関する次の記述のうち、民法及び宅地建物取引業法の規定によれば、正しいものはどれか。

1　割賦販売の契約を締結し、当該土地付建物を引き渡した場合、Aは、Bから800万円の賦払金の支払を受けるまでに、当該土地付建物に係る所有権の移転登記をしなければならない。

2　当該土地付建物の工事の完了前に契約を締結した場合、Aは、宅地建物取引業法第41条に定める手付金等の保全措置を講じなくても手付金100万円、中間金60万円を受領することができる。

3　当事者の債務の不履行を理由とする契約の解除に伴う損害賠償の予定額を400万円とし、かつ、違約金の額を240万円とする特約を定めた場合、当該特約は無効となる。

4　当事者の債務の不履行を理由とする契約の解除に伴う損害賠償の予定額を定めていない場合、債務の不履行による損害賠償の請求額は売買代金の額の10分の2を超えてはならない。

【問　43】　宅地建物取引業者の業務に関する次の記述のうち、宅地建物取引業法の規定に違反するものはいくつあるか。

ア　マンションの販売に際して、買主が手付として必要な額を持ち合わせていなかったため、手付を分割受領することにより、契約の締結を誘引した。

イ　宅地の売買に際して、相手方が「契約の締結をするかどうか明日まで考えさせてほしい」と申し出たのに対し、事実を歪めて「明日では契約締結できなくなるので、今日しか待てない」と告げた。

ウ　マンション販売の勧誘を電話で行った際に、勧誘に先立って電話口で宅地建物取引業者の商号又は名称を名乗らずに勧誘を行った。

エ　建物の貸借の媒介に際して、賃貸借契約の申込みをした者がその撤回を申し出たが、物件案内等に経費がかかったため、預り金を返還しなかった。

1　一つ
2　二つ
3　三つ
4　四つ

【問 44】 宅地建物取引業者A（消費税課税事業者）が受け取ることができる報酬額についての次の記述のうち、宅地建物取引業法の規定によれば、正しいものはどれか。

1 居住の用に供する建物（1か月の借賃20万円。消費税等相当額を含まない。）の貸借であって100万円の権利金の授受があるものの媒介をする場合、依頼者双方から受領する報酬の合計額は11万円を超えてはならない。

2 宅地（代金1,000万円。消費税等相当額を含まない。）の売買について、売主から代理の依頼を受け、買主から媒介の依頼を受け、売買契約を成立させて買主から303,000円の報酬を受領する場合、売主からは489,000円を上限として報酬を受領することができる。

3 宅地（代金300万円。消費税等相当額を含まない。）の売買の媒介について、通常の媒介と比較して現地調査等の費用が6万円（消費税等相当額を含まない。）多く要した場合、依頼者双方から合計で44万円を上限として報酬を受領することができる。

4 店舗兼住宅（1か月の借賃20万円。消費税等相当額を含まない。）の貸借の媒介をする場合、依頼者の一方から受領する報酬は11万円を超えてはならない。

【問 45】 宅地建物取引業者Aが、自ら売主として宅地建物取引業者ではない買主Bに新築住宅を販売する場合における次の記述のうち、特定住宅瑕疵担保責任の履行の確保等に関する法律の規定によれば、正しいものはどれか。

1 Bが建設業者である場合、Aは、Bに引き渡した新築住宅について、住宅販売瑕疵担保保証金の供託又は住宅販売瑕疵担保責任保険契約の締結を行う義務を負わない。

2 Aが住宅販売瑕疵担保責任保険契約を締結する場合、当該契約は、BがAから当該新築住宅の引渡しを受けた時から2年以上の期間にわたって有効なものでなければならない。

3 Aが住宅販売瑕疵担保責任保険契約を締結した場合、A及びBは、指定住宅紛争処理機関に特別住宅紛争処理の申請をすることにより、当該新築住宅の瑕疵に関するAとBとの間の紛争について、あっせん、調停又は仲裁を受けることができる。

4 AB間の新築住宅の売買契約において、当該新築住宅の構造耐力上主要な部分に瑕疵があってもAが瑕疵担保責任を負わない旨の特約があった場合、住宅販売瑕疵担保保証金の供託又は住宅販売瑕疵担保責任保険契約の締結を行う義務はない。

【問 46】 独立行政法人住宅金融支援機構（以下この問において「機構」という。）に関する次の記述のうち、誤っているものはどれか。

1 機構は、証券化支援事業（買取型）において、賃貸住宅の購入に必要な資金の貸付けに係る金融機関の貸付債権を譲受けの対象としている。

2 機構は、市街地の土地の合理的な利用に寄与する一定の建築物の建設に必要な資金の貸付けを業務として行っている。

3 機構は、証券化支援事業（買取型）において、省エネルギー性に優れた住宅を取得する場合について、貸付金の利率を一定期間引き下げる制度を設けている。

4 機構は、経済事情の変動に伴い、貸付けを受けた者の住宅ローンの元利金の支払が著しく困難になった場合に、償還期間の延長等の貸付条件の変更を行っている。

改【問 47】 宅地建物取引業者が行う広告に関する次の記述のうち、不当景品類及び不当表示防止法（不動産の表示に関する公正競争規約を含む。）の規定によれば、正しいものはどれか。

1 住宅の居室の広さを畳数で表示する場合には、畳1枚当たりの広さにかかわらず、実際に当該居室に敷かれている畳の数を表示しなければならない。

2 団地（一団の宅地又は建物をいう。）と駅との間の距離は、取引する区画のうちそれぞれの施設ごとにその施設から最も近い区画（マンション及びアパートにあっては、その施設から最も近い建物の出入口）を起点として算出した数値とともに、その施設から最も遠い区画（マンション及びアパートにあっては、その施設から最も遠い建物の出入口）を起点として算出した数値も表示しなければならない。

3 新築分譲マンションを完成予想図により表示する場合、完成予想図である旨を表示すれば、緑豊かな環境であることを訴求するために周囲に存在しない公園等を表示することができる。

4 新築分譲住宅の販売に当たって行う二重価格表示は、実際に過去において販売価格として公表していた価格を比較対照価格として用いて行うのであれば、値下げの時期から1年以内の期間は表示することができる。

【問 48（参考）】 次の記述のうち、正しいものはどれか。

> 注：出題内容の「参考」として、出題当時の内容をそのまま収載しました。なお、最新の数値・傾向等に改題した当問題を「ダウンロードサービス」でご提供いたします（2024年8月末日頃〜公開予定）。詳しくは【解説編】P. x をご覧ください。

1 建築着工統計（令和3年1月公表）によれば、令和2年1月から令和2年12月までの新設住宅着工戸数は約81.5万戸となり、4年ぶりに増加に転じた。

2 令和3年版土地白書（令和3年6月公表）によれば、土地取引について、売買による所有権移転登記の件数でその動向を見ると、令和2年の全国の土地取引件数は約128万件となり、5年連続の増加となっている。

3 令和3年地価公示（令和3年3月公表）によれば、令和2年1月以降の1年間の地価の変動を見ると、全国平均の用途別では、住宅地及び商業地は下落に転じたが、工業地は5年連続の上昇となっている。

4 年次別法人企業統計調査（令和元年度。令和2年10月公表）によれば、令和元年度における不動産業の営業利益は約5兆円を超え、前年度を上回った。

【問 49】 土地に関する次の記述のうち、最も不適当なものはどれか。

1 森林は、木材資源としても重要で、水源涵養、洪水防止等の大きな役割を担っている。

2 活動度の高い火山の火山麓では、火山活動に伴う災害にも留意する必要がある。

3 林相は良好でも、破砕帯や崖錐等の上の杉の植林地は、豪雨に際して崩壊することがある。

4 崖錐や小河川の出口で堆積物の多い所等は、土石流の危険が少ない。

【問 50】 建物の構造に関する次の記述のうち、最も不適当なものはどれか。

1 鉄骨構造は、主要構造の構造形式にトラス、ラーメン、アーチ等が用いられ、高層建築の骨組に適している。

2 鉄骨構造の床は既製気泡コンクリート板、プレキャストコンクリート板等でつくられる。

3 鉄骨構造は、耐火被覆や鋼材の加工性の問題があり、現在は住宅、店舗等の建物には用いられていない。

4 鉄骨構造は、工場、体育館、倉庫等の単層で大空間の建物に利用されている。

令和 2 年度（12月）
問　　　題

次の注意事項をよく読んでから、始めてください。

【問　1】　不法行為（令和2年4月1日以降に行われたもの）に関する次の記述のうち、民法の規定及び判例によれば、誤っているものはどれか。

1　建物の建築に携わる設計者や施工者は、建物としての基本的な安全性が欠ける建物を設計し又は建築した場合、設計契約や建築請負契約の当事者に対しても、また、契約関係にない当該建物の居住者に対しても損害賠償責任を負うことがある。

2　被用者が使用者の事業の執行について第三者に損害を与え、第三者に対してその損害を賠償した場合には、被用者は、損害の公平な分担という見地から相当と認められる額について、使用者に対して求償することができる。

3　責任能力がない認知症患者が線路内に立ち入り、列車に衝突して旅客鉄道事業者に損害を与えた場合、当該責任無能力者と同居する配偶者は、法定の監督義務者として損害賠償責任を負う。

4　人の生命又は身体を害する不法行為による損害賠償請求権は、被害者又はその法定代理人が損害及び加害者を知った時から5年間行使しない場合、時効によって消滅する。

【問　2】　AがBに対して、A所有の甲土地を売却する代理権を令和6年7月1日に授与した場合に関する次の記述のうち、民法の規定及び判例によれば、正しいものはどれか。

1　Bが自己又は第三者の利益を図る目的で、Aの代理人として甲土地をDに売却した場合、Dがその目的を知り、又は知ることができたときは、Bの代理行為は無権代理とみなされる。

2　BがCの代理人も引き受け、AC双方の代理人として甲土地に係るAC間の売買契約を締結した場合、Aに損害が発生しなければ、Bの代理行為は無権代理とはみなされない。

3　AがBに授与した代理権が消滅した後、BがAの代理人と称して、甲土地をEに売却した場合、AがEに対して甲土地を引き渡す責任を負うことはない。

4　Bが、Aから代理権を授与されていないA所有の乙土地の売却につき、Aの代理人としてFと売買契約を締結した場合、AがFに対して追認の意思表示をすれば、Bの代理行為は追認の時からAに対して効力を生ずる。

【問　3】　親族に関する次の記述のうち、民法の規定及び判例によれば、正しいものはどれか。

1　姻族関係は、離婚した場合及び夫婦の一方が死亡した場合、当然に終了する。

2　離婚に当たり、相手方に有責不法の行為がなければ、他の一方は、相手方に対して財産の分与を請求することができない。

3　未成年者に対して親権を行う者がないときは、家庭裁判所は、検察官の請求によって、親族の中から未成年後見人を選任する。

4　夫婦間で婚姻の届出前に別段の契約をしなかった場合、夫婦のいずれに属するか明らかでない財産は、その共有に属するものと推定される。

【問　4】　債務不履行に関する次の記述のうち、民法の規定及び判例によれば、誤っているものはどれか。なお、債務は令和2年4月1日以降に生じたものとする。

1　債務の履行について不確定期限があるときは、債務者は、その期限が到来したことを知らなくても、期限到来後に履行の請求を受けた時から遅滞の責任を負う。

2　債務の目的が特定物の引渡しである場合、債権者が目的物の引渡しを受けることを理由なく拒否したため、その後の履行の費用が増加したときは、その増加額について、債権者と債務者はそれぞれ半額ずつ負担しなければならない。

3　債務者がその債務について遅滞の責任を負っている間に、当事者双方の責めに帰することができない事由によってその債務の履行が不能となったときは、その履行不能は債務者の責めに帰すべき事由によるものとみなされる。

4　契約に基づく債務の履行が契約の成立時に不能であったとしても、その不能が債務者の責めに帰することができない事由によるものでない限り、債権者は、履行不能によって生じた損害について、債務不履行による損害の賠償を請求することができる。

【問　5】　時効に関する次の記述のうち、民法の規定及び判例によれば、誤っているものはどれか。なお、時効の対象となる債権の発生原因は、令和2年4月1日以降に生じたものとする。

1　消滅時効の援用権者である「当事者」とは、権利の消滅について正当な利益を有する者であり、債務者のほか、保証人、物上保証人、第三取得者も含まれる。

2　裁判上の請求をした場合、裁判が終了するまでの間は時効が完成しないが、当該請求を途中で取り下げて権利が確定することなく当該請求が終了した場合には、その終了した時から新たに時効の進行が始まる。

3　権利の承認があったときは、その時から新たに時効の進行が始まるが、権利の承認をするには、相手方の権利についての処分につき行為能力の制限を受けていないことを要しない。

4　夫婦の一方が他方に対して有する権利については、婚姻の解消の時から6箇月を経過するまでの間は、時効が完成しない。

【問　6】　AはBにA所有の甲建物を令和6年7月1日に賃貸し、BはAの承諾を得てCに適法に甲建物を転貸し、Cが甲建物に居住している場合における次の記述のうち、民法の規定及び判例によれば、誤っているものはどれか。

1　Aは、Bとの間の賃貸借契約を合意解除した場合、解除の当時Bの債務不履行による解除権を有していたとしても、合意解除したことをもってCに対抗することはできない。

2　Cの用法違反によって甲建物に損害が生じた場合、AはBに対して、甲建物の返還を受けた時から1年以内に損害賠償を請求しなければならない。

3　AがDに甲建物を売却した場合、AD間で特段の合意をしない限り、賃貸人の地位はDに移転する。

4　BがAに約定の賃料を支払わない場合、Cは、Bの債務の範囲を限度として、Aに対して転貸借に基づく債務を直接履行する義務を負い、Bに賃料を前払いしたことをもってAに対抗することはできない。

【問　7】　Aを売主、Bを買主として、令和6年7月1日に甲土地の売買契約（以下この問において「本件契約」という。）が締結された場合における次の記述のうち、民法の規定によれば、正しいものはどれか。

1　甲土地の実際の面積が本件契約の売買代金の基礎とした面積より少なかった場合、Bはそのことを知った時から2年以内にその旨をAに通知しなければ、代金の減額を請求することができない。

2　AがBに甲土地の引渡しをすることができなかった場合、その不履行がAの責めに帰することができない事由によるものであるときを除き、BはAに対して、損害賠償の請求をすることができる。

3　Bが売買契約で定めた売買代金の支払期日までに代金を支払わなかった場合、売買契約に特段の定めがない限り、AはBに対して、年5％の割合による遅延損害金を請求することができる。

4　本件契約が、Aの重大な過失による錯誤に基づくものであり、その錯誤が重要なものであるときは、Aは本件契約の無効を主張することができる。

【問　8】　1億2,000万円の財産を有するAが死亡した場合の法定相続分についての次の記述のうち、民法の規定によれば、正しいものの組み合わせはどれか。

ア　Aの長男の子B及びC、Aの次男の子Dのみが相続人になる場合の法定相続分は、それぞれ4,000万円である。

イ　Aの長男の子B及びC、Aの次男の子Dのみが相続人になる場合の法定相続分は、B及びCがそれぞれ3,000万円、Dが6,000万円である。

ウ　Aの父方の祖父母E及びF、Aの母方の祖母Gのみが相続人になる場合の法定相続
　分は、それぞれ4,000万円である。

エ　Aの父方の祖父母E及びF、Aの母方の祖母Gのみが相続人になる場合の法定相続
　分は、E及びFがそれぞれ3,000万円、Gが6,000万円である。

1　ア、ウ

2　ア、エ

3　イ、ウ

4　イ、エ

【問　9】　地役権に関する次の記述のうち、民法の規定及び判例によれば、誤ってい
るものはどれか。

1　地役権は、継続的に行使されるもの、又は外形上認識することができるものに限り、
　時効取得することができる。

2　地役権者は、設定行為で定めた目的に従い、承役地を要役地の便益に供する権利を
　有する。

3　設定行為又は設定後の契約により、承役地の所有者が自己の費用で地役権の行使の
　ために工作物を設け、又はその修繕をする義務を負担したときは、承役地の所有者の
　特定承継人もその義務を負担する。

4　要役地の所有権とともに地役権を取得した者が、所有権の取得を承役地の所有者に
　対抗し得るときは、地役権の取得についても承役地の所有者に対抗することができる。

改【問　10】　不動産の共有に関する次の記述のうち、民法の規定によれば、誤っている
ものはどれか。

1　共有物の各共有者の持分が不明な場合、持分は平等と推定される。

2　各共有者は、他の共有者の同意を得なければ、共有物に変更（その形状又は効用の
　著しい変更を伴わないものを除く。）を加えることができない。

3　共有物の保存行為については、各共有者が単独ですることができる。

4　共有者の一人が死亡して相続人がないときは、その持分は国庫に帰属する。

【問　11】　次の記述のうち、借地借家法の規定及び判例によれば、正しいものはどれか。

1　借地権者が借地権の登記をしておらず、当該土地上に所有権の登記がされている建
　物を所有しているときは、これをもって借地権を第三者に対抗することができるが、
　建物の表示の登記によっては対抗することができない。

2　借地権者が登記ある建物を火災で滅失したとしても、建物が滅失した日から2年以内に新たな建物を築造すれば、2年を経過した後においても、これをもって借地権を第三者に対抗することができる。

3　土地の賃借人が登記ある建物を所有している場合であっても、その賃借人から当該土地建物を賃借した転借人が対抗力を備えていなければ、当該転借人は転借権を第三者に対抗することができない。

4　借地権者が所有する数棟の建物が一筆の土地上にある場合は、そのうちの一棟について登記があれば、借地権の対抗力が当該土地全部に及ぶ。

改【問　12】　賃貸人Aと賃借人Bとの間で令和6年7月1日に締結した居住用建物の賃貸借契約に関する次の記述のうち、民法及び借地借家法の規定並びに判例によれば、誤っているものはどれか。

1　当該建物の修繕が必要である場合において、BがAに修繕が必要である旨を通知したにもかかわらずAが相当の期間内に必要な修繕をしないときは、Bは自ら修繕をすることができる。

2　BがAに無断でCに当該建物を転貸した場合であっても、Aに対する背信行為と認めるに足りない特段の事情があるときは、Aは賃貸借契約を解除することができない。

3　賃貸借契約に期間を定め、賃貸借契約を書面又は電磁的記録によって行った場合には、AがBに対しあらかじめ契約の更新がない旨を説明していれば、賃貸借契約は期間満了により終了する。

4　Bが相続人なしに死亡した場合、Bと婚姻の届出をしていないが事実上夫婦と同様の関係にあった同居者Dは、Bが相続人なしに死亡したことを知った後1月以内にAに反対の意思表示をしない限り、賃借人としてのBの権利義務を承継する。

【問　13】　建物の区分所有等に関する法律に関する次の記述のうち、誤っているものはどれか。

1　規約の保管場所は、建物内の見やすい場所に掲示しなければならない。

2　管理者は、規約に特別の定めがあるときは、共用部分を所有することができる。

3　規約及び集会の決議は、区分所有者の特定承継人に対しては、その効力を生じない。

4　区分所有者は、規約に別段の定めがない限り集会の決議によって、管理者を解任することができる。

改【問　14】　不動産の登記に関する次の記述のうち、不動産登記法の規定によれば、誤っているものはどれか。

1　表題部所有者が表示に関する登記の申請人となることができる場合において、当該表題部所有者について相続があったときは、その相続人は、当該表示に関する登記を申請することができる。

2　所有権の登記以外の権利に関する登記がある土地については、分筆の登記をすることができない。

3　区分建物が属する一棟の建物が新築された場合における当該区分建物についての表題登記の申請は、当該新築された一棟の建物についての表題登記の申請と併せてしなければならない。

4　登記の申請書の閲覧は、請求人（登記の申請をした者を除く）が正当な理由があると認められる部分に限り、することができる。

【問　15】　都市計画法に関する次の記述のうち、正しいものはどれか。

1　市街化区域及び区域区分が定められていない都市計画区域については、少なくとも道路、病院及び下水道を定めるものとされている。

2　市街化調整区域内においては、都市計画に、市街地開発事業を定めることができないこととされている。

3　都市計画区域は、市町村が、市町村都市計画審議会の意見を聴くとともに、都道府県知事に協議し、その同意を得て指定する。

4　準都市計画区域については、都市計画に、高度地区を定めることができないこととされている。

【問　16】　都市計画法に関する次の記述のうち、正しいものはどれか。ただし、許可を要する開発行為の面積については、条例による定めはないものとし、この問において「都道府県知事」とは、地方自治法に基づく指定都市、中核市及び施行時特例市にあってはその長をいうものとする。

1　市街化調整区域において、非常災害のため必要な応急措置として8,000㎡の土地の区画形質の変更を行おうとする者は、あらかじめ、都道府県知事の許可を受けなければならない。

2　市街化区域において、社会教育法に規定する公民館の建築の用に供する目的で行われる1,500㎡の土地の区画形質の変更を行おうとする者は、都道府県知事の許可を受けなくてよい。

3　区域区分が定められていない都市計画区域において、店舗の建築の用に供する目的

で行われる2,000㎡の土地の区画形質の変更を行おうとする者は、あらかじめ、都道
府県知事の許可を受けなければならない。

4　市街化調整区域において、自己の居住の用に供する住宅の建築の用に供する目的で
行われる100㎡の土地の区画形質の変更を行おうとする者は、都道府県知事の許可を
受けなくてよい。

【**問　17**】　建築基準法に関する次の記述のうち、誤っているものはどれか。

1　建築物が防火地域及び準防火地域にわたる場合においては、その全部について、敷
地の属する面積が大きい方の地域内の建築物に関する規定を適用する。

2　倉庫の用途に供する建築物で、その用途に供する３階以上の部分の床面積の合計が
500㎡であるものは、耐火建築物としなければならない。

3　高さ25mの建築物には、周囲の状況によって安全上支障がない場合を除き、有効に
避雷設備を設けなければならない。

4　高さ１m以下の階段の部分には、手すりを設けなくてもよい。

【**問　18**】　次の記述のうち、建築基準法（以下この問において「法」という。）の規
定によれば、誤っているものはどれか。

1　建築物の壁又はこれに代わる柱は、地盤面下の部分又は特定行政庁が建築審査会の
同意を得て許可した歩廊の柱その他これに類するものを除き、壁面線を越えて建築し
てはならない。

2　特別用途地区内においては、地方公共団体は、その地区の指定の目的のために必要
と認める場合は、国土交通大臣の承認を得て、条例で、法第48条第１項から第13項ま
での規定による用途制限を緩和することができる。

3　都市計画により建蔽率の限度が10分の８と定められている準工業地域においては、
防火地域内にある耐火建築物については、法第53条第１項から第５項までの規定に基
づく建蔽率に関する制限は適用されない。

4　田園住居地域内の建築物に対しては、法第56条第１項第３号の規定（北側斜線制限）
は適用されない。

改【**問　19**】　宅地造成及び特定盛土等規制法に関する次の記述のうち、誤っているもの
はどれか。

1　宅地造成等工事規制区域は、宅地造成等に伴い災害が生ずるおそれが大きい市街地
若しくは市街地となろうとする土地の区域又は集落の区域（これらの区域に隣接し、

又は近接する土地の区域を含む。）であって、宅地造成等に関する工事につき規制を行う必要があるものについて、国土交通大臣が指定することができる。

2　宅地造成等工事規制区域内において宅地造成等に関する工事を行う場合、宅地造成等に伴う災害を防止するために行う高さ５ｍを超える擁壁の設置に係る工事については、政令で定める資格を有する者の設計によらなければならない。

3　都道府県（地方自治法に基づく指定都市、中核市又は施行時特例市の区域内の土地については、それぞれ指定都市、中核市又は施行時特例市）は、基礎調査のための土地の立入りにより他人に損失を与えたときは、その損失を受けた者に対して、通常生ずべき損失を補償しなければならない。

4　宅地造成又は特定盛土等に関する工事について宅地造成及び特定盛土等規制法第12条第１項の許可を受けた者は、当該許可に係る工事を完了したときは、工事が完了した日から４日以内に、その工事が同法第13条第１項の規定に適合しているかどうかについて、都道府県知事の検査を申請しなければならない。

【問　20】　土地区画整理法に関する次の記述のうち、正しいものはどれか。

1　市町村が施行する土地区画整理事業の施行後の宅地の価額の総額が土地区画整理事業の施行前の宅地の価額の総額より減少した場合においては、その差額に相当する金額を、従前の宅地に存する建築物について賃借権を有する者に対して支払わなければならない。

2　施行者は、仮換地を指定した時に、清算金を徴収し、又は交付しなければならない。

3　換地計画において換地を定める場合においては、換地及び従前の宅地の位置、地積、土質、水利、利用状況、環境等が照応するように定めなければならない。

4　土地区画整理組合が施行する土地区画整理事業の換地計画においては、災害を防止し、及び衛生の向上を図るために宅地の地積の規模を適正にする特別な必要があると認められる場合は、その換地計画に係る区域内の地積が小である宅地について、過小宅地とならないように換地を定めることができる。

【問　21】　農地に関する次の記述のうち、農地法（以下この問において「法」という。）の規定によれば、正しいものはどれか。

1　山林を開墾し、農地として耕作している土地であっても、土地登記簿上の地目が山林であれば、法の適用を受ける農地に該当しない。

2　親から子に対して、所有するすべての農地を一括して贈与する場合には、法第３条第１項の許可を受ける必要はない。

3　耕作を目的として農業者が競売により農地を取得する場合であっても、法第３条第

1項の許可を受ける必要がある。

4　市街化区域以外の区域に存する4 haを超える農地を転用する場合には、農林水産大臣の許可を受ける必要がある。

【問　22】　国土利用計画法第23条の届出（以下この問において「事後届出」という。）に関する次の記述のうち、正しいものはどれか。なお、この問において「都道府県知事」とは、地方自治法に基づく指定都市にあってはその長をいうものとする。

1　都道府県知事は、事後届出に係る土地の利用目的及び対価の額について、届出をした宅地建物取引業者に対し勧告することができ、都道府県知事から勧告を受けた当該業者が勧告に従わなかった場合、その旨及びその勧告の内容を公表することができる。

2　事後届出が必要な土地売買等の契約により権利取得者となった者が事後届出を行わなかった場合、都道府県知事から当該届出を行うよう勧告されるが、罰則の適用はない。

3　国が所有する市街化区域内の一団の土地である1,500㎡の土地と500㎡の土地を個人Aが購入する契約を締結した場合、Aは事後届出を行う必要がある。

4　個人Bが所有する都市計画区域外の11,000㎡の土地について、個人CがBとの間で対価を支払って地上権設定契約を締結した場合、Cは事後届出を行う必要がある。

【問　23】　住宅用家屋の所有権の移転登記に係る登録免許税の税率の軽減措置に関する次の記述のうち、正しいものはどれか。

1　この税率の軽減措置の適用を受けるためには、やむを得ない事情がある場合を除き、その住宅用家屋の取得後1年以内に所有権の移転登記を受けなければならない。

2　この税率の軽減措置は、住宅用家屋を相続により取得した場合に受ける所有権の移転登記についても適用される。

3　この税率の軽減措置に係る登録免許税の課税標準となる不動産の価額は、売買契約書に記載されたその住宅用家屋の実際の取引価格である。

4　過去にこの税率の軽減措置の適用を受けたことがある者は、再度この措置の適用を受けることはできない。

【問　24】　固定資産税に関する次の記述のうち、正しいものはどれか。

1　固定資産税を既に全納した者が、年度の途中において土地の譲渡を行った場合には、その譲渡後の月数に応じて税額の還付を受けることができる。

2 固定資産税の税率は、1.7%を超えることができない。

3 固定資産税の納期は、4月、7月、12月及び2月中において、当該市町村の条例で定めることとされているが、特別の事情がある場合においては、これと異なる納期を定めることができる。

4 200㎡以下の住宅用地に対して課する固定資産税の課税標準は、課税標準となるべき価格の2分の1の額とする特例措置が講じられている。

【問 25】 地価公示法に関する次の記述のうち、正しいものはどれか。

1 土地鑑定委員会は、その土地に地上権が存する場合であっても、標準地として選定することができる。

2 土地鑑定委員会は、標準地について、2人以上の不動産鑑定士の鑑定評価を求めるものとし、当該2人以上の不動産鑑定士は、土地鑑定委員会に対し、鑑定評価書を連名で提出しなければならない。

3 土地鑑定委員会は、標準地の正常な価格を判定したときは、標準地の単位面積当たりの価格のほか、当該標準地の価格の総額についても官報で公示しなければならない。

4 土地収用法その他の法律によって土地を収用することができる事業を行う者は、標準地として選定されている土地を取得する場合において、当該土地の取得価格を定めるときは、公示価格と同額としなければならない。

【問 26】 次の記述のうち、宅地建物取引業法の規定によれば、正しいものはどれか。

1 宅地建物取引業者は、建物の売買に際し、買主に対して売買代金の貸借のあっせんをすることにより、契約の締結を誘引してはならない。

2 宅地建物取引士は、自ら役員を務める宅地建物取引業者が宅地建物取引業に関し不正な行為をし、情状が特に重いことにより免許を取り消された場合、宅地建物取引士の登録を消除されることとなる。

3 宅地建物取引業者は、建築工事完了前の賃貸住宅について、借主として貸借の契約を締結してはならない。

4 宅地建物取引業者は、10区画以上の一団の宅地の分譲を行う案内所を設置し、当該案内所において売買の契約の締結をし、又は契約の申込みを受ける場合は、当該案内所にその業務に関する帳簿を備え付けなければならない。

【問　27】　宅地建物取引業者がその業務に関して行う広告に関する次の記述のうち、宅地建物取引業法の規定によれば、正しいものはどれか。

1　広告の表示が実際のものよりも著しく優良又は有利であると人を誤認させるようなものであっても、誤認による損害が実際に発生していなければ、監督処分の対象とならない。

2　宅地建物取引業者は、建築確認申請中の建物について、建築確認申請中である旨を表示すれば、自ら売主として当該建物を販売する旨の広告をすることができる。

3　宅地建物取引業者は、宅地の造成工事の完了前においては、当該造成工事に必要とされる許可等の処分があった後であれば、当該宅地の販売に関する広告をすることができる。

4　テレビやインターネットを利用して行う広告は、新聞の折込チラシや配布用のチラシと異なり、規制の対象とならない。

【問　28】　宅地建物取引業者Aが、BからB所有の宅地の売却について媒介の依頼を受けた場合における次の記述のうち、宅地建物取引業法の規定によれば、正しいものはいくつあるか。なお、この問において「専任媒介契約」とは、専属専任媒介契約ではない専任媒介契約をいうものとする。

ア　AがBとの間で専任媒介契約を締結した場合、Bの要望により当該宅地を指定流通機構に登録しない旨の特約をしているときを除き、Aは、当該契約締結日から7日以内（Aの休業日を含まない。）に、当該宅地の所在等を指定流通機構に登録しなければならない。

イ　AがBとの間で専任媒介契約を締結した場合、AはBに対して、当該契約に係る業務の処理状況を1週間に1回以上報告しなければならない。

ウ　AがBとの間で一般媒介契約を締結し、当該契約において、Bが他の宅地建物取引業者に重ねて依頼するときは当該他の宅地建物取引業者を明示する義務がある旨を定める場合、Aは、Bが明示していない他の宅地建物取引業者の媒介又は代理によって売買の契約を成立させたときの措置を宅地建物取引業法第34条の2第1項の規定に基づき交付すべき書面に記載しなければならない。

エ　AがBとの間で一般媒介契約を締結した場合、AがBに対し当該宅地の価額について意見を述べるときは、不動産鑑定士に評価を依頼して、その根拠を明らかにしなければならない。

1　一つ
2　二つ
3　三つ
4　四つ

【問　29】 次の記述のうち、宅地建物取引業法の規定によれば、正しいものはどれか。

1　宅地建物取引業者（甲県知事免許）が、乙県内に新たに事務所を設置して宅地建物取引業を営むため、国土交通大臣に免許換えの申請を行い、その免許を受けたときは、国土交通大臣から、免許換え前の免許（甲県知事）の有効期間が経過するまでの期間を有効期間とする免許証の交付を受けることとなる。

2　宅地建物取引士（甲県知事登録）が、乙県に所在する宅地建物取引業者の事務所の業務に従事することとなったため、乙県知事に登録の移転の申請とともに宅地建物取引士証の交付の申請をしたときは、乙県知事から、有効期間を5年とする宅地建物取引士証の交付を受けることとなる。

3　宅地建物取引士（甲県知事登録）が、乙県に所在する建物の売買に関する取引において宅地建物取引士として行う事務に関し不正な行為をし、乙県知事により事務禁止処分を受けたときは、宅地建物取引士証を甲県知事に提出しなければならない。

4　宅地建物取引業者（甲県知事免許）は、乙県内で一団の建物の分譲を行う案内所を設置し、当該案内所において建物の売買の契約を締結し、又は契約の申込みを受ける場合、国土交通大臣に免許換えの申請をしなければならない。

【問　30】 宅地建物取引業保証協会（以下この問において「保証協会」という。）に関する次の記述のうち、宅地建物取引業法の規定によれば、正しいものはどれか。

1　本店と3つの支店を有する宅地建物取引業者が保証協会に加入しようとする場合、当該保証協会に、110万円の弁済業務保証金分担金を納付しなければならない。

2　保証協会の社員又は社員であった者が、当該保証協会から、弁済業務保証金の還付額に相当する還付充当金を当該保証協会に納付すべき旨の通知を受けたときは、その通知を受けた日から2週間以内に、その通知された額の還付充当金を当該保証協会に納付しなければならない。

3　保証協会に加入している宅地建物取引業者は、保証を手厚くするため、更に別の保証協会に加入することができる。

4　保証協会の社員（甲県知事免許）と宅地建物取引業に関し取引をした者が、その取引により生じた債権に関し、当該保証協会が供託した弁済業務保証金について弁済を受ける権利を実行しようとするときは、弁済を受けることができる額について甲県知事の認証を受ける必要がある。

【問　31】 宅地建物取引業の免許に関する次の記述のうち、宅地建物取引業法の規定によれば、正しいものはどれか。

1　宅地建物取引業者が、免許を受けてから1年以内に事業を開始せず免許が取り消さ

れ、その後5年を経過していない場合は、免許を受けることができない。

2 免許を受けようとしている法人の政令で定める使用人が、破産手続開始の決定を受け、復権を得てから5年を経過していない場合、当該法人は免許を受けることができない。

3 免許権者は、免許に条件を付することができ、免許の更新に当たっても条件を付することができる。

4 宅地建物取引業者の役員の住所に変更があったときは、30日以内に免許権者に変更を届け出なければならない。

【問 32】 宅地建物取引業者が行う宅地建物取引業法第35条に規定する重要事項の説明に関する次の記述のうち、正しいものはいくつあるか。なお、説明の相手方は宅地建物取引業者ではないものとする。

ア 宅地の売買の媒介を行う場合、当該宅地が急傾斜地の崩壊による災害の防止に関する法律第3条第1項により指定された急傾斜地崩壊危険区域にあるときは、同法第7条第1項に基づく制限の概要を説明しなければならない。

イ 建物の貸借の媒介を行う場合、当該建物が土砂災害警戒区域等における土砂災害防止対策の推進に関する法律第7条第1項により指定された土砂災害警戒区域内にあるときは、その旨を説明しなければならない。

ウ 宅地の貸借の媒介を行う場合、文化財保護法第46条第1項及び第5項の規定による重要文化財の譲渡に関する制限について、その概要を説明する必要はない。

エ 宅地の売買の媒介を行う場合、当該宅地が津波防災地域づくりに関する法律第21条第1項により指定された津波防護施設区域内にあるときは、同法第23条第1項に基づく制限の概要を説明しなければならない。

1 一つ

2 二つ

3 三つ

4 四つ

【問 33】 宅地建物取引業法に規定する営業保証金に関する次の記述のうち、正しいものはどれか。

1 宅地建物取引業者は、事業の開始後、新たに従たる事務所を設置したときは、その従たる事務所の最寄りの供託所に政令で定める額の営業保証金を供託し、その旨を免許権者に届け出なければならない。

2 宅地建物取引業者は、主たる事務所を移転したためその最寄りの供託所が変更した

場合、国債証券をもって営業保証金を供託しているときは、遅滞なく、従前の主たる事務所の最寄りの供託所に対し、営業保証金の保管替えを請求しなければならない。

3　宅地建物取引業者は、免許の有効期間満了に伴い営業保証金を取り戻す場合は、還付請求権者に対する公告をすることなく、営業保証金を取り戻すことができる。

4　免許権者は、宅地建物取引業者が宅地建物取引業の免許を受けた日から3月以内に営業保証金を供託した旨の届出をしないときは、その届出をすべき旨の催告をしなければならず、その催告が到達した日から1月以内に届出がないときは、当該宅地建物取引業者の免許を取り消すことができる。

【問　34】　宅地建物取引業者（消費税課税事業者）が受けることができる報酬に関する次の記述のうち、宅地建物取引業法の規定によれば、誤っているものはどれか。

1　宅地建物取引業者が受けることのできる報酬は、依頼者が承諾していたとしても、国土交通大臣の定める報酬額の上限を超えてはならない。

2　宅地建物取引業者は、その業務に関し、相手方に不当に高額の報酬を要求した場合、たとえ受領していなくても宅地建物取引業法違反となる。

3　宅地建物取引業者が、事業用建物の貸借（権利金の授受はないものとする。）の媒介に関する報酬について、依頼者の双方から受けることのできる報酬の合計額は、借賃（消費税等相当額を含まない。）1か月分の1.1倍に相当する金額が上限であり、貸主と借主の負担の割合については特段の規制はない。

4　宅地建物取引業者は、依頼者の依頼によらない広告の料金に相当する額を報酬額に合算する場合は、代理又は媒介に係る報酬の限度額を超える額の報酬を依頼者から受けることができる。

㊷【問　35】　宅地建物取引業者Aが行う媒介業務に関する次の記述のうち、宅地建物取引業法の規定によれば、正しいものはいくつあるか。なお、この問において「37条書面」とは、同法第37条の規定により交付すべき書面をいうものとする。

ア　Aが建物の売買契約を成立させた場合においては、37条書面を買主に交付するに当たり、37条書面に記名した宅地建物取引士ではないAの従業者が当該書面を交付することができる。

イ　Aが建物の賃貸借契約を成立させた場合においては、契約の当事者が宅地建物取引業者であっても、37条書面には、引渡しの時期及び賃借権設定登記の申請の時期を記載しなければならない。

ウ　Aが建物の売買契約を成立させた場合において、天災その他不可抗力による損害の負担に関する定めがあるときは、重要事項説明書にその旨記載していたとしても、そ

の内容を37条書面に記載しなければならない。

エ　Aが事業用宅地の定期賃貸借契約を公正証書によって成立させた場合においては、公正証書とは別に37条書面を作成し交付するに当たり、契約の当事者が宅地建物取引業者であっても、宅地建物取引士をして37条書面に記名させなければならない。

1　一つ

2　二つ

3　三つ

4　四つ

【問　36】　宅地建物取引業者の守秘義務に関する次の記述のうち、宅地建物取引業法（以下この問において「法」という。）の規定によれば、正しいものはどれか。

1　宅地建物取引業者は、依頼者本人の承諾があった場合でも、秘密を他に漏らしてはならない。

2　宅地建物取引業者が、宅地建物取引業を営まなくなった後は、その業務上取り扱ったことについて知り得た秘密を他に漏らしても、法に違反しない。

3　宅地建物取引業者は、裁判の証人として、その取り扱った宅地建物取引に関して証言を求められた場合、秘密に係る事項を証言することができる。

4　宅地建物取引業者は、調査の結果判明した法第35条第1項各号に掲げる事項であっても、売主が秘密にすることを希望した場合は、買主に対して説明しなくてもよい。

改【問　37】　宅地建物取引業法第37条の規定により交付すべき書面（以下この問において「37条書面」という。）に関する次の記述のうち、同法の規定によれば、正しいものはどれか。

1　既存の建物の売買において、構造耐力上主要な部分等の状況について当事者の双方が確認した事項がない場合、確認した事項がない旨を37条書面に記載しなければならない。

2　代金又は交換差金についての金銭の貸借のあっせんに関する定めがない場合、定めがない旨を37条書面に記載しなければならない。

3　損害賠償額の予定又は違約金に関する定めがない場合、定めがない旨を37条書面に記載しなければならない。

4　宅地又は建物に係る租税その他の公課の負担に関する定めがない場合、定めがない旨を37条書面に記載しなければならない。

【問 38】 宅地建物取引士に関する次の記述のうち、宅地建物取引業法及び民法の規定によれば、正しいものはいくつあるか。

ア　宅地建物取引業者は、事務所に置く唯一の専任の宅地建物取引士が退任した場合、その日から30日以内に新たな専任の宅地建物取引士を設置し、その設置の日から2週間以内に、専任の宅地建物取引士の変更があった旨を免許権者に届け出なければならない。

イ　未成年者も、法定代理人の同意があれば、宅地建物取引業者の事務所に置かれる専任の宅地建物取引士となることができる。

ウ　宅地建物取引士は、重要事項説明書を交付するに当たり、相手方が宅地建物取引業者である場合、相手方から宅地建物取引士証の提示を求められない限り、宅地建物取引士証を提示する必要はない。

エ　成年被後見人又は被保佐人は、宅地建物取引士として都道府県知事の登録を受けることができない。

1　一つ

2　二つ

3　三つ

4　なし

【問 39】 宅地建物取引業者Aが、自ら売主として宅地建物取引業者ではない買主Bとの間で締結した宅地の売買契約について、Bが宅地建物取引業法第37条の2の規定に基づき、いわゆるクーリング・オフによる契約の解除をする場合における次の記述のうち、誤っているものはどれか。

1　Bは、Aの仮設テント張りの案内所で買受けの申込みをし、2日後、Aの事務所で契約を締結した上で代金全額を支払った。その5日後、Bが、宅地の引渡しを受ける前に当該契約について解除の書面を送付した場合、Aは代金全額が支払われていることを理由に契約の解除を拒むことができる。

2　Bは、自らの希望により自宅近くの喫茶店において買受けの申込みをし、売買契約を締結した。当該契約に係るクーリング・オフについては、その3日後にAから書面で告げられた場合、Bは、当該契約の締結日から10日後であっても契約の解除をすることができる。

3　Bは、Aの仮設テント張りの案内所で買受けの申込みをし、Aの事務所でクーリング・オフについて書面で告げられ、その日に契約を締結した。この書面の中で、クーリング・オフによる契約の解除ができる期間を14日間としていた場合、Bは、当該契約の締結日から10日後であっても契約の解除をすることができる。

4　Bは、売買契約締結後に速やかに建物建築工事請負契約を締結したいと考え、自ら指定した宅地建物取引業者であるハウスメーカー（Aから当該宅地の売却について代

理又は媒介の依頼は受けていない。）の事務所で買受けの申込み及び売買契約の締結をし、その際、クーリング・オフについて書面で告げられた。その6日後、Bが当該契約について解除の書面を送付した場合、Aは契約の解除を拒むことができない。

【問 40】 宅地建物取引業法（以下この問において「法」という。）に規定する業務に関する禁止事項についての次の記述のうち、正しいものはどれか。
1 宅地建物取引業者が、マンション販売の勧誘をするに際し、相手方から購入を希望しない旨の返事があった後に、当該勧誘を継続することは法に違反しない。
2 宅地建物取引業者は、契約の相手方に対して資金不足を理由に手付の貸付けを行ったが、契約締結後償還された場合は法に違反しない。
3 宅地建物取引業者は、契約の締結の勧誘をするに際し、理由の如何を問わず、相手方に対して当該契約を締結するかどうかを判断するために必要な時間を与えることを拒んではならない。
4 宅地建物取引業者は、勧誘の相手方が金銭的に不安であることを述べたため、売買代金の額を引き下げて、契約の締結を勧誘したとしても、法に違反しない。

【問 41】 宅地建物取引業法第49条に規定する帳簿に関する次の記述のうち、正しいものはどれか。
1 宅地建物取引業者は、本店と複数の支店がある場合、支店には帳簿を備え付けず、本店に支店の分もまとめて備え付けておけばよい。
2 宅地建物取引業者は、宅地建物取引業に関し取引のあったつど、その年月日、その取引に係る宅地又は建物の所在及び面積その他国土交通省令で定める事項を帳簿に記載しなければならない。
3 宅地建物取引業者は、帳簿を各事業年度の末日をもって閉鎖するものとし、閉鎖後5年間当該帳簿を保存しなければならないが、自ら売主となり、又は売買の媒介をする新築住宅に係るものにあっては10年間保存しなければならない。
4 宅地建物取引業者は、帳簿の記載事項を、事務所のパソコンのハードディスクに記録し、必要に応じ当該事務所においてパソコンやプリンターを用いて明確に紙面に表示する場合でも、当該記録をもって帳簿への記載に代えることができない。

【問 42】 宅地建物取引業法第35条に規定する重要事項の説明に関する次の記述のうち、誤っているものはどれか。なお、説明の相手方は宅地建物取引業者ではないものとする。

1　地域における歴史的風致の維持及び向上に関する法律第12条第1項により指定された歴史的風致形成建造物である建物の売買の媒介を行う場合、その増築をするときは市町村長への届出が必要である旨を説明しなくてもよい。

2　既存の建物の売買の媒介を行う場合、当該建物の建築確認済証がなくなっているときは、その旨を説明すればよい。

3　区分所有建物の売買の媒介を行う場合、一棟の建物の維持修繕の実施状況が記録されているときは、その内容を説明しなければならない。

4　建物の貸借の媒介を行う場合、台所、浴室、便所その他の当該建物の設備の整備の状況について、説明しなければならない。

【問　43】　宅地建物取引業法に規定する宅地建物取引士及びその登録（以下この問において「登録」という。）に関する次の記述のうち、正しいものはどれか。

1　登録を受けている者が精神の機能の障害により宅地建物取引士の事務を適正に行うに当たって必要な認知、判断及び意思疎通を適切に行うことができない者となった場合、本人がその旨を登録をしている都道府県知事に届け出ることはできない。

2　甲県知事の登録を受けている宅地建物取引士が乙県知事に登録の移転の申請を行うとともに宅地建物取引士証の交付の申請を行う場合、交付の申請前6月以内に行われる乙県知事が指定した講習を受講しなければならない。

3　宅地建物取引士が、事務禁止処分を受け、宅地建物取引士証をその交付を受けた都道府県知事に速やかに提出しなかったときは、50万円以下の罰金に処せられることがある。

4　宅地建物取引士が、刑法第222条（脅迫）の罪により、罰金の刑に処せられ、登録が消除された場合、刑の執行を終わり又は執行を受けることがなくなった日から5年を経過するまでは、新たな登録を受けることができない。

【問　44】　宅地建物取引業法に関する次の記述のうち、正しいものはいくつあるか。

ア　宅地には、現に建物の敷地に供されている土地に限らず、将来的に建物の敷地に供する目的で取引の対象とされる土地も含まれる。

イ　農地は、都市計画法に規定する用途地域内に存するものであっても、宅地には該当しない。

ウ　建物の敷地に供せられる土地であれば、都市計画法に規定する用途地域外に存するものであっても、宅地に該当する。

エ　道路、公園、河川等の公共施設の用に供せられている土地は、都市計画法に規定する用途地域内に存するものであれば宅地に該当する。

1　一つ

2　二つ

3　三つ

4　四つ

改【問　45】 宅地建物取引業者Ａが自ら売主として、宅地建物取引業者ではない買主Ｂに新築住宅を販売する場合における次の記述のうち、特定住宅瑕疵担保責任の履行の確保等に関する法律によれば、正しいものはどれか。

1　Ａが、住宅販売瑕疵担保保証金を供託する場合、当該住宅の床面積が100㎡以下であるときは、新築住宅の合計戸数の算定に当たって、2戸をもって1戸と数えることになる。

2　Ａは、住宅瑕疵担保責任保険法人と住宅販売瑕疵担保責任保険契約の締結をした場合、Ｂが住宅の引渡しを受けた時から10年以内に当該住宅を転売したときは、当該住宅瑕疵担保責任保険法人にその旨を申し出て、当該保険契約の解除をしなければならない。

3　Ａは、住宅販売瑕疵担保責任保険契約の締結をした場合、当該住宅を引き渡した時から10年間、当該住宅の構造耐力上主要な部分、雨水の浸入を防止する部分、給水設備又はガス設備の瑕疵によって生じた損害について保険金の支払を受けることができる。

4　住宅販売瑕疵担保責任保険契約は、新築住宅を引き渡したＡが住宅瑕疵担保責任保険法人と締結する必要があり、Ｂが保険料を支払うものではない。

【問　46】 独立行政法人住宅金融支援機構（以下この問において「機構」という。）に関する次の記述のうち、誤っているものはどれか。

1　機構は、地震に対する安全性の向上を主たる目的とする住宅の改良に必要な資金の貸付けを業務として行っている。

2　証券化支援事業（買取型）における民間金融機関の住宅ローン金利は、金融機関によって異なる場合がある。

3　機構は、高齢者が自ら居住する住宅に対して行うバリアフリー工事に係る貸付けについて、貸付金の償還を高齢者の死亡時に一括して行うという制度を設けている。

4　証券化支援業務（買取型）において、機構による譲受けの対象となる住宅の購入に必要な資金の貸付けに係る金融機関の貸付債権には、当該住宅の購入に付随する改良に必要な資金は含まれない。

改【問 47】 宅地建物取引業者が行う広告に関する次の記述のうち、不当景品類及び不当表示防止法（不動産の表示に関する公正競争規約を含む。）の規定によれば、正しいものはどれか。

1 建築基準法第42条第2項の規定により道路とみなされる部分（セットバックを要する部分）を含む土地については、セットバックを要する旨及びその面積を必ず表示しなければならない。

2 取引態様については、「売主」、「貸主」、「代理」又は「媒介（「仲介」）」の別を表示しなければならず、これらの用語以外の「直販」、「委託」等の用語による表示は、取引態様の表示とは認められない。

3 インターネット上に掲載している賃貸物件について、掲載した後に契約済みとなり実際には取引できなくなっていたとしても、当該物件について消費者からの問合せがなく、故意に掲載を継続していたものでなければ、不当表示に問われることはない。

4 新築分譲住宅を販売するに当たり、販売価格が確定していないため直ちに取引することができない場合、その取引開始時期をあらかじめ告知する予告広告を行うことはできない。

【問 48（参考）】 次の記述のうち、正しいものはどれか。

注：出題内容の「参考」として、出題当時の内容をそのまま収載しました。なお、最新の数値・傾向等に改題した当問題を「ダウンロードサービス」でご提供いたします（2024年8月末日頃〜公開予定）。詳しくは【解説編】P. x をご覧ください。

1 建築着工統計（令和2年1月公表）によれば、平成31年1月から令和元年12月までの新設住宅着工戸数は約90.5万戸となり、3年ぶりに増加に転じた。

2 令和2年版国土交通白書（令和2年6月公表）によれば、平成31年3月末における宅地建物取引業者数は12万4,000を超えている。

3 令和2年版土地白書（令和2年6月公表）によれば、平成30年の住宅地、工業用地等の宅地は約196万haあるが、前年に比べて大きく減少した。

4 平成30年度法人企業統計調査（令和元年9月公表）によれば、不動産業について、平成30年度の売上高営業利益率及び売上高経常利益率は、いずれも10％以下となっている。

【問　49】　土地に関する次の記述のうち、最も不適当なものはどれか。

1　山地は、地形がかなり急峻で、大部分が森林となっている。

2　低地は、一般に洪水や地震などに対して弱く、防災的見地からは住宅地として好ましくない。

3　埋立地は、一般に海面に対して数mの比高を持ち、干拓地に比べ自然災害に対して危険度が高い。

4　台地は、一般に地盤が安定しており、低地に比べ自然災害に対して安全度が高い。

【問　50】　建築物の構造に関する次の記述のうち、最も不適当なものはどれか。

1　基礎は、硬質の支持地盤に設置するとともに、上部構造とも堅固に緊結する必要がある。

2　木造建物を耐震、耐風的な構造にするためには、できるだけ建物の形態を単純にすることが適切である。

3　鉄骨造は、不燃構造であり、靱性が大きいことから、鋼材の防錆処理を行う必要はない。

4　近年、コンクリートと鉄筋の強度が向上しており、鉄筋コンクリート造の超高層共同住宅建物もみられる。

令和2年度（10月）
問　　　題

　次の注意事項をよく読んでから、始めてください。

（注意事項）

1　問　　　題

　　問題は、129ページから150ページまでの50問です。

　　試験開始の合図と同時に、ページ数を確認してください。

　　乱丁や落丁があった場合は、直ちに試験監督員に申し出てください。

2　解　　　答

　　解答は、解答用紙の「記入上の注意」に従って記入してください。

　　正解は、各問題とも一つだけです。

　　二つ以上の解答をしたもの及び判読が困難なものは、正解としません。

3　適用法令

　　問題の中の法令に関する部分は、令和6年4月1日現在施行されている規定に基づいて出題されています。

日建学院

【問　1】　Aが購入した甲土地が他の土地に囲まれて公道に通じない土地であった場合に関する次の記述のうち、民法の規定及び判例によれば、正しいものはどれか。

1　甲土地が共有物の分割によって公道に通じない土地となっていた場合には、Aは公道に至るために他の分割者の所有地を、償金を支払うことなく通行することができる。

2　Aは公道に至るため甲土地を囲んでいる土地を通行する権利を有するところ、Aが自動車を所有していても、自動車による通行権が認められることはない。

3　Aが、甲土地を囲んでいる土地の一部である乙土地を公道に出るための通路にする目的で賃借した後、甲土地をBに売却した場合には、乙土地の賃借権は甲土地の所有権に従たるものとして甲土地の所有権とともにBに移転する。

4　Cが甲土地を囲む土地の所有権を時効により取得した場合には、AはCが時効取得した土地を公道に至るために通行することができなくなる。

【問　2】　令和6年7月1日に下記ケース①及びケース②の保証契約を締結した場合に関する次の1から4までの記述のうち、民法の規定によれば、正しいものはどれか。

（ケース①）　個人Aが金融機関Bから事業資金として1,000万円を借り入れ、CがBとの間で当該債務に係る保証契約を締結した場合

（ケース②）　個人Aが建物所有者Dと居住目的の建物賃貸借契約を締結し、EがDとの間で当該賃貸借契約に基づくAの一切の債務に係る保証契約を締結した場合

1　ケース①の保証契約は、口頭による合意でも有効であるが、ケース②の保証契約は、書面でしなければ効力を生じない。

2　ケース①の保証契約は、Cが個人でも法人でも極度額を定める必要はないが、ケース②の保証契約は、Eが個人でも法人でも極度額を定めなければ効力を生じない。

3　ケース①及びケース②の保証契約がいずれも連帯保証契約である場合、BがCに債務の履行を請求したときはCは催告の抗弁を主張することができるが、DがEに債務の履行を請求したときはEは催告の抗弁を主張することができない。

4　保証人が保証契約締結の日前1箇月以内に公正証書で保証債務を履行する意思を表示していない場合、ケース①のCがAの事業に関与しない個人であるときはケース①の保証契約は効力を生じないが、ケース②の保証契約は有効である。

⑳【問　3】　次の1から4までの契約に関する記述のうち、民法の規定及び下記判決文によれば、誤っているものはどれか。なお、これらの契約は令和6年4月1日に締結されたものとする。

（判決文）

　法律が債務の不履行による契約の解除を認める趣意は、契約の要素をなす債務の履行がないために、該契約をなした目的を達することができない場合を救済するためであり、当事者が契約をなした主たる目的の達成に必須的でない附随的義務の履行を怠ったに過ぎないような場合には、特段の事情の存しない限り、相手方は当該契約を解除することができないものと解するのが相当である。

1　土地の売買契約において、売主が負担した当該土地の税金相当額を買主が償還する付随的義務が定められ、買主が売買代金を支払っただけで税金相当額を償還しなかった場合、特段の事情がない限り、売主は当該売買契約の解除をすることができない。
2　債務者が債務を履行しない場合であっても、債務不履行について債務者の責めに帰すべき事由がないときは付随的義務の不履行となり、特段の事情がない限り、債権者は契約の解除をすることができない。
3　債務不履行に対して債権者が相当の期間を定めて履行を催告してその期間内に履行がなされない場合であっても、催告期間が経過した時における債務不履行がその契約及び取引上の社会通念に照らして軽微であるときは、債権者は契約の解除をすることができない。
4　債務者が債務を履行しない場合であって、債務者がその債務の全部の履行を拒絶する意思を明確に表示したときは、債権者は、相当の期間を定めてその履行を催告することなく、直ちに契約の解除をすることができる。

【問　4】　建物の賃貸借契約が期間満了により終了した場合における次の記述のうち、民法の規定によれば、正しいものはどれか。なお、賃貸借契約は、令和6年7月1日付けで締結され、原状回復義務について特段の合意はないものとする。
1　賃借人は、賃借物を受け取った後にこれに生じた損傷がある場合、通常の使用及び収益によって生じた損耗も含めてその損傷を原状に復する義務を負う。
2　賃借人は、賃借物を受け取った後にこれに生じた損傷がある場合、賃借人の帰責事由の有無にかかわらず、その損傷を原状に復する義務を負う。
3　賃借人から敷金の返還請求を受けた賃貸人は、賃貸物の返還を受けるまでは、これを拒むことができる。
4　賃借人は、未払賃料債務がある場合、賃貸人に対し、敷金をその債務の弁済に充てるよう請求することができる。

【問　5】　AとBとの間で令和6年7月1日に締結された委任契約において、委任者

Aが受任者Bに対して報酬を支払うこととされていた場合に関する次の記述のうち、民法の規定によれば、正しいものはどれか。

1　Aの責めに帰すべき事由によって履行の途中で委任が終了した場合、Bは報酬全額をAに対して請求することができるが、自己の債務を免れたことによって得た利益をAに償還しなければならない。

2　Bは、契約の本旨に従い、自己の財産に対するのと同一の注意をもって委任事務を処理しなければならない。

3　Bの責めに帰すべき事由によって履行の途中で委任が終了した場合、BはAに対して報酬を請求することができない。

4　Bが死亡した場合、Bの相続人は、急迫の事情の有無にかかわらず、受任者の地位を承継して委任事務を処理しなければならない。

【問　6】　AとBとの間で令和6年7月1日に締結された売買契約に関する次の記述のうち、民法の規定によれば、売買契約締結後、AがBに対し、錯誤による取消しができるものはどれか。

1　Aは、自己所有の自動車を100万円で売却するつもりであったが、重大な過失によりBに対し「10万円で売却する」と言ってしまい、Bが過失なく「Aは本当に10万円で売るつもりだ」と信じて購入を申し込み、AB間に売買契約が成立した場合

2　Aは、自己所有の時価100万円の壺を10万円程度であると思い込み、Bに対し「手元にお金がないので、10万円で売却したい」と言ったところ、BはAの言葉を信じ「それなら10万円で購入する」と言って、AB間に売買契約が成立した場合

3　Aは、自己所有の時価100万円の名匠の絵画を贋作だと思い込み、Bに対し「贋作であるので、10万円で売却する」と言ったところ、Bも同様に贋作だと思い込み「贋作なら10万円で購入する」と言って、AB間に売買契約が成立した場合

4　Aは、自己所有の腕時計を100万円で外国人Bに売却する際、当日の正しい為替レート（1ドル100円）を重大な過失により1ドル125円で計算して「8,000ドルで売却する」と言ってしまい、Aの錯誤について過失なく知らなかったBが「8,000ドルなら買いたい」と言って、AB間に売買契約が成立した場合

改【問　7】　保証に関する次の記述のうち、民法の規定及び判例によれば、誤っているものはどれか。なお、保証契約は令和6年4月1日に締結されたものとする。

1　特定物売買における売主の保証人は、特に反対の意思表示がない限り、売主の債務不履行により契約が解除された場合には、原状回復義務である既払代金の返還義務についても保証する責任がある。

2　主たる債務の目的が保証契約の締結後に加重されたときは、保証人の負担も加重され、主たる債務者が時効の利益を放棄すれば、その効力は連帯保証人に及ぶ。

3　委託を受けた保証人が主たる債務の弁済期前に債務の弁済をしたが、主たる債務者が当該保証人からの求償に対して、当該弁済日以前に相殺の原因を有していたことを主張するときは、保証人は、債権者に対し、その相殺によって消滅すべきであった債務の履行を請求することができる。

4　委託を受けた保証人は、履行の請求を受けた場合だけでなく、履行の請求を受けずに自発的に債務の消滅行為をする場合であっても、あらかじめ主たる債務者に通知をしなければ、同人に対する求償が制限されることがある。

【問　8】　相続（令和6年7月1日に相続の開始があったもの）に関する次の記述のうち、民法の規定によれば、誤っているものはどれか。

1　相続回復の請求権は、相続人又はその法定代理人が相続権を侵害された事実を知った時から5年間行使しないときは、時効によって消滅する。

2　被相続人の子が相続開始以前に死亡したときは、その者の子がこれを代襲して相続人となるが、さらに代襲者も死亡していたときは、代襲者の子が相続人となることはない。

3　被相続人に相続人となる子及びその代襲相続人がおらず、被相続人の直系尊属が相続人となる場合には、被相続人の兄弟姉妹が相続人となることはない。

4　被相続人の兄弟姉妹が相続人となるべき場合であっても、相続開始以前に兄弟姉妹及びその子がいずれも死亡していたときは、その者の子（兄弟姉妹の孫）が相続人となることはない。

【問　9】　Aがその所有する甲建物について、Bとの間で、①Aを売主、Bを買主とする売買契約を締結した場合と、②Aを贈与者、Bを受贈者とする負担付贈与契約を締結した場合に関する次の記述のうち、民法の規定及び判例によれば、正しいものはどれか。なお、これらの契約は、令和6年7月1日に締結され、担保責任に関する特約はないものとする。

1　①の契約において、Bが手付を交付し、履行期の到来後に代金支払の準備をしてAに履行の催告をした場合、Aは、手付の倍額を現実に提供して契約の解除をすることができる。

2　②の契約が書面によらずになされた場合、Aは、甲建物の引渡し及び所有権移転登記の両方が終わるまでは、書面によらないことを理由に契約の解除をすることができる。

3　②の契約については、Aは、その負担の限度において、売主と同じく担保責任を負う。

4　①の契約については、Bの債務不履行を理由としてAに解除権が発生する場合があるが、②の契約については、Bの負担の不履行を理由としてAに解除権が発生することはない。

【問　10】　Aが甲土地を所有している場合の時効に関する次の記述のうち、民法の規定及び判例によれば、誤っているものはどれか。

1　Bが甲土地を所有の意思をもって平穏かつ公然に17年間占有した後、CがBを相続し甲土地を所有の意思をもって平穏かつ公然に3年間占有した場合、Cは甲土地の所有権を時効取得することができる。

2　Dが、所有者と称するEから、Eが無権利者であることについて善意無過失で甲土地を買い受け、所有の意思をもって平穏かつ公然に3年間占有した後、甲土地がAの所有であることに気付いた場合、そのままさらに7年間甲土地の占有を継続したとしても、Dは、甲土地の所有権を時効取得することはできない。

3　Dが、所有者と称するEから、Eが無権利者であることについて善意無過失で甲土地を買い受け、所有の意思をもって平穏かつ公然に3年間占有した後、甲土地がAの所有であることを知っているFに売却し、Fが所有の意思をもって平穏かつ公然に甲土地を7年間占有した場合、Fは甲土地の所有権を時効取得することができる。

4　Aが甲土地を使用しないで20年以上放置していたとしても、Aの有する甲土地の所有権が消滅時効にかかることはない。

【問　11】　A所有の甲土地につき、令和6年7月1日にBとの間で居住の用に供する建物の所有を目的として存続期間30年の約定で賃貸借契約（以下この問において「本件契約」という。）が締結された場合に関する次の記述のうち、民法及び借地借家法の規定並びに判例によれば、正しいものはどれか。

1　Bは、借地権の登記をしていなくても、甲土地の引渡しを受けていれば、甲土地を令和6年7月2日に購入したCに対して借地権を主張することができる。

2　本件契約で「一定期間は借賃の額の増減を行わない」旨を定めた場合には、甲土地の借賃が近傍類似の土地の借賃と比較して不相当となったときであっても、当該期間中は、AもBも借賃の増減を請求することができない。

3　本件契約で「Bの債務不履行により賃貸借契約が解除された場合には、BはAに対して建物買取請求権を行使することができない」旨を定めても、この合意は無効となる。

4　AとBとが期間満了に当たり本件契約を最初に更新する場合、更新後の存続期間を15年と定めても、20年となる。

【問 12】 AとBとの間でA所有の甲建物をBに対して、居住の用を目的として、期間2年、賃料月額10万円で賃貸する旨の賃貸借契約（以下この問において「本件契約」という。）を締結し、Bが甲建物の引渡しを受けた場合に関する次の記述のうち、民法及び借地借家法の規定並びに判例によれば、誤っているものはどれか。

1 AがCに甲建物を売却した場合、Bは、それまでに契約期間中の賃料全額をAに前払いしていたことを、Cに対抗することができる。

2 本件契約が借地借家法第38条の定期建物賃貸借契約であって、賃料改定に関する特約がない場合、経済事情の変動により賃料が不相当となったときは、AはBに対し、賃料増額請求をすることができる。

3 本件契約が借地借家法第38条の定期建物賃貸借契約である場合、Aは、転勤、療養、親族の介護その他のやむを得ない事情があれば、Bに対し、解約を申し入れ、申入れの日から1月を経過することによって、本件契約を終了させることができる。

4 本件契約が借地借家法第38条の定期建物賃貸借契約であって、造作買取請求に関する特約がない場合、期間満了で本件契約が終了するときに、Bは、Aの同意を得て甲建物に付加した造作について買取請求をすることができる。

【問 13】 建物の区分所有等に関する法律に関する次の記述のうち、正しいものはどれか。

1 共用部分の変更（その形状又は効用の著しい変更を伴わないものを除く。）は、区分所有者及び議決権の各4分の3以上の多数による集会の決議で決するが、この区分所有者の定数は、規約で2分の1以上の多数まで減ずることができる。

2 共用部分の管理に係る費用については、規約に別段の定めがない限り、共有者で等分する。

3 共用部分の保存行為をするには、規約に別段の定めがない限り、集会の決議で決する必要があり、各共有者ですることはできない。

4 一部共用部分は、これを共用すべき区分所有者の共有に属するが、規約で別段の定めをすることにより、区分所有者全員の共有に属するとすることもできる。

【問 14】 不動産の登記に関する次の記述のうち、不動産登記法の規定によれば、正しいものはどれか。

1 敷地権付き区分建物の表題部所有者から所有権を取得した者は、当該敷地権の登記名義人の承諾を得なければ、当該区分建物に係る所有権の保存の登記を申請することができない。

2 所有権に関する仮登記に基づく本登記は、登記上の利害関係を有する第三者がある

場合であっても、その承諾を得ることなく、申請することができる。
3　債権者Aが債務者Bに代位して所有権の登記名義人CからBへの所有権の移転の登記を申請した場合において、当該登記を完了したときは、登記官は、Aに対し、当該登記に係る登記識別情報を通知しなければならない。
4　配偶者居住権は、登記することができる権利に含まれない。

【問　15】　都市計画法に関する次の記述のうち、正しいものはどれか。
1　地区計画については、都市計画に、地区施設及び地区整備計画を定めるよう努めるものとされている。
2　都市計画事業の認可の告示があった後に当該認可に係る事業地内の土地建物等を有償で譲り渡そうとする者は、施行者の許可を受けなければならない。
3　第二種住居地域は、中高層住宅に係る良好な住居の環境を保護するため定める地域とされている。
4　市街化調整区域における地区計画は、市街化区域における市街化の状況等を勘案して、地区計画の区域の周辺における市街化を促進することがない等当該都市計画区域における計画的な市街化を図る上で支障がないように定めることとされている。

【問　16】　都市計画法に関する次の記述のうち、誤っているものはどれか。なお、この問において「都道府県知事」とは、地方自治法に基づく指定都市、中核市及び施行時特例市にあってはその長をいうものとする。
1　開発許可を申請しようとする者は、あらかじめ、開発行為又は開発行為に関する工事により設置される公共施設を管理することとなる者と協議しなければならない。
2　都市計画事業の施行として行う建築物の新築であっても、市街化調整区域のうち開発許可を受けた開発区域以外の区域内においては、都道府県知事の許可を受けなければ、建築物の新築をすることができない。
3　開発許可を受けた開発行為により公共施設が設置されたときは、その公共施設は、工事完了の公告の日の翌日において、原則としてその公共施設の存する市町村の管理に属するものとされている。
4　開発許可を受けた者から当該開発区域内の土地の所有権を取得した者は、都道府県知事の承認を受けて、当該開発許可を受けた者が有していた当該開発許可に基づく地位を承継することができる。

【問 17】 建築基準法に関する次の記述のうち、正しいものはどれか。

1　階数が2で延べ面積が200㎡の鉄骨造の共同住宅の大規模の修繕をしようとする場合、建築主は、当該工事に着手する前に、確認済証の交付を受けなければならない。

2　居室の天井の高さは、一室で天井の高さの異なる部分がある場合、室の床面から天井の最も低い部分までの高さを2.1m以上としなければならない。

3　延べ面積が1,000㎡を超える準耐火建築物は、防火上有効な構造の防火壁又は防火床によって有効に区画し、かつ、各区画の床面積の合計をそれぞれ1,000㎡以内としなければならない。

4　高さ30mの建築物には、非常用の昇降機を設けなければならない。

【問 18】 建築基準法に関する次の記述のうち、正しいものはどれか。

1　公衆便所及び巡査派出所については、特定行政庁の許可を得ないで、道路に突き出して建築することができる。

2　近隣商業地域内において、客席の部分の床面積の合計が200㎡以上の映画館は建築することができない。

3　建築物の容積率の算定の基礎となる延べ面積には、老人ホームの共用の廊下又は階段の用に供する部分の床面積は、算入しないものとされている。

4　日影による中高層の建築物の高さの制限に係る日影時間の測定は、夏至日の真太陽時の午前8時から午後4時までの間について行われる。

⦿【問 19】 宅地造成及び特定盛土等規制法に関する次の記述のうち、誤っているものはどれか。なお、この問において「都道府県知事」とは、地方自治法に基づく指定都市、中核市及び施行時特例市にあってはその長をいうものとする。

1　都道府県知事又はその命じた者若しくは委任した者が、基礎調査のために他人の占有する土地に立ち入って測量又は調査を行う必要がある場合において、その必要の限度において当該土地に立ち入って測量又は調査を行うときは、当該土地の占有者は、正当な理由がない限り、立入りを拒み、又は妨げてはならない。

2　宅地を宅地以外の土地にするために行う土地の形質の変更は、宅地造成に該当しない。

3　宅地造成等工事規制区域内において、公共施設用地を宅地又は農地等に転用した者は、宅地造成等に関する工事を行わない場合でも、都道府県知事の許可を受けなければならない。

4　宅地造成等に関する工事の許可を受けた者が、工事施行者の氏名若しくは名称又は住所を変更する場合には、遅滞なくその旨を都道府県知事に届け出ればよく、改めて許可を受ける必要はない。

【問　20】　土地区画整理組合（以下この問において「組合」という。）に関する次の記述のうち、土地区画整理法の規定によれば、正しいものはどれか。

1　組合の設立認可を申請しようとする者は、施行地区となるべき区域内の宅地について借地権を有するすべての者の３分の２以上の同意を得なければならないが、未登記の借地権を有する者の同意を得る必要はない。

2　組合の総会の会議は、定款に特別な定めがある場合を除くほか、組合員の半数以上が出席しなければ開くことができない。

3　組合が賦課金を徴収する場合、賦課金の額は、組合員が施行地区内に有する宅地又は借地の地積等にかかわらず一律に定めなければならない。

4　組合の施行する土地区画整理事業に参加することを希望する者のうち、当該土地区画整理事業に参加するのに必要な資力及び信用を有する者であって定款で定められたものは、参加組合員として組合員となる。

【問　21】　農地に関する次の記述のうち、農地法（以下この問において「法」という。）の規定によれば、正しいものはどれか。

1　法第３条第１項の許可が必要な農地の売買については、この許可を受けずに売買契約を締結しても所有権移転の効力は生じない。

2　市街化区域内の自己の農地を駐車場に転用する場合には、農地転用した後に農業委員会に届け出ればよい。

3　相続により農地を取得することとなった場合には、法第３条第１項の許可を受ける必要がある。

4　農地に抵当権を設定する場合には、法第３条第１項の許可を受ける必要がある。

【問　22】　国土利用計画法第23条の届出（以下この問において「事後届出」という。）に関する次の記述のうち、正しいものはどれか。

1　Aが所有する市街化区域内の1,500㎡の土地をBが購入した場合には、Bは事後届出を行う必要はないが、Cが所有する市街化調整区域内の6,000㎡の土地についてDと売買に係る予約契約を締結した場合には、Dは事後届出を行う必要がある。

2　Eが所有する市街化区域内の2,000㎡の土地をFが購入した場合、Fは当該土地の所有権移転登記を完了した日から起算して２週間以内に事後届出を行う必要がある。

3　Gが所有する都市計画区域外の15,000㎡の土地をHに贈与した場合、Hは事後届出を行う必要がある。

4　Iが所有する都市計画区域外の10,000㎡の土地とJが所有する市街化調整区域内の10,000㎡の土地を交換した場合、I及びJは事後届出を行う必要はない。

【問 23】 印紙税に関する次の記述のうち、正しいものはどれか。

1 「建物の電気工事に係る請負代金は1,100万円（うち消費税額及び地方消費税額100万円）とする」旨を記載した工事請負契約書について、印紙税の課税標準となる当該契約書の記載金額は1,100万円である。

2 「Aの所有する土地（価額5,000万円）とBの所有する土地（価額4,000万円）とを交換する」旨の土地交換契約書を作成した場合、印紙税の課税標準となる当該契約書の記載金額は4,000万円である。

3 国を売主、株式会社Cを買主とする土地の売買契約において、共同で売買契約書を2通作成し、国とC社がそれぞれ1通ずつ保存することとした場合、C社が保存する契約書には印紙税は課されない。

4 「契約期間は10年間、賃料は月額10万円、権利金の額は100万円とする」旨が記載された土地の賃貸借契約書は、記載金額1,300万円の土地の賃借権の設定に関する契約書として印紙税が課される。

【問 24】 不動産取得税に関する次の記述のうち、正しいものはどれか。

1 令和6年4月に個人が取得した住宅及び住宅用地に係る不動産取得税の税率は3％であるが、住宅用以外の土地に係る不動産取得税の税率は4％である。

2 一定の面積に満たない土地の取得に対しては、狭小な不動産の取得者に対する税負担の排除の観点から、不動産取得税を課することができない。

3 不動産取得税は、不動産の取得に対して課される税であるので、家屋を改築したことにより、当該家屋の価格が増加したとしても、不動産取得税は課されない。

4 共有物の分割による不動産の取得については、当該不動産の取得者の分割前の当該共有物に係る持分の割合を超えない部分の取得であれば、不動産取得税は課されない。

【問 25】 不動産の鑑定評価に関する次の記述のうち、不動産鑑定評価基準によれば、誤っているものはどれか。

1 不動産の価格は、その不動産の効用が最高度に発揮される可能性に最も富む使用を前提として把握される価格を標準として形成されるが、不動産についての現実の使用方法は当該不動産が十分な効用を発揮していない場合があることに留意すべきである。

2 対象建築物に関する工事が完了していない場合でも、当該工事の完了を前提として鑑定評価を行うことがある。

3 特殊価格とは、一般的に市場性を有しない不動産について、その利用現況等を前提とした不動産の経済価値を適正に表示する価格をいい、例としては、文化財の指定を受けた建造物について、その保存等に主眼をおいた鑑定評価を行う場合において求め

られる価格があげられる。

4 原価法は、対象不動産が建物及びその敷地である場合において、再調達原価の把握及び減価修正を適切に行うことができるときに有効な手法であるが、対象不動産が土地のみである場合には、この手法を適用することはできない。

【問　26】 宅地建物取引業の免許（以下この問において「免許」という。）に関する次の記述のうち、宅地建物取引業法の規定によれば、正しいものはどれか。

1 宅地建物取引業者A社（甲県知事免許）が宅地建物取引業者ではないB社との合併により消滅した場合には、B社は、A社が消滅した日から30日以内にA社を合併した旨を甲県知事に届け出れば、A社が受けていた免許を承継することができる。

2 信託業法第3条の免許を受けた信託会社が宅地建物取引業を営もうとする場合には、国土交通大臣の免許を受けなければならない。

3 個人Cが、転売目的で競売により取得した宅地を多数の区画に分割し、宅地建物取引業者Dに販売代理を依頼して、不特定多数の者に分譲する事業を行おうとする場合には、免許を受けなければならない。

4 宅地建物取引業者E（乙県知事免許）は、乙県内に2以上の事務所を設置してその事業を営もうとする場合には、国土交通大臣に免許換えの申請をしなければならない。

【問　27】 宅地建物取引業者がその業務に関して行う広告に関する次の記述のうち、宅地建物取引業法の規定によれば、正しいものはいくつあるか。

ア 建物の売却について代理を依頼されて広告を行う場合、取引態様として、代理であることを明示しなければならないが、その後、当該物件の購入の注文を受けたときは、広告を行った時点と取引態様に変更がない場合を除き、遅滞なく、その注文者に対し取引態様を明らかにしなければならない。

イ 広告をするに当たり、実際のものよりも著しく優良又は有利であると人を誤認させるような表示をしてはならないが、誤認させる方法には限定がなく、宅地又は建物に係る現在又は将来の利用の制限の一部を表示しないことにより誤認させることも禁止されている。

ウ 複数の区画がある宅地の売買について、数回に分けて広告をする場合は、広告の都度取引態様の別を明示しなければならない。

エ 宅地の造成又は建物の建築に関する工事の完了前においては、当該工事に必要な都市計画法に基づく開発許可、建築基準法に基づく建築確認その他法令に基づく許可等の申請をした後でなければ、当該工事に係る宅地又は建物の売買その他の業務に関する広告をしてはならない。

1 一つ
2 二つ
3 三つ
4 四つ

【問　28】 宅地建物取引士に関する次の記述のうち、宅地建物取引業法の規定によれば、正しいものはどれか。

1 宅地建物取引士資格試験に合格した者は、合格した日から10年以内に登録の申請をしなければ、その合格は無効となる。

2 宅地建物取引士証の有効期間の更新の申請は、有効期間満了の90日前から30日前までにする必要がある。

3 宅地建物取引士は、重要事項の説明をするときは説明の相手方からの請求の有無にかかわらず宅地建物取引士証を提示しなければならず、また、取引の関係者から請求があったときにも宅地建物取引士証を提示しなければならない。

4 甲県知事の登録を受けている宅地建物取引士が、乙県知事に登録の移転を申請するときは、乙県知事が指定する講習を受講しなければならない。

【問　29】 宅地建物取引業者Aが、BからB所有の住宅の売却の媒介を依頼された場合における次の記述のうち、宅地建物取引業法（以下この問において「法」という。）の規定によれば、正しいものはいくつあるか。

ア Aは、Bとの間で専任媒介契約を締結し、所定の事項を指定流通機構に登録したときは、その登録を証する書面を遅滞なくBに引き渡さなければならない。

イ Aは、Bとの間で媒介契約を締結したときは、当該契約が国土交通大臣が定める標準媒介契約約款に基づくものであるか否かの別を、法第34条の2第1項の規定に基づき交付すべき書面に記載しなければならない。

ウ Aは、Bとの間で専任媒介契約を締結するときは、Bの要望に基づく場合を除き、当該契約の有効期間について、有効期間満了時に自動的に更新する旨の特約をすることはできない。

エ Aは、Bとの間で専属専任媒介契約を締結したときは、Bに対し、当該契約に係る業務の処理状況を1週間に1回以上報告しなければならない。

1 一つ
2 二つ
3 三つ
4 四つ

【問 30】 宅地建物取引業者A及び宅地建物取引業者B（ともに消費税課税事業者）が受領する報酬に関する次の記述のうち、宅地建物取引業法の規定によれば、正しいものはどれか。なお、借賃には消費税等相当額を含まないものとする。

1 Aは売主から代理の依頼を、Bは買主から媒介の依頼を、それぞれ受けて、代金5,000万円の宅地の売買契約を成立させた場合、Aは売主から343万2,000円、Bは買主から171万6,000円、合計で514万8,000円の報酬を受けることができる。

2 Aが単独で行う居住用建物の貸借の媒介に関して、Aが依頼者の一方から受けることができる報酬の上限額は、当該媒介の依頼者から報酬請求時までに承諾を得ている場合には、借賃の1.1か月分である。

3 Aが単独で貸主と借主の双方から店舗用建物の貸借の媒介の依頼を受け、1か月の借賃25万円、権利金330万円（権利設定の対価として支払われるもので、返還されないものをいい、消費税等相当額を含む。）の賃貸借契約を成立させた場合、Aが依頼者の一方から受けることができる報酬の上限額は、30万8,000円である。

4 Aが単独で行う事務所用建物の貸借の媒介に関し、Aが受ける報酬の合計額が借賃の1.1か月分以内であれば、Aは依頼者の双方からどのような割合で報酬を受けてもよく、また、依頼者の一方のみから報酬を受けることもできる。

【問 31】 宅地建物取引業者が行う宅地建物取引業法第35条に規定する重要事項の説明に関する次の記述のうち、正しいものはどれか。なお、説明の相手方は宅地建物取引業者ではないものとする。

1 建物の売買の媒介だけでなく建物の貸借の媒介を行う場合においても、損害賠償額の予定又は違約金に関する事項について、説明しなければならない。

2 建物の売買の媒介を行う場合、当該建物について、石綿の使用の有無の調査の結果が記録されているか照会を行ったにもかかわらず、その存在の有無が分からないときは、宅地建物取引業者自らが石綿の使用の有無の調査を実施し、その結果を説明しなければならない。

3 建物の売買の媒介を行う場合、当該建物が既存の住宅であるときは、建物状況調査を実施しているかどうかを説明しなければならないが、実施している場合その結果の概要を説明する必要はない。

4 区分所有建物の売買の媒介を行う場合、建物の区分所有等に関する法律第2条第3項に規定する専有部分の用途その他の利用の制限に関する規約の定めがあるときは、その内容を説明しなければならないが、区分所有建物の貸借の媒介を行う場合は、説明しなくてよい。

【問 32】 宅地建物取引業者Ａが、自ら売主として、宅地建物取引業者ではないＢとの間で建物の売買契約を締結する場合における次の記述のうち、宅地建物取引業法（以下この問において「法」という。）の規定によれば、正しいものはどれか。

1　ＡＢ間の建物の売買契約において、Ｂが当該契約の履行に着手した後においては、Ａは、契約の締結に際してＢから受領した手付金の倍額をＢに現実に提供したとしても、契約を解除することはできない。

2　ＡＢ間の建物の売買契約における「法第37条の２の規定に基づくクーリング・オフによる契約の解除の際に、当該契約の締結に際しＡがＢから受領した手付金は返還しない」旨の特約は有効である。

3　ＡＢ間の建物の割賦販売の契約において、Ｂからの賦払金が当初設定していた支払期日までに支払われなかった場合、Ａは直ちに賦払金の支払の遅滞を理由として当該契約を解除することができる。

4　ＡＢ間で工事の完了前に当該工事に係る建物（代金5,000万円）の売買契約を締結する場合、Ａは、法第41条に定める手付金等の保全措置を講じた後でなければ、Ｂから200万円の手付金を受領してはならない。

🈭【問 33】 宅地建物取引業者Ａが宅地建物取引業法第37条の規定により交付すべき書面（以下この問において「37条書面」という。）に関する次の記述のうち、正しいものはどれか。

1　Ａが媒介により建物の貸借の契約を成立させたときは、37条書面に借賃の額並びにその支払の時期及び方法を記載しなければならず、また、当該書面を契約の各当事者に交付しなければならない。

2　Ａが媒介により宅地の貸借の契約を成立させた場合において、当該宅地の引渡しの時期について重要事項説明書に記載して説明を行ったときは、その内容を37条書面に記載する必要はない。

3　Ａが自ら売主として宅地建物取引業者である買主と建物の売買契約を締結した場合、37条書面に宅地建物取引士をして記名させる必要はない。

4　Ａが自ら売主として宅地の売買契約を締結した場合、代金についての金銭の貸借のあっせんに関する定めがある場合における当該あっせんに係る金銭の貸借が成立しないときの措置については、37条書面に記載する必要はない。

【問　34】　宅地建物取引士の登録（以下この問において「登録」という。）及び宅地建物取引士証に関する次の記述のうち、宅地建物取引業法の規定によれば、正しいものはどれか。

1　甲県で宅地建物取引士資格試験に合格した後1年以上登録の申請をしていなかった者が宅地建物取引業者（乙県知事免許）に勤務することとなったときは、乙県知事あてに登録の申請をしなければならない。

2　登録を受けている者は、住所に変更があっても、登録を受けている都道府県知事に変更の登録を申請する必要はない。

3　宅地建物取引士は、従事先として登録している宅地建物取引業者の事務所の所在地に変更があったときは、登録を受けている都道府県知事に変更の登録を申請しなければならない。

4　丙県知事の登録を受けている宅地建物取引士が、丁県知事への登録の移転の申請とともに宅地建物取引士証の交付の申請をした場合は、丁県知事から、移転前の宅地建物取引士証の有効期間が経過するまでの期間を有効期間とする新たな宅地建物取引士証が交付される。

【問　35】　宅地建物取引業者A（甲県知事免許）の営業保証金に関する次の記述のうち、宅地建物取引業法の規定によれば、正しいものはどれか。

1　Aから建設工事を請け負った建設業者は、Aに対する請負代金債権について、営業継続中のAが供託している営業保証金から弁済を受ける権利を有する。

2　Aが甲県内に新たに支店を設置したときは、本店の最寄りの供託所に政令で定める額の営業保証金を供託すれば、当該支店での事業を開始することができる。

3　Aは、営業保証金の還付により、営業保証金の額が政令で定める額に不足することとなったときは、甲県知事から不足額を供託すべき旨の通知書の送付を受けた日から2週間以内にその不足額を供託しなければならない。

4　Aが甲県内に本店及び2つの支店を設置して宅地建物取引業を営もうとする場合、供託すべき営業保証金の合計額は1,200万円である。

【問 36】 宅地建物取引業保証協会（以下この問において「保証協会」という。）に関する次の記述のうち、宅地建物取引業法の規定によれば、正しいものはどれか。

1　保証協会の社員との宅地建物取引業に関する取引により生じた債権を有する者は、当該社員が納付した弁済業務保証金分担金の額に相当する額の範囲内で弁済を受ける権利を有する。

2　保証協会の社員と宅地建物取引業に関し取引をした者が、その取引により生じた債権に関し、弁済業務保証金について弁済を受ける権利を実行するときは、当該保証協会の認証を受けるとともに、当該保証協会に対し還付請求をしなければならない。

3　保証協会は、弁済業務保証金の還付があったときは、当該還付に係る社員又は社員であった者に対し、当該還付額に相当する額の還付充当金をその主たる事務所の最寄りの供託所に供託すべきことを通知しなければならない。

4　保証協会は、弁済業務保証金の還付があったときは、当該還付額に相当する額の弁済業務保証金を供託しなければならない。

【問 37】 宅地建物取引業者Aが、自ら売主として宅地の売買契約を締結した場合に関する次の記述のうち、宅地建物取引業法の規定によれば、正しいものはいくつあるか。なお、この問において「37条書面」とは、同法第37条の規定に基づき交付すべき書面をいうものとする。

ア　Aは、専任の宅地建物取引士をして、37条書面の内容を当該契約の買主に説明させなければならない。

イ　Aは、供託所等に関する事項を37条書面に記載しなければならない。

ウ　Aは、買主が宅地建物取引業者であっても、37条書面を遅滞なく交付しなければならない。

エ　Aは、買主が宅地建物取引業者であるときは、当該宅地の引渡しの時期及び移転登記の申請の時期を37条書面に記載しなくてもよい。

1　一つ
2　二つ
3　三つ
4　なし

【問　38】　宅地建物取引業者Aが、BからB所有の甲住宅の売却に係る媒介の依頼を受けて締結する一般媒介契約に関する次の記述のうち、宅地建物取引業法（以下この問において「法」という。）の規定によれば、正しいものはどれか。

1　Aは、法第34条の2第1項の規定に基づき交付すべき書面に、宅地建物取引士をして記名押印させなければならない。

2　Aは、甲住宅の価額について意見を述べる場合、Bに対してその根拠を口頭ではなく書面で明示しなければならない。

3　Aは、当該媒介契約を締結した場合、指定流通機構に甲住宅の所在等を登録しなければならない。

4　Aは、媒介契約の有効期間及び解除に関する事項を、法第34条の2第1項の規定に基づき交付すべき書面に記載しなければならない。

【問　39】　次の記述のうち、宅地建物取引業法の規定によれば、正しいものはどれか。

1　宅地建物取引業者は、従業者名簿の閲覧の請求があったときは、取引の関係者か否かを問わず、請求した者の閲覧に供しなければならない。

2　宅地建物取引業者は、その業務に従事させる者に従業者証明書を携帯させなければならず、その者が宅地建物取引士であり、宅地建物取引士証を携帯していても、従業者証明書を携帯させなければならない。

3　宅地建物取引業者は、その事務所ごとに従業者名簿を備えなければならないが、退職した従業者に関する事項は、個人情報保護の観点から従業者名簿から消去しなければならない。

4　宅地建物取引業者は、その業務に従事させる者に従業者証明書を携帯させなければならないが、その者が非常勤の役員や単に一時的に事務の補助をする者である場合には携帯させなくてもよい。

【問　40】　宅地建物取引業者Aが、自ら売主として、宅地建物取引業者ではないBとの間で宅地の売買契約を締結した場合における、宅地建物取引業法第37条の2の規定に基づくいわゆるクーリング・オフに関する次の記述のうち、Bがクーリング・オフにより契約の解除を行うことができるものはいくつあるか。

ア　Bが喫茶店で当該宅地の買受けの申込みをした場合において、Bが、Aからクーリング・オフについて書面で告げられた日の翌日から起算して8日目にクーリング・オフによる契約の解除の書面を発送し、10日目にAに到達したとき。

イ　Bが喫茶店で当該宅地の買受けの申込みをした場合において、クーリング・オフによる契約の解除ができる期間内に、Aが契約の履行に着手したとき。

ウ　Bが喫茶店で当該宅地の買受けの申込みをした場合において、AとBとの間でクーリング・オフによる契約の解除をしない旨の合意をしたとき。

エ　Aの事務所ではないがAが継続的に業務を行うことができる施設があり宅地建物取引業法第31条の3第1項の規定により専任の宅地建物取引士が置かれている場所で、Bが買受けの申込みをし、2日後に喫茶店で売買契約を締結したとき。

1　一つ

2　二つ

3　三つ

4　四つ

改【問　41】　宅地建物取引業者が行う宅地建物取引業法第35条に規定する重要事項の説明に関する次の記述のうち、正しいものはどれか。

1　重要事項説明書には、代表者の記名があれば宅地建物取引士の記名は必要がない。

2　重要事項説明書に記名する宅地建物取引士は専任の宅地建物取引士でなければならないが、実際に重要事項の説明を行う者は専任の宅地建物取引士でなくてもよい。

3　宅地建物取引士証を亡失した宅地建物取引士は、その再交付を申請していても、宅地建物取引士証の再交付を受けるまでは重要事項の説明を行うことができない。

4　重要事項の説明は、宅地建物取引業者の事務所において行わなければならない。

【問　42】　宅地建物取引業者Aが、自ら売主として締結する売買契約に関する次の記述のうち、宅地建物取引業法（以下この問において「法」という。）及び民法の規定によれば、誤っているものはどれか。

1　Aが宅地建物取引業者ではないBとの間で締結する宅地の売買契約において、当該宅地の種類又は品質に関して契約の内容に適合しない場合におけるその不適合を担保すべき責任を負う期間をBがその不適合を知った時から2年とする特約を定めた場合、この特約は有効である。

2　Aが宅地建物取引業者ではないCとの間で建築工事の完了前に締結する建物（代金5,000万円）の売買契約においては、Aは、手付金200万円を受領した後、法第41条に定める手付金等の保全措置を講じなければ、当該建物の引渡し前に中間金300万円を受領することができない。

3　Aが宅地建物取引業者Dとの間で造成工事の完了後に締結する宅地（代金3,000万円）の売買契約においては、Aは、法第41条の2に定める手付金等の保全措置を講じないで、当該宅地の引渡し前に手付金800万円を受領することができる。

4　Aが宅地建物取引業者ではないEとの間で締結する建物の売買契約において、Aは

当該建物の種類又は品質に関して契約の内容に適合しない場合におけるその不適合を担保すべき責任を一切負わないとする特約を定めた場合、この特約は無効となり、Aが当該責任を負う期間は当該建物の引渡日から2年となる。

【問 43】 宅地建物取引業の免許（以下この問において「免許」という。）に関する次の記述のうち、宅地建物取引業法の規定によれば、正しいものはどれか。

1 免許を受けようとするA社の取締役が刑法第204条（傷害）の罪により懲役1年執行猶予2年の刑に処せられた場合、刑の執行猶予の言渡しを取り消されることなく猶予期間を満了し、その日から5年を経過しなければ、A社は免許を受けることができない。

2 宅地建物取引業者である個人Bが死亡した場合、その相続人Cは、Bが締結した契約に基づく取引を結了する目的の範囲内において宅地建物取引業者とみなされ、Bが売主として締結していた売買契約の目的物を買主に引き渡すことができる。

3 宅地建物取引業者D社について破産手続開始の決定があった場合、D社を代表する役員は廃業を届け出なければならない。また、廃業が届け出られた日にかかわらず、破産手続開始の決定の日をもって免許の効力が失われる。

4 免許を受けようとするE社の取締役について、破産手続開始の決定があった場合、復権を得た日から5年を経過しなければ、E社は免許を受けることができない。

【問 44】 宅地建物取引業者が行う宅地建物取引業法第35条に規定する重要事項の説明に関する次の記述のうち、誤っているものはどれか。なお、特に断りのない限り、説明の相手方は宅地建物取引業者ではないものとする。

1 昭和55年に新築の工事に着手し完成した建物の売買の媒介を行う場合、当該建物が地方公共団体による耐震診断を受けたものであるときは、その内容を説明しなければならない。

2 貸借の媒介を行う場合、敷金その他いかなる名義をもって授受されるかを問わず、契約終了時において精算することとされている金銭の精算に関する事項を説明しなければならない。

3 自らを委託者とする宅地又は建物に係る信託の受益権の売主となる場合、取引の相手方が宅地建物取引業者であっても、重要事項説明書を交付して説明をしなければならない。

4 区分所有建物の売買の媒介を行う場合、一棟の建物の計画的な維持修繕のための費用の積立てを行う旨の規約の定めがあるときは、その内容を説明しなければならないが、既に積み立てられている額について説明する必要はない。

【問　45】　宅地建物取引業者Ａ（甲県知事免許）が、自ら売主として宅地建物取引業者ではない買主Ｂに新築住宅を販売する場合における次の記述のうち、特定住宅瑕疵担保責任の履行の確保等に関する法律の規定によれば、正しいものはどれか。

1　Ａが媒介を依頼した宅地建物取引業者又はＢが住宅販売瑕疵担保責任保険契約の締結をしていれば、Ａは住宅販売瑕疵担保保証金の供託又は住宅販売瑕疵担保責任保険契約の締結を行う必要はない。

2　Ａが住宅販売瑕疵担保保証金の供託をし、その額が、基準日において、販売新築住宅の合計戸数を基礎として算定する基準額を超えることとなった場合、甲県知事の承認を受けた上で、その超過額を取り戻すことができる。

3　新築住宅をＢに引き渡したＡは、基準日ごとに基準日から50日以内に、当該基準日に係る住宅販売瑕疵担保保証金の供託及び住宅販売瑕疵担保責任保険契約の締結の状況について、甲県知事に届け出なければならない。

4　Ｂが宅地建物取引業者である場合であっても、Ａは、Ｂに引き渡した新築住宅について、住宅販売瑕疵担保保証金の供託又は住宅販売瑕疵担保責任保険契約の締結を行う義務を負う。

【問　46】　独立行政法人住宅金融支援機構（以下この問において「機構」という。）に関する次の記述のうち、誤っているものはどれか。

1　機構は、証券化支援事業（買取型）において、金融機関から買い取った住宅ローン債権を担保としてＭＢＳ（資産担保証券）を発行している。

2　機構は、災害により住宅が滅失した場合におけるその住宅に代わるべき住宅の建設又は購入に係る貸付金については、元金据置期間を設けることができない。

3　機構は、証券化支援事業（買取型）において、賃貸住宅の建設又は購入に必要な資金の貸付けに係る金融機関の貸付債権については譲受けの対象としていない。

4　機構は、貸付けを受けた者とあらかじめ契約を締結して、その者が死亡した場合に支払われる生命保険の保険金を当該貸付けに係る債務の弁済に充当する団体信用生命保険を業務として行っている。

【問　47】　宅地建物取引業者が行う広告に関する次の記述のうち、不当景品類及び不当表示防止法（不動産の表示に関する公正競争規約を含む。）の規定によれば、正しいものはどれか。

1　路地状部分（敷地延長部分）のみで道路に接する土地であって、その路地状部分の面積が当該土地面積のおおむね30％以上を占める場合には、路地状部分を含む旨及び路地状部分の割合又は面積を明示しなければならない。

2　新築住宅を販売するに当たり、当該物件から最寄駅まで実際に歩いたときの所要時間が15分であれば、物件から最寄駅までの道路距離にかかわらず、広告中に「最寄駅まで徒歩15分」と表示することができる。

3　新築分譲住宅を販売するに当たり、予告広告である旨及び契約又は予約の申込みには応じられない旨を明瞭に表示すれば、当該物件が建築確認を受けていなくても広告表示をすることができる。

4　新築分譲マンションを販売するに当たり、住戸により管理費の額が異なる場合であって、すべての住戸の管理費を示すことが広告スペースの関係で困難なときは、全住戸の管理費の平均額を表示すればよい。

【問　48（参考）】　次の記述のうち、正しいものはどれか。

> **注**：出題内容の「参考」として、出題当時の内容をそのまま収載しました。なお、最新の数値・傾向等に改題した当問題を「ダウンロードサービス」でご提供いたします（2024年8月末日頃〜公開予定）。詳しくは【解説編】P. x をご覧ください。

1　令和2年地価公示（令和2年3月公表）によれば、平成31年1月以降の1年間の地価変動は、全国平均では、住宅地については下落であったが、商業地については上昇であった。

2　令和2年版土地白書（令和2年6月公表）によれば、土地取引について、売買による所有権の移転登記の件数でその動向をみると、令和元年の全国の土地取引件数は約131万件となり、前年に比べて大きく増加した。

3　建築着工統計（令和2年1月公表）によれば、平成31年1月から令和元年12月までの持家及び分譲住宅の新設住宅着工戸数は前年に比べて増加したが、貸家の新設住宅着工戸数は減少した。

4　平成30年度法人企業統計調査（令和元年9月公表）によれば、不動産業の売上高経常利益率は、平成26年度から平成30年度までの5年間は、いずれも5％以下となっている。

【問 49】 土地に関する次の記述のうち、最も不適当なものはどれか。

1　都市の中小河川の氾濫の原因の一つは、急速な都市化、宅地化に伴い、降雨時に雨水が短時間に大量に流れ込むようになったことである。

2　中小河川に係る防災の観点から、宅地選定に当たっては、その地点だけでなく、周辺の地形と防災施設に十分注意することが必要である。

3　地盤の液状化については、宅地の地盤条件について調べるとともに、過去の地形についても古地図などで確認することが必要である。

4　地形や地質的な条件については、宅地に適しているか調査する必要があるが、周辺住民の意見は聴かなくてよい。

【問 50】 建築物の構造に関する次の記述のうち、最も不適当なものはどれか。

1　建物の構成は、大きく基礎構造と上部構造からなっており、基礎構造は地業と基礎盤から構成されている。

2　基礎の種類には、基礎の底面が建物を支持する地盤に直接接する直接基礎と、建物を支持する地盤が深い場合に使用する杭基礎（杭地業）がある。

3　直接基礎の種類には、形状により、柱の下に設ける独立基礎、壁体等の下に設けるべた基礎、建物の底部全体に設ける布基礎（連続基礎）等がある。

4　上部構造は、重力、風力、地震力等の荷重に耐える役目を負う主要構造と、屋根、壁、床等の仕上げ部分等から構成されている。

令和元年度
問　　　題

次の注意事項をよく読んでから、始めてください。

日建学院

【問　1】　Aは、Aが所有している甲土地をBに売却した。この場合に関する次の記述のうち、民法の規定及び判例によれば、誤っているものはどれか。

1　甲土地を何らの権原なく不法占有しているCがいる場合、BがCに対して甲土地の所有権を主張して明渡請求をするには、甲土地の所有権移転登記を備えなければならない。

2　Bが甲土地の所有権移転登記を備えていない場合には、Aから建物所有目的で甲土地を賃借して甲土地上にD名義の登記ある建物を有するDに対して、Bは自らが甲土地の所有者であることを主張することができない。

3　Bが甲土地の所有権移転登記を備えないまま甲土地をEに売却した場合、Eは、甲土地の所有権移転登記なくして、Aに対して甲土地の所有権を主張することができる。

4　Bが甲土地の所有権移転登記を備えた後に甲土地につき取得時効が完成したFは、甲土地の所有権移転登記を備えていなくても、Bに対して甲土地の所有権を主張することができる。

令和元年度

改【問　2】　AがBに甲土地を売却し、Bが所有権移転登記を備えた場合に関する次の記述のうち、民法の規定及び判例によれば、誤っているものはどれか。

1　AがBとの売買契約をBの詐欺を理由に取り消した後、CがBから甲土地を買い受けて所有権移転登記を備えた場合、AC間の関係は対抗問題となり、Aは、いわゆる背信的悪意者ではないCに対して、登記なくして甲土地の返還を請求することができない。

2　AがBとの売買契約をBの詐欺を理由に取り消す前に、Bの詐欺について悪意のCが、Bから甲土地を買い受けて所有権移転登記を備えていた場合、AはCに対して、甲土地の返還を請求することができる。

3　Aの売却の意思表示に錯誤があり、その錯誤が法律行為の目的及び取引上の社会通念に照らして重要なものである場合、その錯誤がAの重大な過失によるものでなければ、Aは、BからAの錯誤について悪意で甲土地を買い受けたCに対して、錯誤による当該意思表示の取消しを主張して、甲土地の返還を請求することができる。

4　Aの売却の意思表示に錯誤があり、その錯誤が法律行為の目的及び取引上の社会通念に照らして重要なものである場合、その錯誤がAの重大な過失によるものであったとしても、AはBに対して、常に錯誤による当該意思表示の取消しを主張して、甲土地の返還を請求することができる。

改【問　3】　事業者ではないＡが所有し居住している建物につきＡＢ間で売買契約を締結するに当たり、Ａは建物引渡しから３か月に限り担保責任を負う旨の特約を付けたが、売買契約締結時点において当該建物の構造耐力上主要な部分の種類又は品質が契約の内容に適合しないものであり、Ａはそのことを知っていたがＢに告げず、Ｂはそのことを知らなかった。この場合に関する次の記述のうち、民法の規定によれば、正しいものはどれか。

1　Ｂが当該不適合の存在を建物引渡しから１年が経過した時に知ったとき、当該不適合の存在を知った時から１年以内にその旨をＡに通知しなくても、ＢはＡに対して担保責任を追及することができる。

2　建物の構造耐力上主要な部分の種類又は品質が契約の内容に適合しないものであるときは、契約の目的を達成することができない場合に限り、Ｂは当該不適合を理由に売買契約を解除することができる。

3　Ｂが当該不適合を理由にＡに対して損害賠償請求をすることができるのは、当該不適合を理由に売買契約を解除することができない場合に限られる。

4　ＡＢ間の売買をＢと媒介契約を締結した宅地建物取引業者Ｃが媒介していた場合には、ＢはＣに対して担保責任を追及することができる。

【問　4】　不法行為に関する次の記述のうち、民法の規定及び判例によれば、正しいものはどれか。

1　放火によって家屋が滅失し、火災保険契約の被保険者である家屋所有者が当該保険契約に基づく保険金請求権を取得した場合、当該家屋所有者は、加害者に対する損害賠償請求金額からこの保険金額を、いわゆる損益相殺として控除しなければならない。

2　被害者は、不法行為によって損害を受けると同時に、同一の原因によって損害と同質性のある利益を既に受けた場合でも、その額を加害者の賠償すべき損害額から控除されることはない。

3　第三者が債務者を教唆して、その債務の全部又は一部の履行を不能にさせたとしても、当該第三者が当該債務の債権者に対して、不法行為責任を負うことはない。

4　名誉を違法に侵害された者は、損害賠償又は名誉回復のための処分を求めることができるほか、人格権としての名誉権に基づき、加害者に対し侵害行為の差止めを求めることができる。

【問　5】　次の１から４までの記述のうち、民法の規定及び判例並びに下記判決文によれば、誤っているものはどれか。

（判決文）

　本人が無権代理行為の追認を拒絶した場合には、その後に無権代理人が本人を相続したとしても、無権代理行為が有効になるものではないと解するのが相当である。けだし、無権代理人がした行為は、本人がその追認をしなければ本人に対してその効力を生ぜず（民法113条１項）、本人が追認を拒絶すれば無権代理行為の効力が本人に及ばないことが確定し、追認拒絶の後は本人であっても追認によって無権代理行為を有効とすることができず、右追認拒絶の後に無権代理人が本人を相続したとしても、右追認拒絶の効果に何ら影響を及ぼすものではないからである。

1　本人が無権代理行為の追認を拒絶した場合、その後は本人であっても無権代理行為を追認して有効な行為とすることはできない。

2　本人が追認拒絶をした後に無権代理人が本人を相続した場合と、本人が追認拒絶をする前に無権代理人が本人を相続した場合とで、法律効果は同じである。

3　無権代理行為の追認は、別段の意思表示がないときは、契約の時にさかのぼってその効力を生ずる。ただし、第三者の権利を害することはできない。

4　本人が無権代理人を相続した場合、当該無権代理行為は、その相続により当然には有効とならない。

【問　6】　遺産分割に関する次の記述のうち、民法の規定及び判例によれば、正しいものはどれか。

1　被相続人は、遺言によって遺産分割を禁止することはできず、共同相続人は、遺産分割協議によって遺産の全部又は一部の分割をすることができる。

2　共同相続人は、既に成立している遺産分割協議につき、その全部又は一部を全員の合意により解除した上、改めて遺産分割協議を成立させることができる。

3　遺産に属する預貯金債権は、相続開始と同時に当然に相続分に応じて分割され、共同相続人は、その持分に応じて、単独で預貯金債権に関する権利を行使することができる。

4　遺産の分割は、共同相続人の遺産分割協議が成立した時から効力を生ずるが、第三者の権利を害することはできない。

改【問　7】　Aを売主、Bを買主として甲建物の売買契約が締結された場合におけるBのAに対する代金債務（以下「本件代金債務」という。）に関する次の記述のうち、民法の規定及び判例によれば、誤っているものはどれか。

1　Bが、本件代金債務につき受領権限のないCに対して弁済した場合、Cに受領権限がないことを知らないことにつきBに過失があれば、Cが受領した代金をAに引き渡

したとしても、Bの弁済は有効にならない。

2　Bが、Aの代理人と称するDに対して本件代金債務を弁済した場合、Dに受領権限がないことにつきBが善意かつ無過失であれば、Bの弁済は有効となる。

3　Bが、Aの相続人と称するEに対して本件代金債務を弁済した場合、Eに受領権限がないことにつきBが善意かつ無過失であれば、Bの弁済は有効となる。

4　Bは、本件代金債務の履行期が過ぎた場合であっても、特段の事情がない限り、甲建物の引渡しに係る履行の提供を受けていないことを理由として、Aに対して代金の支払を拒むことができる。

㋹【問　8】　Aを注文者、Bを請負人とする請負契約（以下「本件契約」という。）が締結された場合における次の記述のうち、民法の規定及び判例によれば、誤っているものはどれか。

1　本件契約の目的物たる建物が種類、品質又は数量に関して契約の内容に適合しないものであるためこれを建て替えざるを得ない場合には、AはBに対して当該建物の建替えに要する費用相当額の損害賠償を請求することができる。

2　本件契約が、事務所の用に供するコンクリート造の建物の建築を目的とする場合、Bの担保責任の存続期間を20年と定めることができる。

3　本件契約の目的が建物の増築である場合、Aの失火により当該建物が焼失し増築できなくなったときは、Bは本件契約に基づく未履行部分の仕事完成債務を免れる。

4　Bが仕事を完成しない間は、AはいつでもBに対して損害を賠償して本件契約を解除することができる。

㋹【問　9】　AがBに対して金銭の支払を求めて訴えを提起した場合の時効の更新に関する次の記述のうち、民法の規定及び判例によれば、誤っているものはどれか。

1　訴えの提起後に当該訴えが取り下げられた場合には、特段の事情がない限り、時効の更新の効力は生じない。

2　訴えの提起後に当該訴えの却下の判決が確定した場合には、時効の更新の効力は生じない。

3　訴えの提起後に請求棄却の判決が確定した場合には、時効の更新の効力は生じない。

4　訴えの提起後に裁判上の和解が成立した場合には、時効の更新の効力は生じない。

【問　10】　債務者Aが所有する甲土地には、債権者Bが一番抵当権（債権額2,000万円）、債権者Cが二番抵当権（債権額2,400万円）、債権者Dが三番抵当権（債権額3,000

万円）をそれぞれ有しているが、BはDの利益のために抵当権の順位を譲渡した。甲土地の競売に基づく売却代金が6,000万円であった場合、Bの受ける配当額として、民法の規定によれば、正しいものはどれか。

1　600万円
2　1,000万円
3　1,440万円
4　1,600万円

改【問　11】　甲土地につき、期間を60年と定めて賃貸借契約を締結しようとする場合（以下「ケース①」という。）と、期間を15年と定めて賃貸借契約を締結しようとする場合（以下「ケース②」という。）に関する次の記述のうち、民法及び借地借家法の規定によれば、正しいものはどれか。

1　賃貸借契約が建物を所有する目的ではなく、資材置場とする目的である場合、ケース①は期間の定めのない契約になり、ケース②では期間は15年となる。
2　賃貸借契約が建物の所有を目的とする場合、公正証書で契約を締結しなければ、ケース①の期間は30年となり、ケース②の期間は15年となる。
3　賃貸借契約が居住の用に供する建物の所有を目的とする場合、ケース①では契約の更新がないことを書面で定めればその特約は有効であるが、ケース②では契約の更新がないことを書面で定めても無効であり、期間は30年となる。
4　賃貸借契約が専ら工場の用に供する建物の所有を目的とする場合、ケース①では契約の更新がないことを公正証書で定めた場合に限りその特約は有効であるが、ケース②では契約の更新がないことを公正証書で定めても無効である。

改【問　12】　AがBに対し、A所有の甲建物を３年間賃貸する旨の契約をした場合における次の記述のうち、民法及び借地借家法の規定によれば、正しいものはどれか（借地借家法第39条に定める取壊し予定の建物の賃貸借及び同法第40条に定める一時使用目的の建物の賃貸借は考慮しないものとする。）。

1　AB間の賃貸借契約について、契約の更新がない旨を定めるには、公正証書による等書面又は電磁的記録によって契約すれば足りる。
2　甲建物が居住の用に供する建物である場合には、契約の更新がない旨を定めることはできない。
3　AがBに対して、期間満了の３月前までに更新しない旨の通知をしなければ、従前の契約と同一の条件で契約を更新したものとみなされるが、その期間は定めがないものとなる。

4 Bが適法に甲建物をCに転貸していた場合、Aは、Bとの賃貸借契約が解約の申入れによって終了するときは、特段の事情がない限り、Cにその旨の通知をしなければ、賃貸借契約の終了をCに対抗することができない。

【問 13】 建物の区分所有等に関する法律（以下この問において「法」という。）に関する次の記述のうち、正しいものはどれか。

1 専有部分が数人の共有に属するときは、共有者は、集会においてそれぞれ議決権を行使することができる。

2 区分所有者の承諾を得て専有部分を占有する者は、会議の目的たる事項につき利害関係を有する場合には、集会に出席して議決権を行使することができる。

3 集会においては、規約に別段の定めがある場合及び別段の決議をした場合を除いて、管理者又は集会を招集した区分所有者の1人が議長となる。

4 集会の議事は、法又は規約に別段の定めがない限り、区分所有者及び議決権の各4分の3以上の多数で決する。

【問 14】 不動産の登記に関する次の記述のうち、不動産登記法の規定によれば、誤っているものはどれか。

1 登記の申請に係る不動産の所在地が当該申請を受けた登記所の管轄に属しないときは、登記官は、理由を付した決定で、当該申請を却下しなければならない。

2 所有権の登記名義人が相互に異なる土地の合筆の登記は、することができない。

3 登記官は、一筆の土地の一部が別の地目となったときであっても、職権で当該土地の分筆の登記をすることはできない。

4 登記の申請をする者の委任による代理人の権限は、本人の死亡によっては、消滅しない。

【問 15】 都市計画法に関する次の記述のうち、誤っているものはどれか。

1 高度地区は、用途地域内において市街地の環境を維持し、又は土地利用の増進を図るため、建築物の高さの最高限度又は最低限度を定める地区とされている。

2 特定街区については、都市計画に、建築物の容積率並びに建築物の高さの最高限度及び壁面の位置の制限を定めるものとされている。

3 準住居地域は、道路の沿道としての地域の特性にふさわしい業務の利便の増進を図りつつ、これと調和した住居の環境を保護するため定める地域とされている。

4　特別用途地区は、用途地域が定められていない土地の区域（市街化調整区域を除く。）内において、その良好な環境の形成又は保持のため当該地域の特性に応じて合理的な土地利用が行われるよう、制限すべき特定の建築物等の用途の概要を定める地区とされている。

【問　16】　都市計画法に関する次の記述のうち、正しいものはどれか。ただし、許可を要する開発行為の面積については、条例による定めはないものとし、この問において「都道府県知事」とは、地方自治法に基づく指定都市、中核市及び施行時特例市にあってはその長をいうものとする。

1　準都市計画区域において、店舗の建築を目的とした4,000㎡の土地の区画形質の変更を行おうとする者は、あらかじめ、都道府県知事の許可を受けなければならない。

2　市街化区域において、農業を営む者の居住の用に供する建築物の建築を目的とした1,500㎡の土地の区画形質の変更を行おうとする者は、都道府県知事の許可を受けなくてよい。

3　市街化調整区域において、野球場の建設を目的とした8,000㎡の土地の区画形質の変更を行おうとする者は、あらかじめ、都道府県知事の許可を受けなければならない。

4　市街化調整区域において、医療法に規定する病院の建築を目的とした1,000㎡の土地の区画形質の変更を行おうとする者は、都道府県知事の許可を受けなくてよい。

【問　17】　建築基準法に関する次の記述のうち、誤っているものはどれか。

1　特定行政庁は、緊急の必要がある場合においては、建築基準法の規定に違反した建築物の所有者等に対して、仮に、当該建築物の使用禁止又は使用制限の命令をすることができる。

2　地方公共団体は、条例で、津波、高潮、出水等による危険の著しい区域を災害危険区域として指定することができ、当該区域内における住居の用に供する建築物の建築の禁止その他建築物の建築に関する制限で災害防止上必要なものは当該条例で定めることとされている。

3　防火地域内にある看板で建築物の屋上に設けるものは、その主要な部分を不燃材料で造り、又は覆わなければならない。

4　共同住宅の住戸には、非常用の照明装置を設けなければならない。

㋺【問 18】 建築基準法に関する次の記述のうち、正しいものはどれか。

1 第一種低層住居専用地域内においては、延べ面積の合計が60㎡であって、居住の用に供する延べ面積が40㎡、クリーニング取次店の用に供する延べ面積が20㎡である兼用住宅は、建築してはならない。

2 工業地域内においては、幼保連携型認定こども園を建築することができる。

3 都市計画において定められた建蔽率の限度が10分の8とされている地域外で、かつ、防火地域内にある準耐火建築物の建蔽率については、都市計画において定められた建蔽率の数値に10分の1を加えた数値が限度となる。

4 地方公共団体は、その敷地が袋路状道路にのみ接する一戸建ての住宅について、条例で、その敷地が接しなければならない道路の幅員に関して必要な制限を付加することができる。

㋺【問 19】 宅地造成及び特定盛土等規制法に関する次の記述のうち、正しいものはどれか。なお、この問において「都道府県知事」とは、地方自治法に基づく指定都市、中核市及び施行時特例市にあってはその長をいうものとする。

1 宅地造成等工事規制区域及び特定盛土等規制区域外において行われる宅地造成等に関する工事については、工事主は、工事に着手する日の14日前までに都道府県知事に届け出なければならない。

2 宅地造成等工事規制区域内において行われる宅地造成等に関する工事の許可を受けた者は、主務省令で定める軽微な変更を除き、当該許可に係る工事の計画の変更をしようとするときは、遅滞なくその旨を都道府県知事に届け出なければならない。

3 宅地造成等工事規制区域の指定の際に、当該宅地造成等工事規制区域内において宅地造成等に関する工事を行っている者は、当該工事について都道府県知事の許可を受ける必要はない。

4 都道府県知事は、宅地造成等に伴い災害が生ずるおそれが大きい市街地若しくは市街地となろうとする土地の区域又は集落の区域（これらの区域に隣接し、又は近接する土地の区域を含む。）であって、宅地造成等に関する工事について規制を行う必要があるものを、造成宅地防災区域として指定することができる。

【問 20】 土地区画整理法に関する次の記述のうち、誤っているものはどれか。

1 仮換地の指定があった日後、土地区画整理事業の施行による施行地区内の土地及び建物の変動に係る登記がされるまでの間は、登記の申請人が確定日付のある書類によりその指定前に登記原因が生じたことを証明した場合を除き、施行地区内の土地及び建物に関しては他の登記をすることができない。

2　施行者が個人施行者、土地区画整理組合、区画整理会社、市町村、独立行政法人都市再生機構又は地方住宅供給公社であるときは、その換地計画について都道府県知事の認可を受けなければならない。

3　個人施行者以外の施行者は、換地計画を定めようとする場合においては、その換地計画を2週間公衆の縦覧に供しなければならない。

4　換地処分の公告があった場合においては、換地計画において定められた換地は、その公告があった日の翌日から従前の宅地とみなされ、換地計画において換地を定めなかった従前の宅地について存する権利は、その公告があった日が終了した時において消滅する。

【問　21】　農地に関する次の記述のうち、農地法（以下この問において「法」という。）の規定によれば、正しいものはどれか。

1　耕作目的で原野を農地に転用しようとする場合、法第4条第1項の許可は不要である。

2　金融機関からの資金借入れのために農地に抵当権を設定する場合、法第3条第1項の許可が必要である。

3　市街化区域内の農地を自家用駐車場に転用する場合、法第4条第1項の許可が必要である。

4　砂利採取法による認可を受けた採取計画に従って砂利採取のために農地を一時的に貸し付ける場合、法第5条第1項の許可は不要である。

【問　22】　国土利用計画法第23条の届出（以下この問において「事後届出」という。）に関する次の記述のうち、正しいものはどれか。

1　宅地建物取引業者Aが、自己の所有する市街化区域内の2,000㎡の土地を、個人B、個人Cに1,000㎡ずつに分割して売却した場合、B、Cは事後届出を行わなければならない。

2　個人Dが所有する市街化区域内の3,000㎡の土地を、個人Eが相続により取得した場合、Eは事後届出を行わなければならない。

3　宅地建物取引業者Fが所有する市街化調整区域内の6,000㎡の一団の土地を、宅地建物取引業者Gが一定の計画に従って、3,000㎡ずつに分割して購入した場合、Gは事後届出を行わなければならない。

4　甲市が所有する市街化調整区域内の12,000㎡の土地を、宅地建物取引業者Hが購入した場合、Hは事後届出を行わなければならない。

㊤【問　23】 個人が令和6年中に令和6年1月1日において所有期間が10年を超える居住用財産を譲渡した場合のその譲渡に係る譲渡所得の課税に関する次の記述のうち、誤っているものはどれか。

1　その譲渡について収用交換等の場合の譲渡所得等の5,000万円特別控除の適用を受ける場合であっても、その特別控除後の譲渡益について、居住用財産を譲渡した場合の軽減税率の特例の適用を受けることができる。

2　居住用財産を譲渡した場合の軽減税率の特例は、その個人が令和4年において既にその特例の適用を受けている場合であっても、令和6年中の譲渡による譲渡益について適用を受けることができる。

3　居住用財産の譲渡所得の3,000万円特別控除は、その個人がその個人と生計を一にしていない孫に譲渡した場合には、適用を受けることができない。

4　その譲渡について収用等に伴い代替資産を取得した場合の課税の特例の適用を受ける場合には、その譲渡があったものとされる部分の譲渡益について、居住用財産を譲渡した場合の軽減税率の特例の適用を受けることができない。

【問　24】 固定資産税に関する次の記述のうち、地方税法の規定によれば、正しいものはどれか。

1　居住用超高層建築物（いわゆるタワーマンション）に対して課する固定資産税は、当該居住用超高層建築物に係る固定資産税額を、各専有部分の取引価格の当該居住用超高層建築物の全ての専有部分の取引価格の合計額に対する割合により按分した額を、各専有部分の所有者に対して課する。

2　住宅用地のうち、小規模住宅用地に対して課する固定資産税の課税標準は、当該小規模住宅用地に係る固定資産税の課税標準となるべき価格の3分の1の額とされている。

3　固定資産税の納期は、他の税目の納期と重複しないようにとの配慮から、4月、7月、12月、2月と定められており、市町村はこれと異なる納期を定めることはできない。

4　固定資産税は、固定資産の所有者に対して課されるが、質権又は100年より永い存続期間の定めのある地上権が設定されている土地については、所有者ではなくその質権者又は地上権者が固定資産税の納税義務者となる。

【問　25】 地価公示法に関する次の記述のうち、正しいものはどれか。

1　都市及びその周辺の地域等において、土地の取引を行う者は、取引の対象土地から最も近傍の標準地について公示された価格を指標として取引を行うよう努めなければ

ならない。

2 標準地は、都市計画区域外や国土利用計画法の規定により指定された規制区域内からは選定されない。

3 標準地の正常な価格とは、土地について、自由な取引が行われるとした場合におけるその取引（一定の場合を除く。）において通常成立すると認められる価格をいい、当該土地に関して地上権が存する場合は、この権利が存しないものとして通常成立すると認められる価格となる。

4 土地鑑定委員会は、自然的及び社会的条件からみて類似の利用価値を有すると認められる地域において、土地の利用状況、環境等が特に良好と認められる一団の土地について標準地を選定する。

【問 26】 宅地建物取引業法に関する次の記述のうち、正しいものはどれか。

1 宅地建物取引業者は、自己の名義をもって、他人に、宅地建物取引業を営む旨の表示をさせてはならないが、宅地建物取引業を営む目的をもってする広告をさせることはできる。

2 宅地建物取引業とは、宅地又は建物の売買等をする行為で業として行うものをいうが、建物の一部の売買の代理を業として行う行為は、宅地建物取引業に当たらない。

3 宅地建物取引業の免許を受けていない者が営む宅地建物取引業の取引に、宅地建物取引業者が代理又は媒介として関与していれば、当該取引は無免許事業に当たらない。

4 宅地建物取引業者の従業者が、当該宅地建物取引業者とは別に自己のために免許なく宅地建物取引業を営むことは、無免許事業に当たる。

改【問 27】 宅地建物取引業法に関する次の記述のうち、正しいものはいくつあるか。なお、取引の相手方は宅地建物取引業者ではないものとする。

ア 宅地建物取引業者は、自己の所有に属しない宅地又は建物についての自ら売主となる売買契約を締結してはならないが、当該売買契約の予約を行うことはできる。

イ 宅地建物取引業者は、自ら売主となる宅地又は建物の売買契約において、その目的物が種類又は品質に関して契約の内容に適合しない場合におけるその不適合を担保すべき責任に係る買主の売主に対する不適合である旨の通知期間に関し、取引の相手方が同意した場合に限り、当該宅地又は建物の引渡しの日から1年とする特約を有効に定めることができる。

ウ 宅地建物取引業者は、いかなる理由があっても、その業務上取り扱ったことについて知り得た秘密を他に漏らしてはならない。

エ 宅地建物取引業者は、宅地建物取引業に係る契約の締結の勧誘をするに際し、その
　相手方に対し、利益を生ずることが確実であると誤解させるべき断定的判断を提供す
　る行為をしてはならない。
1　一つ
2　二つ
3　三つ
4　なし

【問　28】　宅地建物取引業者が建物の貸借の媒介を行う場合における宅地建物取引業
法第35条に規定する重要事項の説明に関する次の記述のうち、正しいものはどれか。な
お、説明の相手方は宅地建物取引業者ではないものとする。
1　当該建物が住宅の品質確保の促進等に関する法律第5条第1項に規定する住宅性能
　評価を受けた新築住宅であるときは、その旨を説明しなければならない。
2　当該建物が既存の建物であるときは、既存住宅に係る住宅の品質確保の促進等に関
　する法律第6条第3項に規定する建設住宅性能評価書の保存の状況について説明しな
　ければならない。
3　当該建物が既存の建物である場合、石綿使用の有無の調査結果の記録がないとき
　は、石綿使用の有無の調査を自ら実施し、その結果について説明しなければならない。
4　当該建物が建物の区分所有等に関する法律第2条第1項に規定する区分所有権の目
　的であるものであって、同条第3項に規定する専有部分の用途その他の利用の制限に
　関する規約の定めがあるときは、その内容を説明しなければならない。

【問　29】　宅地建物取引業法（以下この問において「法」という。）の規定に基づく
監督処分及び罰則に関する次の記述のうち、正しいものはいくつあるか。
ア　宅地建物取引業者A（国土交通大臣免許）が甲県内における業務に関し、法第37条
　に規定する書面を交付していなかったことを理由に、甲県知事がAに対して業務停止
　処分をしようとするときは、あらかじめ、内閣総理大臣に協議しなければならない。
イ　乙県知事は、宅地建物取引業者B（乙県知事免許）に対して指示処分をしようとす
　るときは、聴聞を行わなければならず、聴聞の期日における審理は、公開により行わ
　なければならない。
ウ　丙県知事は、宅地建物取引業者C（丙県知事免許）が免許を受けてから1年以内に
　事業を開始しないときは、免許を取り消さなければならない。
エ　宅地建物取引業者D（丁県知事免許）は、法第72条第1項の規定に基づき、丁県知
　事から業務について必要な報告を求められたが、これを怠った。この場合、Dは50万

円以下の罰金に処せられることがある。

1　一つ
2　二つ
3　三つ
4　四つ

【問　30】　宅地建物取引業者が行う広告に関する次の記述のうち、宅地建物取引業法の規定に違反するものはいくつあるか。

ア　建築基準法第6条第1項に基づき必要とされる確認を受ける前において、建築工事着手前の賃貸住宅の貸主から当該住宅の貸借の媒介を依頼され、取引態様を媒介と明示して募集広告を行った。

イ　一団の宅地の売買について、数回に分けて広告する際に、最初に行った広告以外には取引態様の別を明示しなかった。

ウ　建物の貸借の媒介において、依頼者の依頼によらない通常の広告を行い、国土交通大臣の定める報酬限度額の媒介報酬のほか、当該広告の料金に相当する額を受領した。

エ　建築工事着手前の分譲住宅の販売において、建築基準法第6条第1項に基づき必要とされる確認を受ける前に、取引態様を売主と明示して当該住宅の広告を行った。

1　一つ
2　二つ
3　三つ
4　四つ

【問　31】　宅地建物取引業者Aが、BからB所有の既存のマンションの売却に係る媒介を依頼され、Bと専任媒介契約（専属専任媒介契約ではないものとする。）を締結した。この場合における次の記述のうち、宅地建物取引業法の規定によれば、正しいものはいくつあるか。

ア　Aは、専任媒介契約の締結の日から7日以内に所定の事項を指定流通機構に登録しなければならないが、その期間の計算については、休業日数を算入しなければならない。

イ　AがBとの間で有効期間を6月とする専任媒介契約を締結した場合、その媒介契約は無効となる。

ウ　Bが宅地建物取引業者である場合、Aは、当該専任媒介契約に係る業務の処理状況の報告をする必要はない。

エ　AがBに対して建物状況調査を実施する者のあっせんを行う場合、建物状況調査を実施する者は建築士法第2条第1項に規定する建築士であって国土交通大臣が定める講習を修了した者でなければならない。

1　一つ
2　二つ
3　三つ
4　四つ

🈮【問　32】　宅地建物取引業者A（消費税課税事業者）が受け取ることのできる報酬額に関する次の記述のうち、宅地建物取引業法の規定によれば、誤っているものはどれか。なお、この問において報酬額に含まれる消費税等相当額は税率10％で計算するものとする。

1　宅地（代金200万円。消費税等相当額を含まない。）の売買の代理について、通常の売買の代理と比較して現地調査等の費用が8万円（消費税等相当額を含まない。）多く要した場合、売主Bと合意していた場合には、AはBから308,000円を上限として報酬を受領することができる。

2　事務所（1か月の借賃110万円。消費税等相当額を含む。）の貸借の媒介について、Aは依頼者の双方から合計で110万円を上限として報酬を受領することができる。

3　既存住宅の売買の媒介について、Aが売主Cに対して建物状況調査を実施する者をあっせんした場合、AはCから報酬とは別にあっせんに係る料金を受領することはできない。

4　宅地（代金200万円。消費税等相当額を含まない。）の売買の媒介について、通常の売買の媒介と比較して現地調査等の費用を多く要しない場合でも、売主Dと合意していた場合には、AはDから198,000円を報酬として受領することができる。

【問　33】　宅地建物取引業保証協会（以下この問において「保証協会」という。）に関する次の記述のうち、宅地建物取引業法の規定によれば、正しいものはどれか。

1　宅地建物取引業者で保証協会に加入した者は、その加入の日から2週間以内に、弁済業務保証金分担金を保証協会に納付しなければならない。

2　保証協会の社員となった宅地建物取引業者が、保証協会に加入する前に供託していた営業保証金を取り戻すときは、還付請求権者に対する公告をしなければならない。

3　保証協会の社員は、新たに事務所を設置したにもかかわらずその日から2週間以内に弁済業務保証金分担金を納付しなかったときは、保証協会の社員の地位を失う。

4　還付充当金の未納により保証協会の社員の地位を失った宅地建物取引業者は、その

地位を失った日から２週間以内に弁済業務保証金を供託すれば、その地位を回復する。

改【問　34】 宅地建物取引業法（以下この問において「法」という。）第37条の規定により交付すべき書面（以下この問において「37条書面」という。）に関する次の記述のうち、法の規定によれば、正しいものはどれか。

1　宅地建物取引業者が自ら売主として建物の売買を行う場合、当事者の債務の不履行を理由とする契約の解除に伴う損害賠償の額として売買代金の額の10分の２を超えない額を予定するときは、37条書面にその内容を記載しなくてよい。

2　宅地建物取引業者が既存住宅の売買の媒介を行う場合、37条書面に当該建物の構造耐力上主要な部分等の状況について当事者の双方が確認した事項を記載しなければならない。

3　宅地建物取引業者は、その媒介により売買契約を成立させた場合、当該宅地又は建物に係る租税その他の公課の負担に関する定めについて、37条書面にその内容を記載する必要はない。

4　宅地建物取引業者は、その媒介により契約を成立させ、37条書面を作成したときは、法第35条に規定する書面に記名した宅地建物取引士をして、37条書面に記名させなければならない。

【問　35】 宅地建物取引業者Ａが行う業務に関する次の記述のうち、宅地建物取引業法の規定に違反しないものはどれか。

1　Ａは、宅地建物取引業者ではないＢが所有する宅地について、Ｂとの間で確定測量図の交付を停止条件とする売買契約を締結した。その後、停止条件が成就する前に、Ａは自ら売主として、宅地建物取引業者ではないＣとの間で当該宅地の売買契約を締結した。

2　Ａは、その主たる事務所に従事する唯一の専任の宅地建物取引士Ｄが令和６年５月15日に退職したため、同年６月10日に新たな専任の宅地建物取引士Ｅを置いた。

3　Ａは、宅地建物取引業者Ｆから宅地の売買に関する注文を受けた際、Ｆに対して取引態様の別を明示しなかった。

4　Ａは、宅地の貸借の媒介に際し、当該宅地が都市計画法第29条の許可の申請中であることを知りつつ、賃貸借契約を成立させた。

【問　36】 宅地建物取引業者Ａが宅地建物取引業法（以下この問において「法」という。）第37条の規定により交付すべき書面（以下この問において「37条書面」という。）

に関する次の記述のうち、法の規定によれば、正しいものはいくつあるか。

ア　Aは、その媒介により建築工事完了前の建物の売買契約を成立させ、当該建物を特定するために必要な表示について37条書面で交付する際、法第35条の規定に基づく重要事項の説明において使用した図書の交付により行った。

イ　Aが自ら貸主として宅地の定期賃貸借契約を締結した場合において、借賃の支払方法についての定めがあるときは、Aは、その内容を37条書面に記載しなければならず、借主が宅地建物取引業者であっても、当該書面を交付しなければならない。

ウ　土地付建物の売主Aは、買主が金融機関から住宅ローンの承認を得られなかったときは契約を無条件で解除できるという取決めをしたが、自ら住宅ローンのあっせんをする予定がなかったので、37条書面にその取決めの内容を記載しなかった。

エ　Aがその媒介により契約を成立させた場合において、契約の解除に関する定めがあるときは、当該契約が売買、貸借のいずれに係るものであるかを問わず、37条書面にその内容を記載しなければならない。

1　一つ
2　二つ
3　三つ
4　四つ

改【問　37】　宅地建物取引業者Aが、自ら売主として、宅地建物取引業者ではないBとの間で締結する建築工事完了前のマンション（代金3,000万円）の売買契約に関する次の記述のうち、宅地建物取引業法（以下この問において「法」という。）の規定によれば、正しいものはどれか。

1　Aが手付金として200万円を受領しようとする場合、Aは、Bに対して書面で法第41条に定める手付金等の保全措置を講じないことを告げれば、当該手付金について保全措置を講じる必要はない。

2　Aが手付金を受領している場合、Bが契約の履行に着手する前であっても、Aは、契約を解除することについて正当な理由がなければ、手付金の倍額を現実に提供して契約を解除することができない。

3　Aが150万円を手付金として受領し、さらに建築工事完了前に中間金として50万円を受領しようとする場合、Aは、手付金と中間金の合計額200万円について法第41条に定める手付金等の保全措置を講じれば、当該中間金を受領することができる。

4　Aが150万円を手付金として受領し、さらに建築工事完了前に中間金として500万円を受領しようとする場合、Aは、手付金と中間金の合計額650万円について法第41条に定める手付金等の保全措置を講じたとしても、当該中間金を受領することができない。

【問　38】　宅地建物取引業者Aが、自ら売主として、宅地建物取引業者ではないBとの間で宅地の売買契約を締結した場合における、宅地建物取引業法第37条の2の規定に基づくいわゆるクーリング・オフに関する次の記述のうち、誤っているものはいくつあるか。

ア　Bがクーリング・オフにより売買契約を解除した場合、当該契約の解除に伴う違約金について定めがあるときは、Aは、Bに対して違約金の支払を請求することができる。

イ　Aは、Bの指定した喫茶店で買受けの申込みを受けたが、その際クーリング・オフについて何も告げず、その3日後に、クーリング・オフについて書面で告げたうえで売買契約を締結した。この契約において、クーリング・オフにより契約を解除できる期間について買受けの申込みをした日から起算して10日間とする旨の特約を定めた場合、当該特約は無効となる。

ウ　Aが媒介を依頼した宅地建物取引業者Cの事務所でBが買受けの申込みをし、売買契約を締結した場合、Aからクーリング・オフについて何も告げられていなければ、当該契約を締結した日から起算して8日経過していてもクーリング・オフにより契約を解除することができる。

1　一つ
2　二つ
3　三つ
4　なし

【問　39】　宅地建物取引業者が行う宅地建物取引業法第35条に規定する重要事項の説明に関する次の記述のうち、正しいものはどれか。なお、説明の相手方は宅地建物取引業者ではないものとする。

1　既存住宅の貸借の媒介を行う場合、建物の建築及び維持保全の状況に関する書類の保存状況について説明しなければならない。

2　宅地の売買の媒介を行う場合、登記された抵当権について、引渡しまでに抹消される場合は説明しなくてよい。

3　宅地の貸借の媒介を行う場合、借地権の存続期間を50年とする賃貸借契約において、契約終了時における当該宅地の上の建物の取壊しに関する事項を定めようとするときは、その内容を説明しなければならない。

4　建物の売買又は貸借の媒介を行う場合、当該建物が津波防災地域づくりに関する法律第53条第1項により指定された津波災害警戒区域内にあるときは、その旨を、売買の場合は説明しなければならないが、貸借の場合は説明しなくてよい。

【問 40】 次の記述のうち、宅地建物取引業法の規定によれば、誤っているものはどれか。

1 宅地建物取引業者の従業者は、取引の関係者の請求があったときは、従業者証明書を提示しなければならないが、宅地建物取引士は、重要事項の説明をするときは、請求がなくても説明の相手方に対し、宅地建物取引士証を提示しなければならない。

2 宅地建物取引業者は、その業務に関する帳簿を、各取引の終了後5年間、当該宅地建物取引業者が自ら売主となる新築住宅に係るものにあっては10年間、保存しなければならない。

3 宅地建物取引業者が、一団の宅地建物の分譲を案内所を設置して行う場合、その案内所が一時的かつ移動が容易な施設であるときは、当該案内所には、クーリング・オフ制度の適用がある旨等所定の事項を表示した標識を掲げなければならない。

4 宅地建物取引業者が、一団の宅地建物の分譲を案内所を設置して行う場合、その案内所が契約を締結し、又は契約の申込みを受ける場所であるときは、当該案内所には、専任の宅地建物取引士を置かなければならない。

【問 41】 宅地建物取引業者が行う宅地建物取引業法第35条に規定する重要事項の説明（以下この問において「重要事項説明」という。）に関する次の記述のうち、正しいものはどれか。なお、説明の相手方は宅地建物取引業者ではないものとする。

1 建物管理が管理会社に委託されている建物の貸借の媒介をする宅地建物取引業者は、当該建物が区分所有建物であるか否かにかかわらず、その管理会社の商号及びその主たる事務所の所在地について、借主に説明しなければならない。

2 宅地建物取引業者である売主は、他の宅地建物取引業者に媒介を依頼して宅地の売買契約を締結する場合、重要事項説明の義務を負わない。

3 建物の貸借の媒介において、建築基準法に規定する建蔽率及び容積率に関する制限があるときは、その概要を説明しなければならない。

4 重要事項説明では、代金、交換差金又は借賃の額を説明しなければならないが、それ以外に授受される金銭の額については説明しなくてよい。

【問 42】 宅地建物取引業法第2条第1号に規定する宅地に関する次の記述のうち、誤っているものはどれか。

1 建物の敷地に供せられる土地は、都市計画法に規定する用途地域の内外を問わず宅地であるが、道路、公園、河川等の公共施設の用に供せられている土地は、用途地域内であれば宅地とされる。

2 宅地とは、現に建物の敷地に供せられている土地に限らず、広く建物の敷地に供する目的で取引の対象とされた土地をいうものであり、その地目、現況の如何を問わない。

3 都市計画法に規定する市街化調整区域内において、建物の敷地に供せられる土地は宅地である。

4 都市計画法に規定する準工業地域内において、建築資材置場の用に供せられている土地は宅地である。

【問 43】 宅地建物取引業の免許（以下この問において「免許」という。）に関する次の記述のうち、宅地建物取引業法の規定によれば、正しいものはどれか。

1 免許を受けようとする法人の非常勤役員が、刑法第246条（詐欺）の罪により懲役1年の刑に処せられ、その刑の執行が終わった日から5年を経過していなくても、当該法人は免許を受けることができる。

2 免許を受けようとする法人の政令で定める使用人が、刑法第252条（横領）の罪により懲役1年執行猶予2年の刑に処せられ、その刑の執行猶予期間を満了している場合、その満了の日から5年を経過していなくても、当該法人は免許を受けることができる。

3 免許を受けようとする法人の事務所に置く専任の宅地建物取引士が、刑法第261条（器物損壊等）の罪により罰金の刑に処せられ、その刑の執行が終わった日から5年を経過していない場合、当該法人は免許を受けることができない。

4 免許を受けようとする法人の代表取締役が、刑法第231条（侮辱）の罪により拘留の刑に処せられ、その刑の執行が終わった日から5年を経過していない場合、当該法人は免許を受けることができない。

【問 44】 宅地建物取引業法に規定する宅地建物取引士資格登録（以下この問において「登録」という。）に関する次の記述のうち、正しいものはどれか。

1 業務停止の処分に違反したとして宅地建物取引業の免許の取消しを受けた法人の政令で定める使用人であった者は、当該免許取消しの日から5年を経過しなければ、登録を受けることができない。

2 宅地建物取引業者A（甲県知事免許）に勤務する宅地建物取引士（甲県知事登録）が、宅地建物取引業者B（乙県知事免許）に勤務先を変更した場合は、乙県知事に対して、遅滞なく勤務先の変更の登録を申請しなければならない。

3 甲県知事登録を受けている者が、甲県から乙県に住所を変更した場合は、宅地建物取引士証の交付を受けていなくても、甲県知事に対して、遅滞なく住所の変更の登録を申請しなければならない。

4 宅地建物取引士資格試験に合格した者は、宅地建物取引に関する実務の経験を有しない場合でも、合格した日から1年以内に登録を受けようとするときは、登録実務講習を受講する必要はない。

改【問　45】 特定住宅瑕疵担保責任の履行の確保等に関する法律に基づく住宅販売瑕疵担保保証金の供託又は住宅販売瑕疵担保責任保険契約の締結に関する次の記述のうち、誤っているものはどれか。

1　宅地建物取引業者は、自ら売主として新築住宅を販売する場合だけでなく、新築住宅の売買の媒介をする場合においても、住宅販売瑕疵担保保証金の供託又は住宅販売瑕疵担保責任保険契約の締結を行う義務を負う。

2　自ら売主として新築住宅を販売する宅地建物取引業者は、住宅販売瑕疵担保保証金の供託をしている場合、当該住宅の売買契約を締結するまでに、当該住宅の宅地建物取引業者ではない買主に対し、供託所の所在地等について、それらの事項を記載した書面を交付して説明しなければならない。

3　自ら売主として新築住宅を宅地建物取引業者ではない買主に引き渡した宅地建物取引業者は、基準日ごとに基準日から3週間以内に、当該基準日に係る住宅販売瑕疵担保保証金の供託及び住宅販売瑕疵担保責任保険契約の締結の状況について、宅地建物取引業の免許を受けた国土交通大臣又は都道府県知事に届け出なければならない。

4　住宅販売瑕疵担保責任保険契約を締結している宅地建物取引業者は、当該保険に係る新築住宅に、構造耐力上主要な部分又は雨水の浸入を防止する部分の瑕疵（構造耐力又は雨水の浸入に影響のないものを除く。）がある場合に、特定住宅販売瑕疵担保責任の履行によって生じた損害について保険金を請求することができる。

【問　46】 独立行政法人住宅金融支援機構（以下この問において「機構」という。）に関する次の記述のうち、誤っているものはどれか。

1　機構は、証券化支援事業（買取型）において、中古住宅を購入するための貸付債権を買取りの対象としていない。

2　機構は、証券化支援事業（買取型）において、バリアフリー性、省エネルギー性、耐震性又は耐久性・可変性に優れた住宅を取得する場合に、貸付金の利率を一定期間引き下げる制度を実施している。

3　機構は、マンション管理組合や区分所有者に対するマンション共用部分の改良に必要な資金の貸付けを業務として行っている。

4　機構は、災害により住宅が滅失した場合において、それに代わるべき建築物の建設又は購入に必要な資金の貸付けを業務として行っている。

改【問　47】 宅地建物取引業者が行う広告に関する次の記述のうち、不当景品類及び不当表示防止法（不動産の表示に関する公正競争規約を含む。）の規定によれば、正しいものはどれか。

1　土地を販売するに当たり、購入者に対し、購入後一定期間内に当該土地に建物を建築することを条件としていても、建物建築の発注先を購入者が自由に選定できることとなっていれば、当該土地の広告に「建築条件付土地」と表示する必要はない。

2　新築賃貸マンションの賃料を表示するに当たり、取引する全ての住戸の賃料を表示することがスペース上困難な場合は、標準的な1住戸1か月当たりの賃料を表示すれば、不当表示に問われることはない。

3　改装又は改修済みの中古住宅については、改装又は改修済みである旨を必ず表示しなければならない。

4　分譲住宅について、住宅の購入者から買い取って再度販売する場合、当該住宅が建築工事完了後1年未満で居住の用に供されたことがないものであるときは、広告に「新築」と表示しても、不当表示に問われることはない。

令和元年度

【問　48（参考）】 次の記述のうち、正しいものはどれか。

> **注：**出題内容の「参考」として、出題当時の内容をそのまま収載しました。なお、最新の数値・傾向等に改題した当問題を「ダウンロードサービス」でご提供いたします（2024年8月末日頃〜公開予定）。詳しくは**【解説編】**P.xをご覧ください。

1　平成29年度法人企業統計年報（平成30年9月公表）によれば、平成29年度における全産業の経常利益は前年度に比べ11.4％増加となったが、不動産業の経常利益は13.8％減少した。

2　平成31年地価公示（平成31年3月公表）によれば、平成30年1月以降の1年間の地価変動率は、全国平均では住宅地、商業地、工業地のいずれについても上昇となった。

3　令和元年版国土交通白書（令和元年7月公表）によれば、平成30年3月末における宅地建物取引業者数は約20万に達している。

4　建築着工統計（平成31年1月公表）によれば、平成30年の貸家の新設着工戸数は約39.6万戸となっており、7年連続の増加となった。

【問 49】 土地に関する次の記述のうち、最も不適当なものはどれか。

1 台地、段丘は、農地として利用され、また都市的な土地利用も多く、地盤も安定している。

2 台地を刻む谷や台地上の池沼を埋め立てた所では、地盤の液状化が発生し得る。

3 台地、段丘は、水はけも良く、宅地として積極的に利用されているが、自然災害に対して安全度の低い所である。

4 旧河道や低湿地、海浜の埋立地では、地震による地盤の液状化対策が必要である。

【問 50】 建築物の構造に関する次の記述のうち、最も不適当なものはどれか。

1 地震に対する建物の安全確保においては、耐震、制震、免震という考え方がある。

2 制震は制振ダンパーなどの制振装置を設置し、地震等の周期に建物が共振することで起きる大きな揺れを制御する技術である。

3 免震はゴムなどの免震装置を設置し、上部構造の揺れを減らす技術である。

4 耐震は、建物の強度や粘り強さで地震に耐える技術であるが、既存不適格建築物の地震に対する補強には利用されていない。

平成30年度
問　　題

　次の注意事項をよく読んでから、始めてください。

日建学院

改【問　1】　AがBに甲土地を売却した場合に関する次の記述のうち、民法の規定及び判例によれば、誤っているものはどれか。

1　甲土地につき売買代金の支払と登記の移転がなされた後、第三者の詐欺を理由に売買契約が取り消された場合、原状回復のため、BはAに登記を移転する義務を、AはBに代金を返還する義務を負い、各義務は同時履行の関係となる。

2　Aが甲土地を売却した意思表示に錯誤があったとしても、Aに重大な過失があって取り消すことができない場合は、BもAの錯誤を理由として取り消すことはできない。

3　AB間の売買契約が仮装譲渡であり、その後BがCに甲土地を転売した場合、Cが仮装譲渡の事実を知らなければ、Aは、Cに虚偽表示による無効を対抗することができない。

4　Aが第三者の詐欺によってBに甲土地を売却し、その後BがDに甲土地を転売した場合、Bが第三者の詐欺の事実を知らず、かつ、知ることができなかったとしても、Dが第三者の詐欺の事実を知っていれば、Aは詐欺を理由にAB間の売買契約を取り消すことができる。

【問　2】　Aが、所有する甲土地の売却に関する代理権をBに授与し、BがCとの間で、Aを売主、Cを買主とする甲土地の売買契約（以下この問において「本件契約」という。）を締結した場合における次の記述のうち、民法の規定及び判例によれば、正しいものはどれか。

1　Bが売買代金を着服する意図で本件契約を締結し、Cが本件契約の締結時点でこのことを知っていた場合であっても、本件契約の効果はAに帰属する。

2　AがBに代理権を授与するより前にBが補助開始の審判を受けていた場合、Bは有効に代理権を取得することができない。

3　BがCの代理人にもなって本件契約を成立させた場合、Aの許諾の有無にかかわらず、本件契約は代理権を有しない者がした行為となる。

4　AがBに代理権を授与した後にBが後見開始の審判を受け、その後に本件契約が締結された場合、Bによる本件契約の締結は無権代理行為となる。

【問　3】　AとBとの間で、5か月後に実施される試験（以下この問において「本件試験」という。）にBが合格したときにはA所有の甲建物をBに贈与する旨を書面で約した（以下この問において「本件約定」という。）。この場合における次の記述のうち、民法の規定及び判例によれば、誤っているものはどれか。

1　本件約定は、停止条件付贈与契約である。

2　本件約定の後、Aの放火により甲建物が滅失し、その後にBが本件試験に合格した

場合、AはBに対して損害賠償責任を負う。

3　Bは、本件試験に合格したときは、本件約定の時点にさかのぼって甲建物の所有権を取得する。

4　本件約定の時点でAに意思能力がなかった場合、Bは、本件試験に合格しても、本件約定に基づき甲建物の所有権を取得することはできない。

【問　4】　時効の援用に関する次の記述のうち、民法の規定及び判例によれば、誤っているものはどれか。

1　消滅時効完成後に主たる債務者が時効の利益を放棄した場合であっても、保証人は時効を援用することができる。

2　後順位抵当権者は、先順位抵当権の被担保債権の消滅時効を援用することができる。

3　詐害行為の受益者は、債権者から詐害行為取消権を行使されている場合、当該債権者の有する被保全債権について、消滅時効を援用することができる。

4　債務者が時効の完成の事実を知らずに債務の承認をした場合、その後、債務者はその完成した消滅時効を援用することはできない。

【問　5】　Aは、隣人Bの留守中に台風が接近して、屋根の一部が壊れていたB宅に甚大な被害が生じる差し迫ったおそれがあったため、Bからの依頼なくB宅の屋根を修理した。この場合における次の記述のうち、民法の規定によれば、誤っているものはどれか。

1　Aは、Bに対して、特段の事情がない限り、B宅の屋根を修理したことについて報酬を請求することができない。

2　Aは、Bからの請求があったときには、いつでも、本件事務処理の状況をBに報告しなければならない。

3　Aは、B宅の屋根を善良な管理者の注意をもって修理しなければならない。

4　AによるB宅の屋根の修理が、Bの意思に反することなく行われた場合、AはBに対し、Aが支出した有益な費用全額の償還を請求することができる。

【問　6】　Aが所有する甲土地上にBが乙建物を建築して所有権を登記していたところ、AがBから乙建物を買い取り、その後、Aが甲土地にCのために抵当権を設定し登記した。この場合の法定地上権に関する次の記述のうち、民法の規定及び判例によれば、誤っているものはどれか。

1　Aが乙建物の登記をA名義に移転する前に甲土地に抵当権を設定登記していた場

合、甲土地の抵当権が実行されたとしても、乙建物のために法定地上権は成立しない。

2　Aが乙建物を取り壊して更地にしてから甲土地に抵当権を設定登記し、その後にAが甲土地上に丙建物を建築していた場合、甲土地の抵当権が実行されたとしても、丙建物のために法定地上権は成立しない。

3　Aが甲土地に抵当権を設定登記するのと同時に乙建物にもCのために共同抵当権を設定登記した後、乙建物を取り壊して丙建物を建築し、丙建物にCのために抵当権を設定しないまま甲土地の抵当権が実行された場合、丙建物のために法定地上権は成立しない。

4　Aが甲土地に抵当権を設定登記した後、乙建物をDに譲渡した場合、甲土地の抵当権が実行されると、乙建物のために法定地上権が成立する。

改【問　7】　債権譲渡に関する次の記述のうち、民法の規定及び判例によれば、誤っているものはどれか。なお、民法第466条の5に規定する預貯金債権については考慮しないものとする。

1　譲渡制限の意思表示のある債権の譲渡を受けた第三者が、その譲渡制限の意思表示の存在を知らなかったとしても、知らなかったことにつき重大な過失があれば、債務者は、その第三者に対しては、債務の履行を拒むことができる。

2　債権の譲受人が譲渡制限の意思表示の存在を知っていれば、さらにその債権を譲り受けた転得者がその意思表示の存在を知らなかったことにつき重大な過失がなかったとしても、債務者はその転得者に対して、債務の履行を拒むことができる。

3　譲渡制限の意思表示に反して債権を譲渡した債権者は、その意思表示の存在を理由に、譲渡の無効を主張することができない。

4　譲渡制限の意思表示のある債権をもって質権の目的とした場合において、質権者がその意思表示の存在について悪意であっても、当該質権設定はその効力を妨げられない。

【問　8】　次の1から4までの記述のうち、民法の規定及び下記判決文によれば、誤っているものはどれか。

（判決文）

　賃借人は、賃貸借契約が終了した場合には、賃借物件を原状に回復して賃貸人に返還する義務があるところ、賃貸借契約は、賃借人による賃借物件の使用とその対価としての賃料の支払を内容とするものであり、賃借物件の損耗の発生は、賃貸借という契約の本質上当然に予定されているものである。それゆえ、建物の賃貸借においては、賃借人が社会通念上通常の使用をした場合に生ずる賃借物件の劣化又は価値の減少を意味する通常損耗に係る投下資本の減価の回収は、通常、減価償却費や修繕費等の必要経費分を

賃料の中に含ませてその支払を受けることにより行われている。そうすると、建物の賃借人にその賃貸借において生ずる通常損耗についての原状回復義務を負わせるのは、賃借人に予期しない特別の負担を課すことになるから、賃借人に同義務が認められるためには、（中略）その旨の特約（以下「通常損耗補修特約」という。）が明確に合意されていることが必要であると解するのが相当である。

1　賃借物件を賃借人がどのように使用しても、賃借物件に発生する損耗による減価の回収は、賃貸人が全て賃料に含ませてその支払を受けることにより行っている。

2　通常損耗とは、賃借人が社会通念上通常の使用をした場合に生ずる賃借物件の劣化又は価値の減少を意味する。

3　賃借人が負担する通常損耗の範囲が賃貸借契約書に明記されておらず口頭での説明等もない場合に賃借人に通常損耗についての原状回復義務を負わせるのは、賃借人に予期しない特別の負担を課すことになる。

4　賃貸借契約に賃借人が原状回復義務を負う旨が定められていても、それをもって、賃借人が賃料とは別に通常損耗の補修費を支払う義務があるとはいえない。

改【問　9】　Aは、令和6年10月1日、A所有の甲土地につき、Bとの間で、代金1,000万円、支払期日を同年12月1日とする売買契約を締結した。この場合の相殺に関する次の記述のうち、民法の規定及び判例によれば、正しいものはどれか。

1　BがAに対して同年12月31日を支払期日とする貸金債権を有している場合には、Bは同年12月1日に売買代金債務と当該貸金債権を対当額で相殺することができる。

2　同年11月1日にAの売買代金債権がAの債権者Cにより差し押さえられても、Bは、同年11月2日から12月1日までの間にAに対する別の債権を取得した場合には、同年12月1日に売買代金債務と当該債権を対当額で相殺することができる。

3　同年10月10日、BがAの自動車事故によって身体の被害を受け、Aに対して不法行為に基づく損害賠償債権を取得した場合には、Bは売買代金債務と当該損害賠償債権を対当額で相殺することができる。

4　BがAに対し同年9月30日に消滅時効の期限が到来する貸金債権を有していた場合には、Aが当該消滅時効を援用したとしても、Bは売買代金債務と当該貸金債権を対当額で相殺することができる。

【問　10】　相続に関する次の記述のうち、民法の規定及び判例によれば、誤っているものはどれか。

1　無権代理人が本人に無断で本人の不動産を売却した後に、単独で本人を相続した場合、本人が自ら当該不動産を売却したのと同様な法律上の効果が生じる。

2 相続財産に属する不動産について、遺産分割前に単独の所有権移転登記をした共同相続人から移転登記を受けた第三取得者に対し、他の共同相続人は、自己の持分を登記なくして対抗することができる。

3 連帯債務者の一人が死亡し、その相続人が数人ある場合、相続人らは被相続人の債務の分割されたものを承継し、各自その承継した範囲において、本来の債務者とともに連帯債務者となる。

4 共同相続に基づく共有物の持分価格が過半数を超える相続人は、協議なくして単独で共有物を占有する他の相続人に対して、当然にその共有物の明渡しを請求することができる。

【問 11】 AとBとの間で、A所有の甲土地につき建物所有目的で賃貸借契約（以下この問において「本件契約」という。）を締結する場合に関する次の記述のうち、民法及び借地借家法の規定並びに判例によれば、正しいものはどれか。

1 本件契約が専ら事業の用に供する建物の所有を目的とする場合には、公正証書によらなければ無効となる。

2 本件契約が居住用の建物の所有を目的とする場合には、借地権の存続期間を20年とし、かつ、契約の更新請求をしない旨を定めても、これらの規定は無効となる。

3 本件契約において借地権の存続期間を60年と定めても、公正証書によらなければ、その期間は30年となる。

4 Bは、甲土地につき借地権登記を備えなくても、Bと同姓でかつ同居している未成年の長男名義で保存登記をした建物を甲土地上に所有していれば、甲土地の所有者が替わっても、甲土地の新所有者に対し借地権を対抗することができる。

【問 12】 AとBとの間で、Aが所有する甲建物をBが5年間賃借する旨の契約を締結した場合における次の記述のうち、民法及び借地借家法の規定によれば、正しいものはどれか（借地借家法第39条に定める取壊し予定の建物の賃貸借及び同法第40条に定める一時使用目的の建物の賃貸借は考慮しないものとする。）。

1 AB間の賃貸借契約が借地借家法第38条の定期建物賃貸借で、契約の更新がない旨を定めた場合には、5年経過をもって当然に、AはBに対して、期間満了による終了を対抗することができる。

2 AB間の賃貸借契約が借地借家法第38条の定期建物賃貸借で、契約の更新がない旨を定めた場合には、当該契約の期間中、Bから中途解約を申し入れることはできない。

3 AB間の賃貸借契約が借地借家法第38条の定期建物賃貸借でない場合、A及びBのいずれからも期間内に更新しない旨の通知又は条件変更しなければ更新しない旨の通

知がなかったときは、当該賃貸借契約が更新され、その契約は期間の定めがないものとなる。

4　CがBから甲建物を適法に賃貸された転借人で、期間満了によってAB間及びBC間の賃貸借契約が終了する場合、Aの同意を得て甲建物に付加した造作について、BはAに対する買取請求権を有するが、CはAに対する買取請求権を有しない。

【問　13】　建物の区分所有等に関する法律に関する次の記述のうち、誤っているものはどれか。

1　規約の設定、変更又は廃止を行う場合は、区分所有者の過半数による集会の決議によってなされなければならない。

2　規約を保管する者は、利害関係人の請求があったときは、正当な理由がある場合を除いて、規約の閲覧を拒んではならず、閲覧を拒絶した場合は20万円以下の過料に処される。

3　規約の保管場所は、建物内の見やすい場所に掲示しなければならない。

4　占有者は、建物又はその敷地若しくは附属施設の使用方法につき、区分所有者が規約又は集会の決議に基づいて負う義務と同一の義務を負う。

【問　14】　不動産の登記に関する次の記述のうち、誤っているものはどれか。

1　登記は、法令に別段の定めがある場合を除き、当事者の申請又は官庁若しくは公署の嘱託がなければ、することができない。

2　表示に関する登記は、登記官が、職権ですることができる。

3　所有権の登記名義人は、建物の床面積に変更があったときは、当該変更のあった日から1月以内に、変更の登記を申請しなければならない。

4　所有権の登記名義人は、その住所について変更があったときは、当該変更のあった日から1月以内に、変更の登記を申請しなければならない。

【問　15】　国土利用計画法第23条の届出（以下この問において「事後届出」という。）に関する次の記述のうち、正しいものはどれか。

1　事後届出に係る土地の利用目的について、甲県知事から勧告を受けた宅地建物取引業者Aがその勧告に従わないときは、甲県知事は、その旨及びその勧告の内容を公表することができる。

2　乙県が所有する都市計画区域内の土地（面積6,000㎡）を買い受けた者は、売買契約を締結した日から起算して2週間以内に、事後届出を行わなければならない。

3 指定都市(地方自治法に基づく指定都市をいう。)の区域以外に所在する土地について、事後届出を行うに当たっては、市町村の長を経由しないで、直接都道府県知事に届け出なければならない。

4 宅地建物取引業者Bが所有する市街化区域内の土地(面積2,500㎡)について、宅地建物取引業者Cが購入する契約を締結した場合、Cは事後届出を行う必要はない。

【**問 16**】 都市計画法に関する次の記述のうち、誤っているものはどれか。

1 田園住居地域内の農地の区域内において、土地の形質の変更を行おうとする者は、一定の場合を除き、市町村長の許可を受けなければならない。

2 風致地区内における建築物の建築については、一定の基準に従い、地方公共団体の条例で、都市の風致を維持するため必要な規制をすることができる。

3 市街化区域については、少なくとも用途地域を定めるものとし、市街化調整区域については、原則として用途地域を定めないものとする。

4 準都市計画区域については、無秩序な市街化を防止し、計画的な市街化を図るため、都市計画に市街化区域と市街化調整区域との区分を定めなければならない。

【**問 17**】 都市計画法に関する次の記述のうち、誤っているものはどれか。ただし、許可を要する開発行為の面積については、条例による定めはないものとし、この問において「都道府県知事」とは、地方自治法に基づく指定都市、中核市及び施行時特例市にあってはその長をいうものとする。

1 非常災害のため必要な応急措置として開発行為をしようとする者は、当該開発行為が市街化調整区域内において行われるものであっても都道府県知事の許可を受けなくてよい。

2 用途地域等の定めがない土地のうち開発許可を受けた開発区域内においては、開発行為に関する工事完了の公告があった後は、都道府県知事の許可を受けなければ、当該開発許可に係る予定建築物以外の建築物を新築することができない。

3 都市計画区域及び準都市計画区域外の区域内において、8,000㎡の開発行為をしようとする者は、都道府県知事の許可を受けなくてよい。

4 準都市計画区域内において、農業を営む者の居住の用に供する建築物の建築を目的とした1,000㎡の土地の区画形質の変更を行おうとする者は、あらかじめ、都道府県知事の許可を受けなければならない。

改【問　18】　建築基準法に関する次の記述のうち、正しいものはどれか。

1　建築物の高さ31m以下の部分にある全ての階には、非常用の進入口を設けなければならない。

2　防火地域内にある３階建ての木造の建築物を増築する場合、その増築に係る部分の床面積の合計が10㎡以内であれば、その工事が完了した際に、建築主事等又は指定確認検査機関の完了検査を受ける必要はない。

3　４階建ての事務所の用途に供する建築物の２階以上の階にあるバルコニーその他これに類するものの周囲には、安全上必要な高さが1.1m以上の手すり壁、さく又は金網を設けなければならない。

4　建築基準法の改正により、現に存する建築物が改正後の規定に適合しなくなった場合、当該建築物の所有者又は管理者は速やかに当該建築物を改正後の建築基準法の規定に適合させなければならない。

【問　19】　建築基準法（以下この問において「法」という。）に関する次の記述のうち、誤っているものはどれか。

1　田園住居地域内においては、建築物の高さは、一定の場合を除き、10m又は12mのうち当該地域に関する都市計画において定められた建築物の高さの限度を超えてはならない。

2　一の敷地で、その敷地面積の40％が第二種低層住居専用地域に、60％が第一種中高層住居専用地域にある場合は、原則として、当該敷地内には大学を建築することができない。

3　都市計画区域の変更等によって法第３章の規定が適用されるに至った際現に建築物が立ち並んでいる幅員２mの道で、特定行政庁の指定したものは、同章の規定における道路とみなされる。

4　容積率規制を適用するに当たって、前面道路の境界線又はその反対側の境界線からそれぞれ後退して壁面線の指定がある場合において、特定行政庁が一定の基準に適合すると認めて許可した建築物については、当該前面道路の境界線又はその反対側の境界線は、それぞれ当該壁面線にあるものとみなす。

改【問　20】　宅地造成及び特定盛土等規制法に関する次の記述のうち、誤っているものはどれか。なお、この問において「都道府県知事」とは、地方自治法に基づく指定都市、中核市及び施行時特例市にあってはその長をいうものとする。

1　宅地造成等工事規制区域内において、過去に宅地造成等に関する工事が行われ現在は工事主とは異なる者がその工事が行われた土地（公共施設用地を除く。）を所有し

ている場合、当該土地の所有者は、宅地造成等に伴う災害が生じないよう、その土地を常時安全な状態に維持するように努めなければならない。

2 宅地造成等工事規制区域内において行われる宅地造成等に関する工事について許可をする都道府県知事は、当該許可に、工事の施行に伴う災害を防止するために必要な条件を付することができる。

3 宅地を宅地以外の土地にするために行う土地の形質の変更は、宅地造成に該当しない。

4 宅地造成等工事規制区域内において、切土であって、当該切土をする土地の面積が400㎡で、かつ、高さ1mの崖を生ずることとなるものに関する工事を行う場合には、一定の場合を除き、都道府県知事の許可を受けなければならない。

【問 21】 土地区画整理法に関する次の記述のうち、正しいものはどれか。

1 土地区画整理事業とは、公共施設の整備改善及び宅地の利用の増進を図るため、土地区画整理法で定めるところに従って行われる、都市計画区域内及び都市計画区域外の土地の区画形質の変更に関する事業をいう。

2 土地区画整理組合の設立の認可の公告があった日以後、換地処分の公告がある日までは、施行地区内において、土地区画整理事業の施行の障害となるおそれがある建築物その他の工作物の新築を行おうとする者は、都道府県知事及び市町村長の許可を受けなければならない。

3 土地区画整理事業の施行者は、仮換地を指定した場合において、従前の宅地に存する建築物を移転し、又は除却することが必要となったときは、当該建築物を移転し、又は除却することができる。

4 土地区画整理事業の施行者は、仮換地を指定した場合において、当該仮換地について使用又は収益を開始することができる日を当該仮換地の効力発生の日と同一の日として定めなければならない。

【問 22】 農地法（以下この問において「法」という。）に関する次の記述のうち、正しいものはどれか。

1 市街化区域内の農地を宅地とする目的で権利を取得する場合は、あらかじめ農業委員会に届出をすれば法第5条の許可は不要である。

2 遺産分割により農地を取得することとなった場合、法第3条第1項の許可を受ける必要がある。

3 法第2条第3項の農地所有適格法人の要件を満たしていない株式会社は、耕作目的で農地を借り入れることはできない。

4 　雑種地を開墾し耕作している土地でも、登記簿上の地目が雑種地である場合は、法の適用を受ける農地に当たらない。

改【問　23】 　住宅用家屋の所有権の移転登記に係る登録免許税の税率の軽減措置に関する次の記述のうち、正しいものはどれか。

1 　個人が他の個人と共有で住宅用の家屋を購入した場合、当該個人は、その住宅用の家屋の所有権の移転登記について、床面積に自己が有する共有持分の割合を乗じたものが50㎡以上でなければ、この税率の軽減措置の適用を受けることができない。

2 　この税率の軽減措置は、登記の対象となる住宅用の家屋の取得原因を限定しており、交換を原因として取得した住宅用の家屋について受ける所有権の移転登記には適用されない。

3 　所有権の移転登記に係る住宅用の家屋が新耐震基準に適合している住宅用家屋であっても、築年数25年以内でなければ、この税率の軽減措置の適用を受けることができない。

4 　この税率の軽減措置の適用を受けるためには、登記の申請書に、その家屋が一定の要件を満たす住宅用の家屋であることについての税務署長の証明書を添付しなければならない。

【問　24】 　不動産取得税に関する次の記述のうち、正しいものはどれか。

1 　不動産取得税は、不動産の取得があった日の翌日から起算して3月以内に当該不動産が所在する都道府県に申告納付しなければならない。

2 　不動産取得税は不動産の取得に対して課される税であるので、家屋を改築したことにより当該家屋の価格が増加したとしても、新たな不動産の取得とはみなされないため、不動産取得税は課されない。

3 　相続による不動産の取得については、不動産取得税は課されない。

4 　一定の面積に満たない土地の取得については、不動産取得税は課されない。

【問　25】 　不動産の鑑定評価に関する次の記述のうち、不動産鑑定評価基準によれば、正しいものはどれか。

1 　不動産の価格は、その不動産の効用が最高度に発揮される可能性に最も富む使用を前提として把握される価格を標準として形成されるが、これを最有効使用の原則という。

2 　収益還元法は、賃貸用不動産又は賃貸以外の事業の用に供する不動産の価格を求める場合に特に有効な手法であるが、事業の用に供さない自用の不動産の鑑定評価には適用すべきではない。

3 鑑定評価の基本的な手法は、原価法、取引事例比較法及び収益還元法に大別され、実際の鑑定評価に際しては、地域分析及び個別分析により把握した対象不動産に係る市場の特性等を適切に反映した手法をいずれか1つ選択して、適用すべきである。

4 限定価格とは、市場性を有する不動産について、法令等による社会的な要請を背景とする鑑定評価目的の下で、正常価格の前提となる諸条件を満たさないことにより正常価格と同一の市場概念の下において形成されるであろう市場価値と乖離することとなる場合における不動産の経済価値を適正に表示する価格のことをいい、民事再生法に基づく鑑定評価目的の下で、早期売却を前提として求められる価格が例としてあげられる。

【問 26】 宅地建物取引業者が行う広告に関する次の記述のうち、宅地建物取引業法（以下この問において「法」という。）の規定によれば、正しいものはどれか。

1 宅地の売買に関する広告をインターネットで行った場合において、当該宅地の売買契約成立後に継続して広告を掲載していたとしても、当該広告の掲載を始めた時点で当該宅地に関する売買契約が成立していなかったときは、法第32条に規定する誇大広告等の禁止に違反しない。

2 販売する宅地又は建物の広告に著しく事実に相違する表示をした場合、監督処分の対象となるほか、6月以下の懲役及び100万円以下の罰金を併科されることがある。

3 建築基準法第6条第1項の確認を申請中の建物については、当該建物の売買の媒介に関する広告をしてはならないが、貸借の媒介に関する広告はすることができる。

4 宅地建物取引業者がその業務に関して広告をするときは、実際のものより著しく優良又は有利であると人を誤認させるような表示をしてはならないが、宅地又は建物に係る現在又は将来の利用の制限の一部を表示しないことによりそのような誤認をさせる場合は、法第32条に規定する誇大広告等の禁止に違反しない。

【問 27】 宅地建物取引業者Aは、Bが所有し、居住している甲住宅の売却の媒介を、また、宅地建物取引業者Cは、Dから既存住宅の購入の媒介を依頼され、それぞれ媒介契約を締結した。その後、B及びDは、それぞれA及びCの媒介により、甲住宅の売買契約（以下この問において「本件契約」という。）を締結した。この場合における次の記述のうち、宅地建物取引業法（以下この問において「法」という。）の規定によれば、正しいものはどれか。なお、この問において「建物状況調査」とは、法第34条の2第1項第4号に規定する調査をいうものとする。

1 Aは、甲住宅の売却の依頼を受けた媒介業者として、本件契約が成立するまでの間に、Dに対し、建物状況調査を実施する者のあっせんの有無について確認しなければならない。

2　A及びCは、本件契約が成立するまでの間に、Dに対し、甲住宅について、設計図書、点検記録その他の建物の建築及び維持保全の状況に関する書類で国土交通省令で定めるものの保存の状況及びそれぞれの書類に記載されている内容について説明しなければならない。

3　CがDとの間で媒介契約を締結する2年前に、甲住宅は既に建物状況調査を受けていた。この場合において、A及びCは、本件契約が成立するまでの間に、Dに対し、建物状況調査を実施している旨及びその結果の概要について説明しなければならない。

4　A及びCは、Dが宅地建物取引業者である場合であっても、法第37条に基づき交付すべき書面において、甲住宅の構造耐力上主要な部分等の状況について当事者の双方が確認した事項があるときにその記載を省略することはできない。

【問　28】　次の記述のうち、宅地建物取引業法（以下この問において「法」という。）の規定によれば、正しいものはいくつあるか。

ア　宅地建物取引業者が、買主として、造成工事完了前の宅地の売買契約を締結しようとする場合、売主が当該造成工事に関し必要な都市計画法第29条第1項の許可を申請中であっても、当該売買契約を締結することができる。

イ　宅地建物取引業者が、買主として、宅地建物取引業者との間で宅地の売買契約を締結した場合、法第37条の規定により交付すべき書面を交付しなくてよい。

ウ　営業保証金を供託している宅地建物取引業者が、売主として、宅地建物取引業者との間で宅地の売買契約を締結しようとする場合、営業保証金を供託した供託所及びその所在地について、買主に対し説明をしなければならない。

エ　宅地建物取引業者が、宅地の売却の依頼者と媒介契約を締結した場合、当該宅地の購入の申込みがあったときは、売却の依頼者が宅地建物取引業者であっても、遅滞なく、その旨を当該依頼者に報告しなければならない。

1　一つ

2　二つ

3　三つ

4　なし

改【問　29】　Aは、Bとの間で、Aが所有する建物を代金2,000万円で売却する売買契約（以下この問において「本件契約」という。）を締結した。この場合における次の記述のうち、宅地建物取引業法（以下この問において「法」という。）の規定に違反しないものはどれか。

1　A及びBがともに宅地建物取引業者である場合において、Aは、本件契約の成立後、

法第37条の規定により交付すべき書面を作成し、記名は宅地建物取引士ではない者が行い、これをBに交付した。

2　A及びBがともに宅地建物取引業者である場合において、当事者の債務の不履行を理由とする契約の解除があったときの損害賠償の額を600万円とする特約を定めた。

3　Aは宅地建物取引業者であるが、Bは宅地建物取引業者ではない場合において、Aは、本件契約の締結に際して、500万円の手付を受領した。

4　Aは宅地建物取引業者であるが、Bは宅地建物取引業者ではない場合において、本件契約の目的物である建物の種類又は品質に関して契約の内容に適合しない場合におけるその不適合を担保すべき責任に関し、履行の追完の請求、代金の減額の請求、契約の解除又は損害賠償の請求は目的物の引渡しの日から1年以内にしなければならないものとする旨の特約を定めた。

🈎【問　30】　宅地建物取引業者A（消費税課税事業者）は、Bが所有する建物について、B及びCから媒介の依頼を受け、Bを貸主、Cを借主とし、1か月分の借賃を10万円（消費税等相当額を含まない。）、CからBに支払われる権利金（権利設定の対価として支払われる金銭であって返還されないものであり、消費税等相当額を含まない。）を150万円とする定期建物賃貸借契約を成立させた。この場合における次の記述のうち、宅地建物取引業法の規定によれば、正しいものはどれか。

1　建物が店舗用である場合、Aは、B及びCの承諾を得たときは、B及びCの双方からそれぞれ11万円の報酬を受けることができる。

2　建物が居住用である場合、Aが受け取ることができる報酬の額は、CからBに支払われる権利金の額を売買に係る代金の額とみなして算出される16万5,000円が上限となる。

3　建物が店舗用である場合、Aは、Bからの依頼に基づくことなく広告をした場合でも、その広告が賃貸借契約の成立に寄与したときは、報酬とは別に、その広告料金に相当する額をBに請求することができる。

4　定期建物賃貸借契約の契約期間が終了した直後にAが依頼を受けてBC間の定期建物賃貸借契約の再契約を成立させた場合、Aが受け取る報酬については、宅地建物取引業法の規定が適用される。

🈎【問　31】　宅地建物取引業者A（消費税課税事業者）が受け取ることのできる報酬の上限額に関する次の記述のうち、宅地建物取引業法の規定によれば、正しいものはどれか。

1　土地付中古住宅（代金500万円。消費税等相当額を含まない。）の売買について、Aが売主Bから媒介を依頼され、現地調査等の費用が通常の売買の媒介に比べ5万円（消費税等相当額を含まない。）多く要する場合、その旨をBに対し説明した上で、A

がBから受け取ることができる報酬の上限額は286,000円である。

2　土地付中古住宅（代金300万円。消費税等相当額を含まない。）の売買について、A
　　が買主Cから媒介を依頼され、現地調査等の費用が通常の売買の媒介に比べ4万円
　　（消費税等相当額を含まない。）多く要する場合、その旨をCに対し説明した上で、A
　　がCから受け取ることができる報酬の上限額は198,000円である。

3　土地（代金350万円。消費税等相当額を含まない。）の売買について、Aが売主Dか
　　ら媒介を依頼され、現地調査等の費用が通常の売買の媒介に比べ2万円（消費税等相
　　当額を含まない。）多く要する場合、その旨をDに対し説明した上で、AがDから受
　　け取ることができる報酬の上限額は198,000円である。

4　中古住宅（1か月分の借賃15万円。消費税等相当額を含まない。）の貸借について、
　　Aが貸主Eから媒介を依頼され、現地調査等の費用が通常の貸借の媒介に比べ3万円
　　（消費税等相当額を含まない。）多く要する場合、その旨をEに対し説明した上で、A
　　がEから受け取ることができる報酬の上限額は198,000円である。

【問 32】　次の記述のうち、宅地建物取引業法の規定によれば、正しいものはどれか。

1　宅地建物取引士が都道府県知事から指示処分を受けた場合において、宅地建物取引
　　業者（国土交通大臣免許）の責めに帰すべき理由があるときは、国土交通大臣は、当
　　該宅地建物取引業者に対して指示処分をすることができる。

2　宅地建物取引士が不正の手段により宅地建物取引士の登録を受けた場合、その登録
　　をした都道府県知事は、宅地建物取引士資格試験の合格の決定を取り消さなければな
　　らない。

3　国土交通大臣は、すべての宅地建物取引士に対して、購入者等の利益の保護を図る
　　ため必要な指導、助言及び勧告をすることができる。

4　甲県知事の登録を受けている宅地建物取引士が、乙県知事から事務の禁止の処分を
　　受けた場合は、速やかに、宅地建物取引士証を乙県知事に提出しなければならない。

【問 33】　宅地建物取引業者Aは、Bから、Bが所有し居住している甲住宅の売却に
ついて媒介の依頼を受けた。この場合における次の記述のうち、宅地建物取引業法（以
下この問において「法」という。）の規定によれば、正しいものはどれか。

1　Aが甲住宅について、法第34条の2第1項第4号に規定する建物状況調査の制度概
　　要を紹介し、Bが同調査を実施する者のあっせんを希望しなかった場合、Aは、同項
　　の規定に基づき交付すべき書面に同調査を実施する者のあっせんに関する事項を記載
　　する必要はない。

2　Aは、Bとの間で専属専任媒介契約を締結した場合、当該媒介契約締結日から7日

以内（休業日を含まない。）に、指定流通機構に甲住宅の所在等を登録しなければならない。

3　Aは、甲住宅の評価額についての根拠を明らかにするため周辺の取引事例の調査をした場合、当該調査の実施についてBの承諾を得ていなくても、同調査に要した費用をBに請求することができる。

4　AとBの間で専任媒介契約を締結した場合、Aは、法第34条の2第1項の規定に基づき交付すべき書面に、BがA以外の宅地建物取引業者の媒介又は代理によって売買又は交換の契約を成立させたときの措置について記載しなければならない。

改【問　34】　宅地建物取引業者が媒介により既存建物の貸借の契約を成立させた場合、宅地建物取引業法第37条の規定により、当該貸借の契約当事者に対して交付すべき書面に必ず記載しなければならない事項の組合せはどれか。

ア　建物が種類若しくは品質に関して契約の内容に適合しない場合におけるその不適合を担保すべき責任の内容

イ　当事者の氏名（法人にあっては、その名称）及び住所

ウ　建物の引渡しの時期

エ　建物の構造耐力上主要な部分等の状況について当事者双方が確認した事項

1　ア、イ

2　イ、ウ

3　イ、エ

4　ウ、エ

改【問　35】　宅地建物取引業者間の取引における宅地建物取引業法第35条に規定する重要事項の説明及び重要事項を記載した書面（以下この問において「重要事項説明書」という。）の交付に関する次の記述のうち、正しいものはどれか。

1　建物の売買においては、売主は取引の対象となる建物（昭和56年6月1日以降に新築の工事に着手したものを除く。）について耐震診断を受けなければならず、また、その診断の結果を重要事項説明書に記載しなければならない。

2　建物の売買においては、その対象となる建物が未完成である場合は、重要事項説明書を交付した上で、宅地建物取引士をして説明させなければならない。

3　建物の売買においては、その建物が種類若しくは品質に関して契約の内容に適合しない場合におけるその不適合を担保すべき責任の履行に関し保証保険契約の締結などの措置を講ずるかどうか、また、講ずる場合はその概要を重要事項説明書に記載しなければならない。

4 宅地の交換において交換契約に先立って交換差金の一部として30万円の預り金の授受がある場合、その預り金を受領しようとする者は、保全措置を講ずるかどうか、及びその措置を講ずる場合はその概要を重要事項説明書に記載しなければならない。

【問 36】 宅地建物取引業の免許（以下この問において「免許」という。）に関する次の記述のうち、宅地建物取引業法の規定によれば、正しいものはどれか。

1 宅地建物取引業者Aが免許の更新の申請を行った場合において、免許の有効期間の満了の日までにその申請について処分がなされないときは、Aの従前の免許は、有効期間の満了によりその効力を失う。

2 甲県に事務所を設置する宅地建物取引業者B（甲県知事免許）が、乙県所在の宅地の売買の媒介をする場合、Bは国土交通大臣に免許換えの申請をしなければならない。

3 宅地建物取引業を営もうとする個人Cが、懲役の刑に処せられ、その刑の執行を終えた日から5年を経過しない場合、Cは免許を受けることができない。

4 いずれも宅地建物取引士ではないDとEが宅地建物取引業者F社の取締役に就任した。Dが常勤、Eが非常勤である場合、F社はDについてのみ役員の変更を免許権者に届け出る必要がある。

【問 37】 宅地建物取引業者である売主Aが、宅地建物取引業者Bの媒介により宅地建物取引業者ではない買主Cと新築マンションの売買契約を締結した場合において、宅地建物取引業法第37条の2の規定に基づくいわゆるクーリング・オフに関する次の記述のうち、正しいものはいくつあるか。

ア AとCの間で、クーリング・オフによる契約の解除に関し、Cは契約の解除の書面をクーリング・オフの告知の日から起算して8日以内にAに到達させなければ契約を解除することができない旨の特約を定めた場合、当該特約は無効である。

イ Cは、Bの事務所で買受けの申込みを行い、その3日後に、Cの自宅近くの喫茶店で売買契約を締結した場合、クーリング・オフによる契約の解除はできない。

ウ Cは、Bからの提案によりCの自宅で買受けの申込みを行ったが、クーリング・オフについては告げられず、その10日後に、Aの事務所で売買契約を締結した場合、クーリング・オフによる契約の解除はできない。

エ クーリング・オフについて告げる書面には、Bの商号又は名称及び住所並びに免許証番号を記載しなければならない。

1 一つ

2 二つ

3 三つ

4 なし

【問 38】 宅地建物取引業者である売主は、宅地建物取引業者ではない買主との間で、戸建住宅の売買契約（所有権の登記は当該住宅の引渡し時に行うものとする。）を締結した。この場合における宅地建物取引業法第41条又は第41条の2の規定に基づく手付金等の保全措置（以下この問において「保全措置」という。）に関する次の記述のうち、正しいものはどれか。

1 当該住宅が建築工事の完了後で、売買代金が3,000万円であった場合、売主は、買主から手付金200万円を受領した後、当該住宅を引き渡す前に中間金300万円を受領するためには、手付金200万円と合わせて保全措置を講じた後でなければ、その中間金を受領することができない。

2 当該住宅が建築工事の完了前で、売買代金が2,500万円であった場合、売主は、当該住宅を引き渡す前に買主から保全措置を講じないで手付金150万円を受領することができる。

3 当該住宅が建築工事の完了前で、売主が買主から保全措置が必要となる額の手付金を受領する場合、売主は、事前に、国土交通大臣が指定する指定保管機関と手付金等寄託契約を締結し、かつ、当該契約を証する書面を買主に交付した後でなければ、買主からその手付金を受領することができない。

4 当該住宅が建築工事の完了前で、売主が買主から保全措置が必要となる額の手付金等を受領する場合において売主が銀行との間で締結する保証委託契約に基づく保証契約は、建築工事の完了までの間を保証期間とするものでなければならない。

【問 39】 宅地建物取引業者が建物の貸借の媒介を行う場合における宅地建物取引業法（以下この問において「法」という。）第35条に規定する重要事項の説明に関する次の記述のうち、誤っているものはどれか。なお、特に断りのない限り、当該建物を借りようとする者は宅地建物取引業者ではないものとする。

1 当該建物を借りようとする者が宅地建物取引業者であるときは、貸借の契約が成立するまでの間に重要事項を記載した書面を交付しなければならないが、その内容を宅地建物取引士に説明させる必要はない。

2 当該建物が既存の住宅であるときは、法第34条の2第1項第4号に規定する建物状況調査を実施しているかどうか、及びこれを実施している場合におけるその結果の概要を説明しなければならない。

3 台所、浴室、便所その他の当該建物の設備の整備の状況について説明しなければならない。

4 宅地建物取引士は、テレビ会議等のITを活用して重要事項の説明を行うときは、相手方の承諾があれば宅地建物取引士証の提示を省略することができる。

【問 40】 宅地建物取引業者Aが行う業務に関する次の記述のうち、宅地建物取引業法の規定に違反するものはいくつあるか。

ア Aは、自ら売主として、建物の売買契約を締結するに際し、買主が手付金を持ち合わせていなかったため手付金の分割払いを提案し、買主はこれに応じた。

イ Aは、建物の販売に際し、勧誘の相手方から値引きの要求があったため、広告に表示した販売価格から100万円値引きすることを告げて勧誘し、売買契約を締結した。

ウ Aは、土地の売買の媒介に際し重要事項の説明の前に、宅地建物取引士ではないAの従業者をして媒介の相手方に対し、当該土地の交通等の利便の状況について説明させた。

エ Aは、投資用マンションの販売に際し、電話で勧誘を行ったところ、勧誘の相手方から「購入の意思がないので二度と電話をかけないように」と言われたことから、電話での勧誘を諦め、当該相手方の自宅を訪問して勧誘した。

1 一つ
2 二つ
3 三つ
4 四つ

【問 41】 次の記述のうち、宅地建物取引業の免許を要する業務が含まれるものはどれか。

1 A社は、所有する土地を10区画にほぼ均等に区分けしたうえで、それぞれの区画に戸建住宅を建築し、複数の者に貸し付けた。

2 B社は、所有するビルの一部にコンビニエンスストアや食堂など複数のテナントの出店を募集し、その募集広告を自社のホームページに掲載したほか、多数の事業者に案内を行った結果、出店事業者が決まった。

3 C社は賃貸マンションの管理業者であるが、複数の貸主から管理を委託されている物件について、入居者の募集、貸主を代理して行う賃貸借契約の締結、入居者からの苦情・要望の受付、入居者が退去した後の清掃などを行っている。

4 D社は、多数の顧客から、顧客が所有している土地に住宅や商業用ビルなどの建物を建設することを請け負って、その対価を得ている。

【問 42】 次の記述のうち、宅地建物取引業法（以下この問において「法」という。）

の規定によれば、正しいものはどれか。

1　宅地建物取引士が死亡した場合、その相続人は、死亡した日から30日以内に、その旨を当該宅地建物取引士の登録をしている都道府県知事に届け出なければならない。

2　甲県知事の登録を受けている宅地建物取引士は、乙県に所在する宅地建物取引業者の事務所の業務に従事しようとするときは、乙県知事に対し登録の移転の申請をし、乙県知事の登録を受けなければならない。

3　宅地建物取引士は、事務禁止の処分を受けたときは宅地建物取引士証をその交付を受けた都道府県知事に提出しなくてよいが、登録消除の処分を受けたときは返納しなければならない。

4　宅地建物取引士は、法第37条に規定する書面を交付する際、取引の関係者から請求があったときは、専任の宅地建物取引士であるか否かにかかわらず宅地建物取引士証を提示しなければならない。

【問　43】　宅地建物取引業法に規定する営業保証金に関する次の記述のうち、正しいものはどれか。

1　宅地建物取引業者は、免許を受けた日から3月以内に営業保証金を供託した旨の届出を行わなかったことにより国土交通大臣又は都道府県知事の催告を受けた場合、当該催告が到達した日から1月以内に届出をしないときは、免許を取り消されることがある。

2　宅地建物取引業者に委託している家賃収納代行業務により生じた債権を有する者は、宅地建物取引業者が供託した営業保証金について、その債権の弁済を受けることができる。

3　宅地建物取引業者は、宅地建物取引業の開始後1週間以内に、供託物受入れの記載のある供託書の写しを添附して、営業保証金を供託した旨を免許を受けた国土交通大臣又は都道府県知事に届け出なければならない。

4　宅地建物取引業者は、新たに事務所を2か所増設するための営業保証金の供託について国債証券と地方債証券を充てる場合、地方債証券の額面金額が800万円であるときは、額面金額が200万円の国債証券が必要となる。

【問　44】　宅地建物取引業保証協会（以下この問において「保証協会」という。）の社員である宅地建物取引業者Aに関する次の記述のうち、宅地建物取引業法の規定によれば、正しいものはどれか。

1　Aは、保証協会の社員の地位を失った場合、Aとの宅地建物取引業に関する取引により生じた債権に関し権利を有する者に対し、6月以内に申し出るべき旨の公告をし

なければならない。

2　保証協会は、Aの取引の相手方から宅地建物取引業に係る取引に関する苦情を受けた場合は、Aに対し、文書又は口頭による説明を求めることができる。

3　Aは、保証協会の社員の地位を失った場合において、保証協会に弁済業務保証金分担金として150万円の納付をしていたときは、全ての事務所で営業を継続するためには、1週間以内に主たる事務所の最寄りの供託所に営業保証金として1,500万円を供託しなければならない。

4　Aは、その一部の事務所を廃止したときは、保証協会が弁済業務保証金の還付請求権者に対し、一定期間内に申し出るべき旨の公告をした後でなければ、弁済業務保証金分担金の返還を受けることができない。

【問　45】　特定住宅瑕疵担保責任の履行の確保等に関する法律に基づく住宅販売瑕疵担保保証金の供託又は住宅販売瑕疵担保責任保険契約の締結に関する次の記述のうち、正しいものはどれか。

1　宅地建物取引業者は、自ら売主として新築住宅を販売する場合及び新築住宅の売買の媒介をする場合において、住宅販売瑕疵担保保証金の供託又は住宅販売瑕疵担保責任保険契約の締結を行う義務を負う。

2　自ら売主として新築住宅を宅地建物取引業者でない買主に引き渡した宅地建物取引業者は、その住宅を引き渡した日から3週間以内に、住宅販売瑕疵担保保証金の供託又は住宅販売瑕疵担保責任保険契約の締結の状況について、宅地建物取引業の免許を受けた国土交通大臣又は都道府県知事に届け出なければならない。

3　自ら売主として新築住宅を宅地建物取引業者でない買主に引き渡した宅地建物取引業者は、基準日に係る住宅販売瑕疵担保保証金の供託及び住宅販売瑕疵担保責任保険契約の締結の状況について届出をしなければ、当該基準日の翌日から起算して50日を経過した日以後においては、新たに自ら売主となる新築住宅の売買契約を締結することができない。

4　住宅販売瑕疵担保責任保険契約を締結している宅地建物取引業者は、当該住宅を引き渡した時から10年間、住宅の構造耐力上主要な部分の瑕疵によって生じた損害についてのみ保険金を請求することができる。

【問　46】　独立行政法人住宅金融支援機構（以下この問において「機構」という。）に関する次の記述のうち、誤っているものはどれか。

1　機構は、住宅の建設又は購入に必要な資金の貸付けに係る金融機関の貸付債権の譲受けを業務として行っているが、当該住宅の建設又は購入に付随する土地又は借地権

の取得に必要な資金の貸付けに係る金融機関の貸付債権については、譲受けの対象としていない。

2　機構は、金融機関による住宅資金の供給を支援するため、金融機関が貸し付けた住宅ローンについて、住宅融資保険を引き受けている。

3　機構は、証券化支援事業（買取型）において、ＭＢＳ（資産担保証券）を発行することにより、債券市場（投資家）から資金を調達している。

4　機構は、高齢者の家庭に適した良好な居住性能及び居住環境を有する住宅とすることを主たる目的とする住宅の改良（高齢者が自ら居住する住宅について行うものに限る。）に必要な資金の貸付けを業務として行っている。

改【問　47】　宅地建物取引業者が行う広告に関する次の記述のうち、不当景品類及び不当表示防止法（不動産の表示に関する公正競争規約を含む。）の規定によれば、正しいものはどれか。

1　新築分譲住宅について、価格Ａで販売を開始してから２か月以上経過したため、価格Ａから価格Ｂに値下げをすることとし、価格Ａと価格Ｂを併記して、値下げをした旨を表示する場合、値下げ金額が明確になっていれば、価格Ａの公表日や値下げした日を表示する必要はない。

2　土地上に古家が存在する場合に、当該古家が、住宅として使用することが可能な状態と認められる場合であっても、古家がある旨を表示すれば、売地と表示して販売しても不当表示に問われることはない。

3　新築分譲マンションの広告において、当該マンションの完成図を掲載する際に、敷地内にある電柱及び電線を消去する加工を施した場合であっても、当該マンションの外観を消費者に対し明確に示すためであれば、不当表示に問われることはない。

4　複数の売買物件を１枚の広告に掲載するに当たり、取引態様が複数混在している場合には、広告の下部にまとめて表示すれば、どの物件がどの取引態様かを明示していなくても不当表示に問われることはない。

【問　48（参考）】　次の記述のうち、正しいものはどれか。

注：出題内容の「参考」として、出題当時の内容をそのまま収載しました。なお、最新の数値・傾向等に改題した当問題を「ダウンロードサービス」でご提供いたします（2024年８月末日頃〜公開予定）。詳しくは【解説編】P.xをご覧ください。

1　建築着工統計（平成30年1月公表）によれば、平成29年の新設住宅着工戸数は前年比0.3%の増加だったが、新設住宅のうち、分譲住宅の着工戸数は前年比1.9%の減少となった。

2　平成28年度法人企業統計年報（平成29年9月公表）によれば、平成28年度における全産業の売上高は前年度に比べ1.7%増加したが、不動産業の売上高は9.1%減少した。

3　平成30年地価公示（平成30年3月公表）によれば、平成29年1月以降の1年間の地価変動率は、住宅地の全国平均では、昨年の横ばいから10年ぶりに上昇に転じた。

4　平成30年版土地白書（平成30年6月公表）によれば、土地取引について、売買による所有権移転登記の件数でその動向を見ると、平成29年の全国の土地取引件数は132万件となり、5年連続で減少した。

【問　49】　土地に関する次の記述のうち、最も不適当なものはどれか。

1　山麓の地形の中で、地すべりによってできた地形は一見なだらかで、水はけもよく、住宅地として好適のように見えるが、末端の急斜面部等は斜面崩壊の危険度が高い。

2　台地の上の浅い谷は、豪雨時には一時的に浸水することがあり、現地に入っても気付かないことが多いが、住宅地としては注意を要する。

3　大都市の大部分は低地に立地しているが、この数千年の間に形成され、かつては湿地や旧河道であった地域が多く、地震災害に対して脆弱で、また洪水、高潮、津波等の災害の危険度も高い。

4　低地の中で特に災害の危険度の高い所は、扇状地の中の微高地、自然堤防、廃川敷となった旧天井川等であり、比較的危険度の低い所が沿岸部の標高の低いデルタ地域、旧河道等である。

【問　50】　建築物の構造に関する次の記述のうち、最も不適当なものはどれか。

1　木造建物を造る際には、強度や耐久性において、できるだけ乾燥している木材を使用するのが好ましい。

2　集成木材構造は、集成木材で骨組を構成したもので、大規模な建物にも使用されている。

3　鉄骨構造は、不燃構造であり、耐火材料による耐火被覆がなくても耐火構造にすることができる。

4　鉄筋コンクリート構造は、耐久性を高めるためには、中性化の防止やコンクリートのひび割れ防止の注意が必要である。

平成29年度
問　　題

次の注意事項をよく読んでから、始めてください。

（注意事項）

1　問　　題

問題は、201ページから222ページまでの50問です。

試験開始の合図と同時に、ページ数を確認してください。

乱丁や落丁があった場合は、直ちに試験監督員に申し出てください。

2　解　　答

解答は、解答用紙の「記入上の注意」に従って記入してください。

正解は、各問題とも一つだけです。

二つ以上の解答をしたもの及び判読が困難なものは、正解としません。

3　適用法令

問題の中の法令に関する部分は、令和6年4月1日現在施行されている規定に基づいて出題されています。

【問 1】 代理に関する次の記述のうち、民法の規定及び判例によれば、誤っている
ものはどれか。
1 売買契約を締結する権限を与えられた代理人は、特段の事情がない限り、相手方か
　らその売買契約を取り消す旨の意思表示を受領する権限を有する。
2 委任による代理人は、本人の許諾を得たときのほか、やむを得ない事由があるとき
　にも、復代理人を選任することができる。
3 復代理人が委任事務を処理するに当たり金銭を受領し、これを代理人に引き渡した
　ときは、特段の事情がない限り、代理人に対する受領物引渡義務は消滅するが、本人
　に対する受領物引渡義務は消滅しない。
4 夫婦の一方は、個別に代理権の授権がなくとも、日常家事に関する事項について、
　他の一方を代理して法律行為をすることができる。

【問 2】 所有権の移転又は取得に関する次の記述のうち、民法の規定及び判例によ
れば、正しいものはどれか。
1 Aの所有する甲土地をBが時効取得した場合、Bが甲土地の所有権を取得するの
　は、取得時効の完成時である。
2 Aを売主、Bを買主としてCの所有する乙建物の売買契約が締結された場合、Bが
　Aの無権利について善意無過失であれば、AB間で売買契約が成立した時点で、Bは
　乙建物の所有権を取得する。
3 Aを売主、Bを買主として、丙土地の売買契約が締結され、代金の完済までは丙土
　地の所有権は移転しないとの特約が付された場合であっても、当該売買契約締結の時
　点で丙土地の所有権はBに移転する。
4 AがBに丁土地を売却したが、AがBの強迫を理由に売買契約を取り消した場合、
　丁土地の所有権はAに復帰し、初めからBに移転しなかったことになる。

【問 3】 次の1から4までの記述のうち、民法の規定及び下記判決文によれば、誤
っているものはどれか。
（判決文）
　共有者の一部の者から共有者の協議に基づかないで共有物を占有使用することを承認
された第三者は、その者の占有使用を承認しなかった共有者に対して共有物を排他的に
占有する権原を主張することはできないが、現にする占有がこれを承認した共有者の持
分に基づくものと認められる限度で共有物を占有使用する権原を有するので、第三者の
占有使用を承認しなかった共有者は右第三者に対して当然には共有物の明渡しを請求す
ることはできないと解するのが相当である。

1　共有者は、他の共有者との協議に基づかないで当然に共有物を排他的に占有する権原を有するものではない。

2　AとBが共有する建物につき、AB間で協議することなくAがCと使用貸借契約を締結した場合、Bは当然にはCに対して当該建物の明渡しを請求することはできない。

3　DとEが共有する建物につき、DE間で協議することなくDがFと使用貸借契約を締結した場合、Fは、使用貸借契約を承認しなかったEに対して当該建物全体を排他的に占有する権原を主張することができる。

4　GとHが共有する建物につき、Gがその持分を放棄した場合は、その持分はHに帰属する。

【問　4】※ 民法改正で「出題内容不成立」となり、削除

【問　5】　Aは、中古自動車を売却するため、Bに売買の媒介を依頼し、報酬として売買代金の３％を支払うことを約した。Bの媒介によりAは当該自動車をCに100万円で売却した。この場合に関する次の記述のうち、民法の規定及び判例によれば、正しいものはどれか。

1　Bが報酬を得て売買の媒介を行っているので、CはAから当該自動車の引渡しを受ける前に、100万円をAに支払わなければならない。

2　当該自動車が品質に関して契約の内容に適合しないものであった場合には、CはAに対しても、Bに対しても、契約不適合責任を追及することができる。

3　売買契約が締結された際に、Cが解約手付として手付金10万円をAに支払っている場合には、Aはいつでも20万円を現実に提供して売買契約を解除することができる。

4　売買契約締結時には当該自動車がAの所有物ではなく、Aの父親の所有物であったとしても、AC間の売買契約は有効に成立する。

【問　6】　Aが死亡し、相続人がBとCの２名であった場合に関する次の記述のうち、民法の規定及び判例によれば、正しいものはどれか。

1　①BがAの配偶者でCがAの子である場合と、②BとCがいずれもAの子である場合とでは、Bの法定相続分は①の方が大きい。

2　Aの死亡後、いずれもAの子であるBとCとの間の遺産分割協議が成立しないうちにBが死亡したときは、Bに配偶者Dと子Eがいる場合であっても、Aの遺産分割についてはEが代襲相続人として分割協議を行う。

3 遺産分割協議が成立するまでの間に遺産である不動産から賃料債権が生じていて、BとCがその相続分に応じて当該賃料債権を分割単独債権として確定的に取得している場合、遺産分割協議で当該不動産をBが取得することになっても、Cが既に取得した賃料債権につき清算する必要はない。

4 Bが自己のために相続の開始があったことを知った時から3か月以内に家庭裁判所に対して、相続によって得た財産の限度においてのみAの債務及び遺贈を弁済すべきことを留保して相続を承認する限定承認をする旨を申述すれば、Cも限定承認をする旨を申述したとみなされる。

㊂【問 7】 請負契約に関する次の記述のうち、民法の規定及び判例によれば、誤っているものはどれか。

1 請負契約が請負人の責めに帰すべき事由によって中途で終了し、請負人が施工済みの部分に相当する報酬に限ってその支払を請求することができる場合、注文者が請負人に請求できるのは、注文者が残工事の施工に要した費用のうち、請負人の未施工部分に相当する請負代金額を超える額に限られる。

2 請負契約が注文者の責めに帰すべき事由によって中途で終了した場合、請負人は、残債務を免れるとともに、注文者に請負代金全額を請求できるが、自己の債務を免れたことによる利益を注文者に償還しなければならない。

3 注文者に引き渡された仕事の目的物の品質が請負契約の内容に適合しない場合、注文者は、請負人から契約不適合を理由とする損害の賠償を受けていなくとも、特別の事情がない限り、報酬全額を支払わなければならない。

4 請負人が請負人の担保責任を負わない旨の特約をしたときであっても、知りながら告げなかった事実については、その責任を免れることはできない。

㊂【問 8】 A、B、Cの3人がDに対して900万円の連帯債務を負っている場合に関する次の記述のうち、民法の規定及び判例によれば、正しいものはどれか。なお、A、B、Cの負担部分は等しいものとする。

1 DがAに対して履行の請求をした場合、B及びCについても、その効力が生じる。

2 Aが、Dに対する債務と、Dに対して有する200万円の債権を対当額で相殺する旨の意思表示をDにした場合、B及びCのDに対する連帯債務も200万円が消滅する。

3 Bのために時効が完成した場合、A及びCのDに対する連帯債務も時効によって全部消滅する。

4 CがDに対して100万円を弁済した場合は、Cの負担部分の範囲内であるから、Cは、A及びBに対して求償することはできない。

【問　9】　1億2,000万円の財産を有するＡが死亡した。Ａには、配偶者はなく、子Ｂ、Ｃ、Ｄがおり、Ｂには子Ｅが、Ｃには子Ｆがいる。Ｂは相続を放棄した。また、Ｃは生前のＡを強迫して遺言作成を妨害したため、相続人となることができない。この場合における法定相続分に関する次の記述のうち、民法の規定によれば、正しいものはどれか。

1　Ｄが4,000万円、Ｅが4,000万円、Ｆが4,000万円となる。

2　Ｄが1億2,000万円となる。

3　Ｄが6,000万円、Ｆが6,000万円となる。

4　Ｄが6,000万円、Ｅが6,000万円となる。

【問　10】　①不動産質権と②抵当権に関する次の記述のうち、民法の規定によれば、誤っているものはどれか。

1　①では、被担保債権の利息のうち、満期となった最後の2年分についてのみ担保されるが、②では、設定行為に別段の定めがない限り、被担保債権の利息は担保されない。

2　①は、10年を超える存続期間を定めたときであっても、その期間は10年となるのに対し、②は、存続期間に関する制限はない。

3　①は、目的物の引渡しが効力の発生要件であるのに対し、②は、目的物の引渡しは効力の発生要件ではない。

4　①も②も不動産に関する物権であり、登記を備えなければ第三者に対抗することができない。

【問　11】　Ａ所有の甲土地につき、令和6年10月1日にＢとの間で賃貸借契約（以下「本件契約」という。）が締結された場合に関する次の記述のうち、民法及び借地借家法の規定並びに判例によれば、正しいものはどれか。

1　Ａが甲土地につき、本件契約とは別に、令和6年9月1日にＣとの間で建物所有を目的として賃貸借契約を締結していた場合、本件契約が資材置場として更地で利用することを目的とするものであるときは、本件契約よりもＣとの契約が優先する。

2　賃借権の存続期間を10年と定めた場合、本件契約が居住の用に供する建物を所有することを目的とするものであるときは存続期間が30年となるのに対し、本件契約が資材置場として更地で利用することを目的とするものであるときは存続期間は10年である。

3　本件契約が建物所有を目的として存続期間60年とし、賃料につき3年ごとに1％ずつ増額する旨を公正証書で定めたものである場合、社会情勢の変化により賃料が不相当となったときであっても、ＡもＢも期間満了まで賃料の増減額請求をすることがで

きない。

4　本件契約が建物所有を目的としている場合、契約の更新がなく、建物の買取りの請
　　求をしないこととする旨を定めるには、AはあらかじめBに対してその旨を記載した
　　書面を交付して説明しなければならない。

改【問　12】　Aが所有する甲建物をBに対して3年間賃貸する旨の契約をした場合にお
ける次の記述のうち、借地借家法の規定によれば、正しいものはどれか。

1　AがBに対し、甲建物の賃貸借契約の期間満了の1年前に更新をしない旨の通知を
　　していれば、AB間の賃貸借契約は期間満了によって当然に終了し、更新されない。

2　Aが甲建物の賃貸借契約の解約の申入れをした場合には申入れ日から3月で賃貸借
　　契約が終了する旨を定めた特約は、Bがあらかじめ同意していれば、有効となる。

3　Cが甲建物を適法に転借している場合、AB間の賃貸借契約が期間満了によって終
　　了するときに、Cがその旨をBから聞かされていれば、AはCに対して、賃貸借契約
　　の期間満了による終了を対抗することができる。

4　AB間の賃貸借契約が借地借家法第38条の定期建物賃貸借で、契約の更新がない旨
　　を定めるものである場合、当該契約前にAがBに契約の更新がなく期間の満了により
　　終了する旨を記載した書面又は電磁的記録を交付して説明しなければ、契約の更新が
　　ない旨の約定は無効となる。

【問　13】　建物の区分所有等に関する法律に関する次の記述のうち、誤っているもの
はどれか。

1　管理者は、少なくとも毎年1回集会を招集しなければならない。

2　区分所有者の5分の1以上で議決権の5分の1以上を有するものは、管理者に対
　　し、会議の目的たる事項を示して、集会の招集を請求することができるが、この定数
　　は規約で減ずることはできない。

3　集会の招集の通知は、区分所有者が管理者に対して通知を受け取る場所をあらかじ
　　め通知した場合には、管理者はその場所にあててすれば足りる。

4　集会は、区分所有者全員の同意があれば、招集の手続を経ないで開くことができる。

【問　14】　不動産の登記に関する次の記述のうち、不動産登記法の規定によれば、誤
っているものはどれか。

1　建物の名称があるときは、その名称も当該建物の表示に関する登記の登記事項とな
　　る。

2　地上権の設定の登記をする場合において、地上権の存続期間の定めがあるときは、その定めも登記事項となる。

3　賃借権の設定の登記をする場合において、敷金があるときであっても、その旨は登記事項とならない。

4　事業用定期借地権として借地借家法第23条第1項の定めのある賃借権の設定の登記をする場合、その定めも登記事項となる。

【問 15】 農地に関する次の記述のうち、農地法（以下この問において「法」という。）の規定によれば、正しいものはどれか。

1　市街化区域内の農地を耕作のために借り入れる場合、あらかじめ農業委員会に届出をすれば、法第3条第1項の許可を受ける必要はない。

2　市街化調整区域内の4ヘクタールを超える農地について、これを転用するために所有権を取得する場合、農林水産大臣の許可を受ける必要がある。

3　銀行から500万円を借り入れるために農地に抵当権を設定する場合、法第3条第1項又は第5条第1項の許可を受ける必要がある。

4　相続により農地の所有権を取得した者は、遅滞なく、その農地の存する市町村の農業委員会にその旨を届け出なければならない。

【問 16】 都市計画法に関する次の記述のうち、正しいものの組合せはどれか。

ア　都市計画施設の区域又は市街地開発事業の施行区域内において建築物の建築をしようとする者は、一定の場合を除き、都道府県知事（市の区域内にあっては、当該市の長）の許可を受けなければならない。

イ　地区整備計画が定められている地区計画の区域内において、建築物の建築を行おうとする者は、都道府県知事（市の区域内にあっては、当該市の長）の許可を受けなければならない。

ウ　都市計画事業の認可の告示があった後、当該認可に係る事業地内において、当該都市計画事業の施行の障害となるおそれがある土地の形質の変更を行おうとする者は、都道府県知事（市の区域内にあっては、当該市の長）の許可を受けなければならない。

エ　都市計画事業の認可の告示があった後、当該認可に係る事業地内の土地建物等を有償で譲り渡そうとする者は、当該事業の施行者の許可を受けなければならない。

1　ア、ウ
2　ア、エ
3　イ、ウ
4　イ、エ

【問 17】 都市計画法に関する次の記述のうち、正しいものはどれか。ただし、許可を要する開発行為の面積について、条例による定めはないものとし、この問において「都道府県知事」とは、地方自治法に基づく指定都市、中核市及び施行時特例市にあってはその長をいうものとする。

1 準都市計画区域内において、工場の建築の用に供する目的で1,000㎡の土地の区画形質の変更を行おうとする者は、あらかじめ、都道府県知事の許可を受けなければならない。

2 市街化区域内において、農業を営む者の居住の用に供する建築物の建築の用に供する目的で1,000㎡の土地の区画形質の変更を行おうとする者は、あらかじめ、都道府県知事の許可を受けなければならない。

3 都市計画区域及び準都市計画区域外の区域内において、変電所の建築の用に供する目的で1,000㎡の土地の区画形質の変更を行おうとする者は、あらかじめ、都道府県知事の許可を受けなければならない。

4 区域区分の定めのない都市計画区域内において、遊園地の建設の用に供する目的で3,000㎡の土地の区画形質の変更を行おうとする者は、あらかじめ、都道府県知事の許可を受けなければならない。

改【問 18】 建築基準法に関する次の記述のうち、誤っているものはどれか。

1 鉄筋コンクリート造であって、階数が2の住宅を新築する場合において、特定行政庁が、安全上、防火上及び避難上支障がないと認めたときは、検査済証の交付を受ける前においても、仮に、当該建築物を使用することができる。

2 長屋の各戸の界壁は、原則として、小屋裏又は天井裏に達するものとしなければならない。

3 下水道法に規定する処理区域内においては、便所は、汚水管が公共下水道に連結された水洗便所としなければならない。

4 ホテルの用途に供する建築物を共同住宅（その用途に供する部分の床面積の合計が300㎡）に用途変更する場合、建築確認は不要である。

改【問 19】 建築基準法（以下この問において「法」という。）に関する次の記述のうち、正しいものはどれか。

1 都市計画区域又は準都市計画区域内における用途地域の指定のない区域内の建築物の建蔽率の上限値は、原則として、法で定めた数値のうち、特定行政庁が土地利用の状況等を考慮し当該区域を区分して都道府県都市計画審議会の議を経て定めるものとなる。

2 第二種中高層住居専用地域内では、原則として、ホテル又は旅館を建築することが

できる。

3　幅員4m以上であり、法が施行された時点又は都市計画区域若しくは準都市計画区域に入った時点で現に存在する道は、特定行政庁の指定がない限り、法上の道路とはならない。

4　建築物の前面道路の幅員により制限される容積率について、前面道路が2つ以上ある場合には、これらの前面道路の幅員の最小の数値（12m未満の場合に限る。）を用いて算定する。

改【問　20】　宅地造成及び特定盛土等規制法に関する次の記述のうち、誤っているものはどれか。なお、この問において「都道府県知事」とは、地方自治法に基づく指定都市、中核市及び施行時特例市にあってはその長をいうものとする。

1　都道府県知事は、宅地造成等工事規制区域内の土地（公共施設用地を除く。）で、宅地造成又は特定盛土等に伴う災害の防止のため必要な擁壁が設置されていないために、これを放置するときは、宅地造成等に伴う災害の発生のおそれが大きいと認められるものがある場合、一定の限度のもとに、当該土地の所有者、管理者又は占有者に対して、擁壁の設置を命ずることができる。

2　都道府県知事は、宅地造成等工事規制区域内の土地（公共施設用地を除く。）において行われている工事の状況について、その工事が宅地造成等に関する工事であるか否かにかかわらず、当該土地の所有者、管理者又は占有者に対して報告を求めることができる。

3　都道府県知事は、一定の場合には都道府県（指定都市、中核市又は施行時特例市の区域にあっては、それぞれ指定都市、中核市又は施行時特例市）の規則で、宅地造成等工事規制区域内において行われる宅地造成等に関する工事の技術的基準を強化することができる。

4　宅地造成等工事規制区域内において、政令で定める技術的基準を満たす地表水等を排除するための排水施設の除却工事を行おうとする場合は、一定の場合を除き、都道府県知事への届出が必要となるが、当該技術的基準を満たす必要のない地表水等を排除するための排水施設を除却する工事を行おうとする場合は、都道府県知事に届け出る必要はない。

【問　21】　土地区画整理法に関する次の記述のうち、誤っているものはどれか。なお、この問において「組合」とは、土地区画整理組合をいう。

1　組合は、事業の完成により解散しようとする場合においては、都道府県知事の認可を受けなければならない。

2　施行地区内の宅地について組合員の有する所有権の全部又は一部を承継した者がある場合においては、その組合員がその所有権の全部又は一部について組合に対して有する権利義務は、その承継した者に移転する。

3　組合を設立しようとする者は、事業計画の決定に先立って組合を設立する必要があると認める場合においては、7人以上共同して、定款及び事業基本方針を定め、その組合の設立について都道府県知事の認可を受けることができる。

4　組合が施行する土地区画整理事業に係る施行地区内の宅地について借地権のみを有する者は、その組合の組合員とはならない。

【問　22】　次の記述のうち、正しいものはどれか。

1　津波防災地域づくりに関する法律によれば、津波防護施設区域内において土地の掘削をしようとする者は、一定の場合を除き、津波防護施設管理者の許可を受けなければならない。

2　国土利用計画法によれば、市街化区域内の3,000㎡の土地を贈与により取得した者は、2週間以内に、都道府県知事（地方自治法に基づく指定都市にあっては、当該指定都市の長）に届け出なければならない。

3　景観法によれば、景観計画区域内において建築物の新築、増築、改築又は移転をした者は、工事着手後30日以内に、その旨を景観行政団体の長に届け出なければならない。

4　道路法によれば、道路の区域が決定された後道路の供用が開始されるまでの間であっても、道路管理者が当該区域についての土地に関する権原を取得する前であれば、道路管理者の許可を受けずに、当該区域内において工作物を新築することができる。

【問　23】　所得税法に関する次の記述のうち、正しいものはどれか。

1　個人が台風により主として保養の用に供する目的で所有する別荘について受けた損失の金額（保険金等により補てんされる部分の金額を除く。）は、その損失を受けた日の属する年分又はその翌年分の譲渡所得の金額の計算上控除される。

2　建物の所有を目的とする土地の賃借権の設定の対価として支払を受ける権利金の金額が、その土地の価額の10分の5に相当する金額を超えるときは、不動産所得として課税される。

3　譲渡所得とは資産の譲渡による所得をいうので、不動産業者である個人が営利を目的として継続的に行っている土地の譲渡による所得は、譲渡所得として課税される。

4　個人が相続（限定承認に係るものを除く。）により取得した譲渡所得の基因となる資産を譲渡した場合における譲渡所得の金額の計算については、その資産をその相続の時における価額に相当する金額により取得したものとして計算される。

【問 24】 固定資産税に関する次の記述のうち、正しいものはどれか。

1 固定資産税は、固定資産が賃借されている場合、所有者ではなく当該固定資産の賃借人に対して課税される。

2 家屋に対して課する固定資産税の納税者が、その納付すべき当該年度の固定資産税に係る家屋について家屋課税台帳等に登録された価格と当該家屋が所在する市町村内の他の家屋の価格とを比較することができるよう、当該納税者は、家屋価格等縦覧帳簿をいつでも縦覧することができる。

3 固定資産税の納税者は、その納付すべき当該年度の固定資産課税に係る固定資産について、固定資産課税台帳に登録された価格について不服があるときは、一定の場合を除いて、文書をもって、固定資産評価審査委員会に審査の申出をすることができる。

4 令和6年1月1日現在において更地であっても住宅の建設が予定されている土地においては、市町村長が固定資産課税台帳に当該土地の価格を登録した旨の公示をするまでに当該住宅の敷地の用に供された場合には、当該土地に係る令和6年度の固定資産税について、住宅用地に対する課税標準の特例が適用される。

【問 25】 地価公示法に関する次の記述のうち、正しいものはどれか。

1 土地鑑定委員会は、標準地の単位面積当たりの価格及び当該標準地の前回の公示価格からの変化率等一定の事項を官報により公示しなければならないとされている。

2 土地鑑定委員会は、公示区域内の標準地について、毎年2回、2人以上の不動産鑑定士の鑑定評価を求め、その結果を審査し、必要な調整を行って、一定の基準日における当該標準地の単位面積当たりの正常な価格を判定し、これを公示するものとされている。

3 標準地は、土地鑑定委員会が、自然的及び社会的条件からみて類似の利用価値を有すると認められる地域において、土地の利用状況、環境等が通常であると認められる一団の土地について選定するものとされている。

4 土地の取引を行なう者は、取引の対象となる土地が標準地である場合には、当該標準地について公示された価格により取引を行なう義務を有する。

改【問 26】 宅地建物取引業者A（消費税課税事業者）は貸主Bから建物の貸借の媒介の依頼を受け、宅地建物取引業者C（消費税課税事業者）は借主Dから建物の貸借の媒介の依頼を受け、BとDの間での賃貸借契約を成立させた。この場合における次の記述のうち、宅地建物取引業法（以下この問において「法」という。）の規定によれば、正しいものはどれか。なお、1か月分の借賃は9万円（消費税等相当額を含まない。）である。

1　建物を店舗として貸借する場合、当該賃貸借契約において200万円の権利金（権利設定の対価として支払われる金銭であって返還されないものをいい、消費税等相当額を含まない。）の授受があるときは、A及びCが受領できる報酬の限度額の合計は220,000円である。

2　AがBから49,500円の報酬を受領し、CがDから49,500円の報酬を受領した場合、AはBの依頼によって行った広告の料金に相当する額を別途受領することができない。

3　Cは、Dから報酬をその限度額まで受領できるほかに、法第35条の規定に基づく重要事項の説明を行った対価として、報酬を受領することができる。

4　建物を居住用として貸借する場合、当該賃貸借契約において100万円の保証金（Dの退去時にDに全額返還されるものとする。）の授受があるときは、A及びCが受領できる報酬の限度額の合計は110,000円である。

改【問　27】　宅地建物取引業者Aが、自ら売主として宅地建物取引業者でない買主Bとの間で締結した宅地の売買契約に関する次の記述のうち、宅地建物取引業法及び民法の規定によれば、正しいものはいくつあるか。

ア　売買契約において、種類又は品質に関して契約の内容に適合しない場合におけるその不適合を担保すべき責任に関し、買主が不適合である旨を売主に通知する期間を引渡しの日から2年間とする特約を定めた場合、その特約は無効となる。

イ　売買契約において、売主の責めに帰すべき事由による種類又は品質に関する契約の内容の不適合についてのみ引渡しの日から1年間担保責任を負うという特約を定めた場合、その特約は無効となる。

ウ　Aが種類又は品質に関して契約の内容に適合しない場合におけるその不適合を担保すべき責任を負う期間内においては、損害賠償の請求をすることはできるが、契約を解除することはできないとする特約を定めた場合、その特約は有効である。

1　一つ
2　二つ
3　三つ
4　なし

【問　28】　宅地建物取引業者Aが行う業務に関する次の記述のうち、宅地建物取引業法（以下この問において「法」という。）の規定に違反しないものはいくつあるか。

ア　Aは、法第49条に規定されている業務に関する帳簿について、業務上知り得た秘密が含まれているため、当該帳簿の閉鎖後、遅滞なく、専門業者に委託して廃棄した。

イ　Aは、宅地の売却を希望するBと専任代理契約を締結した。Aは、Bの要望を踏まえ、当該代理契約に指定流通機構に登録しない旨の特約を付したため、その登録をしなかった。

ウ　Aの従業者Cは、投資用マンションの販売において、勧誘に先立ちAの名称を告げず、自己の氏名及び契約締結の勧誘が目的であることを告げたうえで勧誘を行ったが、相手方から関心がない旨の意思表示があったので、勧誘の継続を断念した。

エ　Aは、自ら売主として新築マンションを分譲するに当たり、売買契約の締結に際して買主から手付を受領した。その後、当該契約の当事者の双方が契約の履行に着手する前に、Aは、手付を買主に返還して、契約を一方的に解除した。

1　一つ

2　二つ

3　三つ

4　なし

【問　29】　次の記述のうち、宅地建物取引業法（以下この問において「法」という。）の規定によれば、正しいものはどれか。

1　宅地建物取引業者A（甲県知事免許）は、マンション管理業に関し、不正又は著しく不当な行為をしたとして、マンションの管理の適正化の推進に関する法律に基づき、国土交通大臣から業務の停止を命じられた。この場合、Aは、甲県知事から法に基づく指示処分を受けることがある。

2　国土交通大臣は、宅地建物取引業者B（乙県知事免許）の事務所の所在地を確知できない場合、その旨を官報及び乙県の公報で公告し、その公告の日から30日を経過してもBから申出がないときは、Bの免許を取り消すことができる。

3　国土交通大臣は、宅地建物取引業者C（国土交通大臣免許）に対し、法第35条の規定に基づく重要事項の説明を行わなかったことを理由に業務停止を命じた場合は、遅滞なく、その旨を内閣総理大臣に通知しなければならない。

4　宅地建物取引業者D（丙県知事免許）は、法第72条第1項に基づく丙県職員による事務所への立入検査を拒んだ。この場合、Dは、50万円以下の罰金に処せられることがある。

【問　30】　宅地建物取引業法（以下この問において「法」という。）の規定に関する次の記述のうち、誤っているものはどれか。なお、この問において「登録」とは、宅地建物取引士の登録をいうものとする。

1　宅地建物取引士A（甲県知事登録）が、甲県から乙県に住所を変更したときは、乙

県知事に対し、登録の移転の申請をすることができる。

2　宅地建物取引業者B（甲県知事免許）が、乙県に所在する1棟のマンション（150戸）を分譲するため、現地に案内所を設置し契約の申込みを受けるときは、甲県知事及び乙県知事に、その業務を開始する日の10日前までに、法第50条第2項の規定に基づく届出をしなければならない。

3　宅地建物取引士資格試験合格後18月を経過したC（甲県知事登録）が、甲県知事から宅地建物取引士証の交付を受けようとする場合は、甲県知事が指定する講習を交付の申請前6月以内に受講しなければならない。

4　宅地建物取引業者D社（甲県知事免許）が、合併により消滅したときは、その日から30日以内に、D社を代表する役員であった者が、その旨を甲県知事に届け出なければならない。

【問　31】　宅地建物取引業者Aが、自ら売主として、宅地建物取引業者でないBとの間でマンション（代金3,000万円）の売買契約を締結しようとする場合における次の記述のうち、宅地建物取引業法（以下この問において「法」という。）の規定によれば、正しいものはいくつあるか。

ア　Bは自ら指定した自宅においてマンションの買受けの申込みをした場合においても、法第37条の2の規定に基づき、書面により買受けの申込みの撤回を行うことができる。

イ　BがAに対し、法第37条の2の規定に基づき、書面により買受けの申込みの撤回を行った場合、その効力は、当該書面をAが受け取った時に生じることとなる。

ウ　Aは、Bとの間で、当事者の債務不履行を理由とする契約解除に伴う違約金について300万円とする特約を定めた場合、加えて、損害賠償の予定額を600万円とする特約を定めることができる。

1　一つ
2　二つ
3　三つ
4　なし

【問　32】　宅地建物取引業法に規定する営業保証金に関する次の記述のうち、誤っているものはどれか。

1　宅地建物取引業者は、主たる事務所を移転したことにより、その最寄りの供託所が変更となった場合において、金銭のみをもって営業保証金を供託しているときは、従前の供託所から営業保証金を取り戻した後、移転後の最寄りの供託所に供託しなけれ

ばならない。

2　宅地建物取引業者は、事業の開始後新たに事務所を設置するため営業保証金を供託
したときは、供託物受入れの記載のある供託書の写しを添附して、その旨を免許を受
けた国土交通大臣又は都道府県知事に届け出なければならない。

3　宅地建物取引業者は、一部の事務所を廃止し営業保証金を取り戻そうとする場合に
は、供託した営業保証金につき還付を請求する権利を有する者に対し、6月以上の期
間を定めて申し出るべき旨の公告をしなければならない。

4　宅地建物取引業者は、営業保証金の還付があったために営業保証金に不足が生じた
ときは、国土交通大臣又は都道府県知事から不足額を供託すべき旨の通知書の送付を
受けた日から2週間以内に、不足額を供託しなければならない。

【問　33】　宅地建物取引業者が行う宅地建物取引業法第35条に規定する重要事項の説
明に関する次の記述のうち、正しいものはどれか。なお、説明の相手方は宅地建物取引
業者ではないものとする。

1　宅地の売買の媒介を行う場合、売買の各当事者すなわち売主及び買主に対して、書
面を交付して説明しなければならない。

2　宅地の売買の媒介を行う場合、代金に関する金銭の貸借のあっせんの内容及び当該
あっせんに係る金銭の貸借が成立しないときの措置について、説明しなければならな
い。

3　建物の貸借の媒介を行う場合、私道に関する負担について、説明しなければならな
い。

4　建物の売買の媒介を行う場合、天災その他不可抗力による損害の負担に関する定め
があるときは、その内容について、説明しなければならない。

【問　34】　次の記述のうち、宅地建物取引業法（以下この問において「法」という。）
の規定によれば、誤っているものはどれか。

1　宅地建物取引業者が、自ら売主として、宅地及び建物の売買の契約を締結するに際
し、手付金について、当初提示した金額を減額することにより、買主に対し売買契約
の締結を誘引し、その契約を締結させることは、法に違反しない。

2　宅地建物取引業者が、アンケート調査をすることを装って電話をし、その目的がマ
ンションの売買の勧誘であることを告げずに勧誘をする行為は、法に違反する。

3　宅地建物取引業者が、宅地及び建物の売買の媒介を行うに際し、媒介報酬について、
買主の要望を受けて分割受領に応じることにより、契約の締結を誘引する行為は、法
に違反する。

4 　宅地建物取引業者が、手付金について信用の供与をすることにより、宅地及び建物の売買契約の締結を誘引する行為を行った場合、監督処分の対象となるほか、罰則の適用を受けることがある。

【問　35】　次の記述のうち、宅地建物取引業法（以下この問において「法」という。）の規定によれば、正しいものはどれか。

1 　宅地建物取引業者は、自ら貸主として締結した建物の賃貸借契約について、法第49条に規定されている業務に関する帳簿に、法及び国土交通省令で定められた事項を記載しなければならない。

2 　宅地建物取引業者は、その業務に関する帳簿を、一括して主たる事務所に備えれば、従たる事務所に備えておく必要はない。

3 　宅地建物取引業者は、その業務に関する帳簿に報酬の額を記載することが義務付けられており、違反した場合は指示処分の対象となる。

4 　宅地建物取引業者は、その業務に従事する者であっても、一時的に事務の補助のために雇用した者については、従業者名簿に記載する必要がない。

【問　36】　次の記述のうち、宅地建物取引業法の規定によれば、正しいものはどれか。なお、この問において「免許」とは、宅地建物取引業の免許をいう。

1 　宅地建物取引業者Aは、免許の更新を申請したが、免許権者である甲県知事の申請に対する処分がなされないまま、免許の有効期間が満了した。この場合、Aは、当該処分がなされるまで、宅地建物取引業を営むことができない。

2 　Bは、新たに宅地建物取引業を営むため免許の申請を行った。この場合、Bは、免許の申請から免許を受けるまでの間に、宅地建物取引業を営む旨の広告を行い、取引する物件及び顧客を募ることができる。

3 　宅地建物取引業者Cは、宅地又は建物の売買に関連し、兼業として、新たに不動産管理業を営むこととした。この場合、Cは兼業で不動産管理業を営む旨を、免許権者である国土交通大臣又は都道府県知事に届け出なければならない。

4 　宅地建物取引業者である法人Dが、宅地建物取引業者でない法人Eに吸収合併されたことにより消滅した場合、一般承継人であるEは、Dが締結した宅地又は建物の契約に基づく取引を結了する目的の範囲内において宅地建物取引業者とみなされる。

【問　37】　次の記述のうち、宅地建物取引業法（以下この問において「法」という。）の規定によれば、正しいものはどれか。

1　宅地建物取引士は、取引の関係者から請求があったときは、物件の買受けの申込みの前であっても宅地建物取引士証を提示しなければならないが、このときに提示した場合、後日、法第35条に規定する重要事項の説明をする際は、宅地建物取引士証を提示しなくてもよい。

2　甲県知事の登録を受けている宅地建物取引士Aは、乙県に主たる事務所を置く宅地建物取引業者Bの専任の宅地建物取引士となる場合、乙県知事に登録を移転しなければならない。

3　宅地建物取引士の登録を受けるには、宅地建物取引士資格試験に合格した者で、2年以上の実務の経験を有するもの又は国土交通大臣がその実務の経験を有するものと同等以上の能力を有すると認めたものであり、法で定める事由に該当しないことが必要である。

4　宅地建物取引士は、取引の関係者から請求があったときは、従業者証明書を提示しなければならないが、法第35条に規定する重要事項の説明をする際は、宅地建物取引士証の提示が義務付けられているため、宅地建物取引士証の提示をもって、従業者証明書の提示に代えることができる。

🈹【問　38】　宅地建物取引業者Aが、宅地建物取引業法（以下この問において「法」という。）第37条の規定により交付すべき書面（以下この問において「37条書面」という。）に関する次の記述のうち、法の規定に違反しないものはどれか。

1　Aは、売主を代理して宅地の売買契約を締結した際、買主にのみ37条書面を交付した。

2　Aは、自ら売主となる宅地の売買契約において、手付金等を受領するにもかかわらず、37条書面に手付金等の保全措置の内容を記載しなかった。

3　Aは、媒介により宅地の売買契約を成立させた場合において、契約の解除に関する定めがあるにもかかわらず、37条書面にその内容を記載しなかった。

4　Aは、自ら売主となる宅地の売買契約において種類若しくは品質に関して契約の内容に適合しない場合におけるその不適合を担保すべき責任に関する特約を定めたが、買主が宅地建物取引業者であり、当該責任に関する特約を自由に定めることができるため、37条書面にその内容を記載しなかった。

【問　39】　営業保証金を供託している宅地建物取引業者Aと宅地建物取引業保証協会（以下この問において「保証協会」という。）の社員である宅地建物取引業者Bに関する次の記述のうち、宅地建物取引業法の規定によれば、正しいものはいくつあるか。

ア　A（国土交通大臣免許）は、甲県内にある主たる事務所とは別に、乙県内に新たに

従たる事務所を設置したときは、営業保証金をその従たる事務所の最寄りの供託所に供託しなければならない。

イ　Aは、令和6年5月1日に、Bに手付金500万円を支払い、宅地の売買契約を締結した。宅地の引渡しの前にBが失踪し、宅地の引渡しを受けることができなくなったときは、Aは、手付金について、弁済業務保証金から弁済を受けることができる。

ウ　Bは、保証協会の社員の地位を失ったときは、その地位を失った日から1週間以内に、営業保証金を供託しなければならない。

エ　Bの取引に関して弁済業務保証金の還付があったときは、Bは、保証協会から当該還付額に相当する額の還付充当金を納付すべき旨の通知を受けた日から2週間以内に、還付充当金を保証協会に納付しなければならない。

1　一つ
2　二つ
3　三つ
4　四つ

改【問　40】　宅地建物取引業法（以下この問において「法」という。）第37条の規定により交付すべき書面（以下この問において「37条書面」という。）に関する次の記述のうち、法の規定に違反しないものはどれか。

1　宅地建物取引業者Aは、中古マンションの売買の媒介において、当該マンションの代金の支払の時期及び引渡しの時期について、重要事項説明書に記載して説明を行ったので、37条書面には記載しなかった。

2　宅地建物取引業者である売主Bは、宅地建物取引業者Cの媒介により、宅地建物取引業者ではない買主Dと宅地の売買契約を締結した。Bは、Cと共同で作成した37条書面にCの宅地建物取引士の記名がなされていたため、その書面に、Bの宅地建物取引士をして記名をさせなかった。

3　売主である宅地建物取引業者Eの宅地建物取引士Fは、宅地建物取引業者ではない買主Gに37条書面を交付する際、Gから求められなかったので、宅地建物取引士証をGに提示せずに当該書面を交付した。

4　宅地建物取引業者Hは、宅地建物取引業者ではない売主Iから中古住宅を購入する契約を締結したが、Iが売主であるためIに37条書面を交付しなかった。

【問　41】　宅地建物取引業者が行う宅地建物取引業法第35条に規定する重要事項の説明に関する次の記述のうち、誤っているものはどれか。なお、説明の相手方は宅地建物取引業者ではないものとする。

1 区分所有建物の売買の媒介を行う場合、当該1棟の建物及びその敷地の管理が委託されているときは、その委託を受けている者の氏名（法人にあっては、その商号又は名称）及び住所（法人にあっては、その主たる事務所の所在地）を説明しなければならない。

2 土地の売買の媒介を行う場合、移転登記の申請の時期の定めがあるときは、その内容を説明しなければならない。

3 住宅の売買の媒介を行う場合、宅地内のガス配管設備等に関して、当該住宅の売買後においても当該ガス配管設備等の所有権が家庭用プロパンガス販売業者にあるものとするときは、その旨を説明する必要がある。

4 中古マンションの売買の媒介を行う場合、当該マンションの計画的な維持修繕のための費用の積立てを行う旨の規約の定めがあるときは、その内容及び既に積み立てられている額について説明しなければならない。

【問 42】 宅地建物取引業者が行う広告に関する次の記述のうち、宅地建物取引業法の規定によれば、正しいものはいくつあるか。

ア 宅地の販売広告において、宅地の将来の環境について、著しく事実に相違する表示をしてはならない。

イ 宅地又は建物に係る広告の表示項目の中に、取引物件に係る現在又は将来の利用の制限があるが、この制限には、都市計画法に基づく利用制限等の公法上の制限だけではなく、借地権の有無等の私法上の制限も含まれる。

ウ 顧客を集めるために売る意思のない条件の良い物件を広告することにより他の物件を販売しようとした場合、取引の相手方が実際に誤認したか否か、あるいは損害を受けたか否かにかかわらず、監督処分の対象となる。

エ 建物の売却について代理を依頼されて広告を行う場合、取引態様として、代理であることを明示しなければならないが、その後、当該物件の購入の注文を受けたとき、広告を行った時点と取引態様に変更がない場合でも、遅滞なく、その注文者に対し取引態様を明らかにしなければならない。

1 一つ
2 二つ
3 三つ
4 四つ

【**問 43**】 宅地建物取引業者Aが、BからB所有の中古マンションの売却の依頼を受け、Bと専任媒介契約（専属専任媒介契約ではない媒介契約）を締結した場合に関する次の記述のうち、宅地建物取引業法（以下この問において「法」という。）の規定によれば、正しいものはいくつあるか。

ア　Aは、2週間に1回以上当該専任媒介契約に係る業務の処理状況をBに報告しなければならないが、これに加え、当該中古マンションについて購入の申込みがあったときは、遅滞なく、その旨をBに報告しなければならない。

イ　当該専任媒介契約の有効期間は、3月を超えることができず、また、依頼者の更新しない旨の申出がなければ自動更新とする旨の特約も認められない。ただし、Bが宅地建物取引業者である場合は、AとBの合意により、自動更新とすることができる。

ウ　Aは、当該専任媒介契約の締結の日から7日（ただし、Aの休業日は含まない。）以内に所定の事項を指定流通機構に登録しなければならず、また、法第50条の6に規定する登録を証する書面を遅滞なくBに提示しなければならない。

エ　当該専任媒介契約に係る通常の広告費用はAの負担であるが、指定流通機構への情報登録及びBがAに特別に依頼した広告に係る費用については、成約したか否かにかかわらず、国土交通大臣の定める報酬の限度額を超えてその費用をBに請求することができる。

1　一つ
2　二つ
3　三つ
4　四つ

【**問 44**】 宅地建物取引業の免許（以下この問において「免許」という。）に関する次の記述のうち、宅地建物取引業法の規定によれば、正しいものはどれか。

1　宅地建物取引業者A社が免許を受けていないB社との合併により消滅する場合、存続会社であるB社はA社の免許を承継することができる。

2　個人である宅地建物取引業者Cがその事業を法人化するため、新たに株式会社Dを設立しその代表取締役に就任する場合、D社はCの免許を承継することができる。

3　個人である宅地建物取引業者E（甲県知事免許）が死亡した場合、その相続人は、Eの死亡を知った日から30日以内に、その旨を甲県知事に届け出なければならず、免許はその届出があった日に失効する。

4　宅地建物取引業者F社（乙県知事免許）が株主総会の決議により解散することとなった場合、その清算人は、当該解散の日から30日以内に、その旨を乙県知事に届け出なければならない。

【問 45】 宅地建物取引業者Aが自ら売主として、宅地建物取引業者でない買主Bに新築住宅を販売する場合における次の記述のうち、特定住宅瑕疵担保責任の履行の確保等に関する法律の規定によれば、正しいものはどれか。

1 Aは、住宅販売瑕疵担保保証金の供託をする場合、Bに対し、当該住宅を引き渡すまでに、供託所の所在地等について記載した書面を交付して説明しなければならない。

2 自ら売主として新築住宅をBに引き渡したAが、住宅販売瑕疵担保保証金を供託する場合、その住宅の床面積が55㎡以下であるときは、新築住宅の合計戸数の算定に当たって、床面積55㎡以下の住宅2戸をもって1戸と数えることになる。

3 Aは、基準日に係る住宅販売瑕疵担保保証金の供託及び住宅販売瑕疵担保責任保険契約の締結の状況についての届出をしなければ、当該基準日から1月を経過した日以後においては、新たに自ら売主となる新築住宅の売買契約を締結してはならない。

4 Aは、住宅販売瑕疵担保責任保険契約の締結をした場合、当該住宅を引き渡した時から10年間、当該住宅の給水設備又はガス設備の瑕疵によって生じた損害について保険金の支払を受けることができる。

【問 46】 独立行政法人住宅金融支援機構（以下この問において「機構」という。）に関する次の記述のうち、誤っているものはどれか。

1 機構は、団体信用生命保険業務として、貸付けを受けた者が死亡した場合のみならず、重度障害となった場合においても、支払われる生命保険の保険金を当該貸付けに係る債務の弁済に充当することができる。

2 機構は、直接融資業務において、高齢者の死亡時に一括償還をする方法により貸付金の償還を受けるときは、当該貸付金の貸付けのために設定された抵当権の効力の及ぶ範囲を超えて、弁済の請求をしないことができる。

3 証券化支援業務（買取型）に係る貸付金の利率は、貸付けに必要な資金の調達に係る金利その他の事情を勘案して機構が定めるため、どの金融機関においても同一の利率が適用される。

4 証券化支援業務（買取型）において、機構による譲受けの対象となる住宅の購入に必要な資金の貸付けに係る金融機関の貸付債権には、当該住宅の購入に付随する改良に必要な資金も含まれる。

改【問 47】 宅地建物取引業者がインターネット不動産情報サイトにおいて行った広告表示に関する次の記述のうち、不当景品類及び不当表示防止法（不動産の表示に関する公正競争規約を含む。）の規定によれば、正しいものはどれか。

-220-

1　物件の所有者に媒介を依頼された宅地建物取引業者Aから入手した当該物件に関する情報を、宅地建物取引業者Bが、そのままインターネット不動産情報サイトに表示し広告を行っていれば、仮に入手した物件に関する情報が間違っていたとしても不当表示に問われることはない。

2　新築の建売住宅について、建築中で外装が完成していなかったため、当該建売住宅と構造、階数、仕様が同一であるが、規模、形状、色等が類似していても同一ではない同じ施工業者が他の地域で手掛けた建売住宅の外観写真を、施工例である旨を明記して掲載した。この広告表示は常に不当表示に問われる。

3　取引しようとする賃貸物件から最寄りの甲駅までの徒歩所要時間を表示するため、当該物件から甲駅までの道路距離を80mで除して算出したところ5.25分であったので、1分未満を四捨五入して「甲駅から5分」と表示した。この広告表示が不当表示に問われることはない。

4　新築分譲マンションについて、パンフレットには当該マンションの全戸数の専有面積を表示したが、インターネット広告には当該マンションの全戸数の専有面積のうち、最小建物面積及び最大建物面積のみを表示した。この広告表示が不当表示に問われることはない。

【問　48（参考）】　次の記述のうち、正しいものはどれか。

注：出題内容の「参考」として、出題当時の内容をそのまま収載しました。なお、最新の数値・傾向等に改題した当問題を「ダウンロードサービス」でご提供いたします（2024年8月末日頃～公開予定）。詳しくは**【解説編】**P.xをご覧ください。

1　平成29年地価公示（平成29年3月公表）によれば、住宅地の公示地価の全国平均は、9年連続で下落した。

2　建築着工統計（平成29年1月公表）によれば、平成28年の持家の新設着工戸数は約29.2万戸となり、3年ぶりに増加に転じた。

3　平成29年版土地白書（平成29年5月公表）によれば、土地取引について、売買による所有権移転登記の件数でその動向を見ると、平成28年の全国の土地取引件数は129万件となり、2年連続の減少となった。

4　平成27年度法人企業統計年報（平成28年9月公表）によれば、平成27年度における不動産業の経常利益は約4兆3,000億円となっており、前年度比7.5%増となった。

【問　49】　土地に関する次の記述のうち、最も不適当なものはどれか。

1　扇状地は、山地から河川により運ばれてきた砂礫等が堆積して形成された地盤である。

2　三角州は、河川の河口付近に見られる軟弱な地盤である。

3　台地は、一般に地盤が安定しており、低地に比べ、自然災害に対して安全度は高い。

4　埋立地は、一般に海面に対して比高を持ち、干拓地に比べ、水害に対して危険である。

【問　50】　建物の構造と材料に関する次の記述のうち、最も不適当なものはどれか。

1　木材の強度は、含水率が小さい状態の方が低くなる。

2　鉄筋は、炭素含有量が多いほど、引張強度が増大する傾向がある。

3　常温、常圧において、鉄筋と普通コンクリートを比較すると、熱膨張率はほぼ等しい。

4　鉄筋コンクリート構造は、耐火性、耐久性があり、耐震性、耐風性にも優れた構造である。

平成28年度
問　　　題

次の注意事項をよく読んでから、始めてください。

日建学院

【問　1】　※ 民法改正で「出題内容不成立」となり、削除

【問　2】　制限行為能力者に関する次の記述のうち、民法の規定及び判例によれば、正しいものはどれか。
1　古着の仕入販売に関する営業を許された未成年者は、成年者と同一の行為能力を有するので、法定代理人の同意を得ないで、自己が居住するために建物を第三者から購入したとしても、その法定代理人は当該売買契約を取り消すことができない。
2　被保佐人が、不動産を売却する場合には、保佐人の同意が必要であるが、贈与の申し出を拒絶する場合には、保佐人の同意は不要である。
3　成年後見人が、成年被後見人に代わって、成年被後見人が居住している建物を売却する際、後見監督人がいる場合には、後見監督人の許可があれば足り、家庭裁判所の許可は不要である。
4　被補助人が、補助人の同意を得なければならない行為について、同意を得ていないにもかかわらず、詐術を用いて相手方に補助人の同意を得たと信じさせていたときは、被補助人は当該行為を取り消すことができない。

改【問　3】　AがA所有の甲土地をBに売却した場合に関する次の記述のうち、民法の規定及び判例によれば、正しいものはどれか。
1　Aが甲土地をBに売却する前にCにも売却していた場合、Cは所有権移転登記を備えていなくても、Bに対して甲土地の所有権を主張することができる。
2　AがBの詐欺を理由に甲土地の売却の意思表示を取り消しても、取消しより前にBが甲土地をDに売却し、Dが所有権移転登記を備えた場合には、DがBの詐欺の事実を知っていたかあるいは知らなかったことにつき過失があったか否かにかかわらず、AはDに対して甲土地の所有権を主張することができない。
3　Aから甲土地を購入したBは、所有権移転登記を備えていなかった。Eがこれに乗じてBに高値で売りつけて利益を得る目的でAから甲土地を購入し所有権移転登記を備えた場合、EはBに対して甲土地の所有権を主張することができない。
4　AB間の売買契約が、Bの意思表示の動機に錯誤があって締結されたものである場合、Bが所有権移転登記を備えていても、AはBの錯誤を理由にAB間の売買契約の無効を主張することができる。

【問　4】　Aは、A所有の甲土地にBから借り入れた3,000万円の担保として抵当権を設定した。この場合における次の記述のうち、民法の規定及び判例によれば、誤ってい

るものはどれか。

1　Aが甲土地に抵当権を設定した当時、甲土地上にA所有の建物があり、当該建物を
　　AがCに売却した後、Bの抵当権が実行されてDが甲土地を競落した場合、DはCに
　　対して、甲土地の明渡しを求めることはできない。

2　甲土地上の建物が火災によって焼失してしまったが、当該建物に火災保険が付されて
　　いた場合、Bは、甲土地の抵当権に基づき、この火災保険契約に基づく損害保険金
　　を請求することができる。

3　AがEから500万円を借り入れ、これを担保するために甲土地にEを抵当権者とす
　　る第2順位の抵当権を設定した場合、BとEが抵当権の順位を変更することに合意す
　　れば、Aの同意がなくても、甲土地の抵当権の順位を変更することができる。

4　Bの抵当権設定後、Aが第三者であるFに甲土地を売却した場合、FはBに対して、
　　民法第383条所定の書面を送付して抵当権の消滅を請求することができる。

改【問　5】　Aが、Bに対する債権をCに譲渡した場合に関する次の記述のうち、民法
の規定及び判例によれば、正しいものはどれか。なお、民法第466条の5に規定する預
金口座又は貯金口座に係る預金又は貯金に係る債権（預貯金債権）については、考慮し
ないものとする。

1　AのBに対する債権に譲渡制限の意思表示があり、Cがその意思表示の存在を知り
　　ながら債権の譲渡を受けていれば、Cからさらに債権の譲渡を受けた転得者Dがその
　　意思表示の存在を知らなかったことにつき重大な過失がない場合でも、BはDに対し
　　て債務の履行を拒むことができる。

2　AがBに債権譲渡の通知を発送し、その通知がBに到達していなかった場合には、
　　Bが債権譲渡の承諾をしても、BはCに対して当該債権に係る債務の履行を拒否する
　　ことができる。

3　AのBに対する債権に譲渡制限の意思表示がなく、Cに譲渡された時点ではまだ発
　　生していない将来の取引に関する債権であった場合、その取引の種類、金額、期間な
　　どにより当該債権が特定されていたときは、特段の事情がない限り、AからCへの債
　　権譲渡は有効である。

4　Aに対し弁済期が到来した貸金債権を有していたBは、Aから債権譲渡の通知を受
　　けるまでに、債権譲渡の承諾をせず、相殺の意思表示もしていなかった。その後、B
　　は、Cから支払請求を受けた際に、Aに対する貸金債権との相殺の意思表示をしたと
　　しても、Cに対抗することはできない。

改【問　6】　Aを売主、Bを買主とする甲土地の売買契約（以下この問において「本件

契約」という。）が締結された場合の売主の担保責任等に関する次の記述のうち、民法の規定及び判例によれば、誤っているものはどれか。

1　甲土地がCの所有物である場合、Aがその責めに帰することができない事由によって甲土地の所有権を取得してBに移転することができないときは、BはAに対して、損害賠償を請求することができない。

2　甲土地がCの所有物である場合、Aがその責めに帰することができない事由によって甲土地の所有権を取得してBに移転することができないときは、Bは、本件契約を解除することができる。

3　A所有の甲土地が抵当権の目的となっている場合、当該抵当権の実行によってBが甲土地の所有権を失い損害を受けたとしても、BはAに対して、損害賠償を請求することができない。

4　A所有の甲土地が抵当権の目的となっている場合、当該抵当権の実行によってBが甲土地の所有権を失ったときは、Bは、本件契約を解除することができる。

改【問　7】　AがBから賃借する甲建物に、運送会社Cに雇用されているDが居眠り運転するトラックが突っ込んで甲建物の一部が損壊した場合（以下「本件事故」という。）に関する次の記述のうち、民法の規定及び判例によれば、正しいものはいくつあるか。なお、DはCの業務として運転をしていたものとする。

ア　BのAに対する賃料は、甲建物の滅失した部分の割合に応じて、減額される。

イ　Aは、甲建物の残りの部分だけでは賃借した目的を達することができない場合、Bとの賃貸借契約を解除することができる。

ウ　Cは、使用者責任に基づき、Bに対して本件事故から生じた損害を賠償した場合、Dに対して求償することができるが、その範囲が信義則上相当と認められる限度に制限される場合がある。

1　一つ

2　二つ

3　三つ

4　なし

【問　8】　AがBに甲建物を月額10万円で賃貸し、BがAの承諾を得て甲建物をCに適法に月額15万円で転貸している場合における次の記述のうち、民法の規定及び判例によれば、誤っているものはどれか。

1　Aは、Bの賃料の不払いを理由に甲建物の賃貸借契約を解除するには、Cに対して、賃料支払の催告をして甲建物の賃料を支払う機会を与えなければならない。

2　BがAに対して甲建物の賃料を支払期日になっても支払わない場合、AはCに対して、賃料10万円をAに直接支払うよう請求することができる。

3　AがBの債務不履行を理由に甲建物の賃貸借契約を解除した場合、CのBに対する賃料の不払いがなくても、AはCに対して、甲建物の明渡しを求めることができる。

4　AがBとの間で甲建物の賃貸借契約を合意解除した場合、AはCに対して、Bとの合意解除に基づいて、当然には甲建物の明渡しを求めることができない。

改【問 9】　次の1から4までの記述のうち、民法の規定及び下記判決文によれば、誤っているものはどれか。

（判決文）

　契約の一方当事者が、当該契約の締結に先立ち、信義則上の説明義務に違反して、当該契約を締結するか否かに関する判断に影響を及ぼすべき情報を相手方に提供しなかった場合には、上記一方当事者は、相手方が当該契約を締結したことにより被った損害につき、不法行為による賠償責任を負うことがあるのは格別、当該契約上の債務の不履行による賠償責任を負うことはないというべきである。（中略）上記のような場合の損害賠償請求権は不法行為により発生したものである（略）。

1　信義則上の説明義務に違反して、当該契約を締結するか否かに関する判断に影響を及ぼすべき情報を買主に提供しなかった売主に対する買主の損害賠償請求権は、買主が損害及び加害者を知った時から3年間（人の生命又は身体を害する不法行為については5年間）行使しないときは、時効により消滅する。

2　信義則上の説明義務に違反して、当該契約を締結するか否かに関する判断に影響を及ぼすべき情報を買主に提供しなかった売主に対する買主の損害賠償請求権は、損害を被っていることを買主が知らない場合でも、売買契約から10年間行使しないときは、時効により消滅する。

3　買主に対して債権を有している売主は、信義則上の説明義務に違反して、当該契約を締結するか否かに関する判断に影響を及ぼすべき情報を悪意によって買主に提供しなかった売主に対する買主の損害賠償請求権を受働債権とする相殺をもって、買主に対抗することができない。

4　売主が信義則上の説明義務に違反して、当該契約を締結するか否かに関する判断に影響を及ぼすべき情報を買主に提供しなかった場合、買主は、売主に対して、この説明義務違反を理由に、売買契約上の債務不履行責任を追及することはできない。

【問 10】　甲建物を所有するAが死亡し、相続人がそれぞれAの子であるB及びCの

２名である場合に関する次の記述のうち、民法の規定及び判例によれば、誤っているものはどれか。

1　Bが甲建物を不法占拠するDに対し明渡しを求めたとしても、Bは単純承認をしたものとはみなされない。

2　Cが甲建物の賃借人Eに対し相続財産である未払賃料の支払いを求め、これを収受領得したときは、Cは単純承認をしたものとみなされる。

3　Cが単純承認をしたときは、Bは限定承認をすることができない。

4　Bが自己のために相続の開始があったことを知らない場合であっても、相続の開始から３か月が経過したときは、Bは単純承認をしたものとみなされる。

【問　11】　Aが居住用の甲建物を所有する目的で、期間30年と定めてBから乙土地を賃借した場合に関する次の記述のうち、借地借家法の規定及び判例によれば、正しいものはどれか。なお、Aは借地権登記を備えていないものとする。

1　Aが甲建物を所有していても、建物保存登記をAの子C名義で備えている場合には、Bから乙土地を購入して所有権移転登記を備えたDに対して、Aは借地権を対抗することができない。

2　Aが甲建物を所有していても、登記上の建物の所在地番、床面積等が少しでも実際のものと相違している場合には、建物の同一性が否定されるようなものでなくても、Bから乙土地を購入して所有権移転登記を備えたEに対して、Aは借地権を対抗することができない。

3　AB間の賃貸借契約を公正証書で行えば、当該契約の更新がなく期間満了により終了し、終了時にはAが甲建物を収去すべき旨を有効に規定することができる。

4　Aが地代を支払わなかったことを理由としてBが乙土地の賃貸借契約を解除した場合、契約に特段の定めがないときは、Bは甲建物を時価で買い取らなければならない。

【問　12】　AはBと、B所有の甲建物につき、居住を目的として、期間３年、賃料月額20万円と定めて賃貸借契約（以下この問において「本件契約」という。）を締結した。この場合における次の記述のうち、借地借家法の規定及び判例によれば、誤っているものはどれか。

1　AもBも相手方に対し、本件契約の期間満了前に何らの通知もしなかった場合、従前の契約と同一の条件で契約を更新したものとみなされるが、その期間は定めがないものとなる。

2　BがAに対し、本件契約の解約を申し入れる場合、甲建物の明渡しの条件として、一定額以上の財産上の給付を申し出たときは、Bの解約の申入れに正当事由があると

みなされる。

3　甲建物の適法な転借人であるCが、Bの同意を得て甲建物に造作を付加した場合、期間満了により本件契約が終了するときは、CはBに対してその造作を時価で買い取るよう請求することができる。

4　本件契約が借地借家法第38条の定期建物賃貸借で、契約の更新がない旨を定めた場合でも、BはAに対し、同条所定の通知期間内に、期間満了により本件契約が終了する旨の通知をしなければ、期間3年での終了をAに対抗することができない。

【問　13】　建物の区分所有等に関する法律に関する次の記述のうち、正しいものはどれか。

1　管理者は、集会において、毎年2回一定の時期に、その事務に関する報告をしなければならない。

2　管理者は、規約に特別の定めがあるときは、共用部分を所有することができる。

3　管理者は、自然人であるか法人であるかを問わないが、区分所有者でなければならない。

4　各共有者の共用部分の持分は、規約で別段の定めをしない限り、共有者数で等分することとされている。

【問　14】　不動産の登記に関する次の記述のうち、不動産登記法の規定によれば、誤っているものはどれか。

1　新築した建物又は区分建物以外の表題登記がない建物の所有権を取得した者は、その所有権の取得の日から1月以内に、所有権の保存の登記を申請しなければならない。

2　登記することができる権利には、抵当権及び賃借権が含まれる。

3　建物が滅失したときは、表題部所有者又は所有権の登記名義人は、その滅失の日から1月以内に、当該建物の滅失の登記を申請しなければならない。

4　区分建物の所有権の保存の登記は、表題部所有者から所有権を取得した者も、申請することができる。

【問　15】　国土利用計画法第23条に規定する届出（以下この問において「事後届出」という。）に関する次の記述のうち、正しいものはどれか。

1　市街化区域内の土地（面積2,500㎡）を購入する契約を締結した者は、その契約を締結した日から起算して3週間以内に事後届出を行わなければならない。

2　Aが所有する監視区域内の土地（面積10,000㎡）をBが購入する契約を締結した場合、A及びBは事後届出を行わなければならない。

3　都市計画区域外に所在し、一団の土地である甲土地（面積6,000㎡）と乙土地（面積5,000㎡）を購入する契約を締結した者は、事後届出を行わなければならない。

4　市街化区域内の甲土地（面積3,000㎡）を購入する契約を締結した者が、その契約締結の1月後に甲土地と一団の土地である乙土地（面積4,000㎡）を購入することとしている場合においては、甲土地の事後届出は、乙土地の契約締結後に乙土地の事後届出と併せて行うことができる。

㊔【問　16】　都市計画法に関する次の記述のうち、正しいものはどれか。

1　市街地開発事業等予定区域に係る市街地開発事業又は都市施設に関する都市計画には、施行予定者をも定めなければならない。

2　準都市計画区域については、都市計画に準防火地域を定めることができる。

3　高度利用地区は、用途地域内において市街地の環境を維持し、又は土地利用の増進を図るため、建築物の高さの最高限度又は最低限度を定める地区である。

4　地区計画については、都市計画に、地区計画の種類、名称、位置、区域及び面積並びに建築物の建蔽率及び容積率の最高限度を定めなければならない。

【問　17】　都市計画法に関する次の記述のうち、正しいものはどれか。なお、この問において「都道府県知事」とは、地方自治法に基づく指定都市、中核市及び施行時特例市にあってはその長をいうものとする。

1　開発許可を受けた者は、開発行為に関する工事を廃止するときは、都道府県知事の許可を受けなければならない。

2　二以上の都府県にまたがる開発行為は、国土交通大臣の許可を受けなければならない。

3　開発許可を受けた者から当該開発区域内の土地の所有権を取得した者は、都道府県知事の承認を受けることなく、当該開発許可を受けた者が有していた当該開発許可に基づく地位を承継することができる。

4　都道府県知事は、用途地域の定められていない土地の区域における開発行為について開発許可をする場合において必要があると認めるときは、当該開発区域内の土地について、建築物の敷地、構造及び設備に関する制限を定めることができる。

改【問　18】　建築基準法に関する次の記述のうち、正しいものはどれか。

1　防火地域にある建築物で、外壁が耐火構造のものについては、その外壁を隣地境界線に接して設けることができる。

2　高さ30mの建築物には、原則として非常用の昇降機を設けなければならない。

3　準防火地域内においては、延べ面積が2,000㎡の共同住宅は準耐火建築物等としなければならない。

4　延べ面積が1,000㎡を超える耐火建築物は、防火上有効な構造の防火壁又は防火床によって有効に区画し、かつ、各区画の床面積の合計をそれぞれ1,000㎡以内としなければならない。

改【問　19】　建築基準法に関する次の記述のうち、誤っているものはどれか。

1　特定行政庁が許可した場合、第一種低層住居専用地域内においても飲食店を建築することができる。

2　前面道路の幅員による容積率制限は、前面道路の幅員が12m以上ある場合は適用されない。

3　公園内にある建築物で特定行政庁が安全上、防火上及び衛生上支障がないと認めて許可したものについては、建蔽率の制限は適用されない。

4　第一種住居地域内における建築物の外壁又はこれに代わる柱の面から敷地境界線までの距離は、当該地域に関する都市計画においてその限度が定められた場合には、当該限度以上でなければならない。

改【問　20】　宅地造成及び特定盛土等規制法に関する次の記述のうち、誤っているものはどれか。なお、この問において「都道府県知事」とは、地方自治法に基づく指定都市、中核市及び施行時特例市にあってはその長をいうものとする。

1　宅地造成等工事規制区域外に盛土によって造成された一団の造成宅地の区域において、造成された盛土の高さが5m未満の場合は、都道府県知事は、当該区域を造成宅地防災区域として指定することができない。

2　宅地造成等工事規制区域内において、盛土又は切土をする土地の面積が600㎡である場合、その土地における排水施設は、政令で定める資格を有する者によって設計される必要はない。

3　宅地造成等工事規制区域内の土地（公共施設用地を除く。）において、高さが2mを超える擁壁を除却する工事を行おうとする者は、一定の場合を除き、その工事に着手する日の14日前までにその旨を都道府県知事に届け出なければならない。

4　宅地造成等工事規制区域内において、公共施設用地を宅地又は農地等に転用した者

は、一定の場合を除き、その転用した日から14日以内に、その旨を都道府県知事に届け出なければならない。

【問　21】　土地区画整理法に関する次の記述のうち、誤っているものはどれか。

1　施行者は、換地処分を行う前において、換地計画に基づき換地処分を行うため必要がある場合においては、施行地区内の宅地について仮換地を指定することができる。

2　仮換地が指定された場合においては、従前の宅地について権原に基づき使用し、又は収益することができる者は、仮換地の指定の効力発生の日から換地処分の公告がある日まで、仮換地について、従前の宅地について有する権利の内容である使用又は収益と同じ使用又は収益をすることができる。

3　施行者は、仮換地を指定した場合において、特別の事情があるときは、その仮換地について使用又は収益を開始することができる日を仮換地の指定の効力発生日と別に定めることができる。

4　土地区画整理組合の設立の認可の公告があった日後、換地処分の公告がある日までは、施行地区内において、土地区画整理事業の施行の障害となるおそれがある土地の形質の変更を行おうとする者は、当該土地区画整理組合の許可を受けなければならない。

【問　22】　農地に関する次の記述のうち、農地法（以下この問において「法」という。）の規定によれば、正しいものはどれか。

1　相続により農地を取得する場合は、法第3条第1項の許可を要しないが、相続人に該当しない者に対する特定遺贈により農地を取得する場合も、同項の許可を受ける必要はない。

2　法第2条第3項の農地所有適格法人の要件を満たしていない株式会社は、耕作目的で農地を借り入れることはできない。

3　法第3条第1項又は法第5条第1項の許可が必要な農地の売買について、これらの許可を受けずに売買契約を締結しても、その所有権の移転の効力は生じない。

4　農業者が、市街化調整区域内の耕作しておらず遊休化している自己の農地を、自己の住宅用地に転用する場合、あらかじめ農業委員会へ届出をすれば、法第4条第1項の許可を受ける必要がない。

【問　23】　印紙税に関する次の記述のうち、正しいものはどれか。

1　印紙税の課税文書である不動産譲渡契約書を作成したが、印紙税を納付せず、その事実が税務調査により判明した場合は、納付しなかった印紙税額と納付しなかった印

紙税額の10%に相当する金額の合計額が過怠税として徴収される。

2　「Aの所有する甲土地（価額3,000万円）とBの所有する乙土地（価額3,500万円）を交換する」旨の土地交換契約書を作成した場合、印紙税の課税標準となる当該契約書の記載金額は3,500万円である。

3　「Aの所有する甲土地（価額3,000万円）をBに贈与する」旨の贈与契約書を作成した場合、印紙税の課税標準となる当該契約書の記載金額は、3,000万円である。

4　売上代金に係る金銭の受取書（領収書）は記載された受取金額が3万円未満の場合、印紙税が課されないことから、不動産売買の仲介手数料として、現金49,500円（消費税及び地方消費税を含む。）を受け取り、それを受領した旨の領収書を作成した場合、受取金額に応じた印紙税が課される。

【問　24】　不動産取得税に関する次の記述のうち、正しいものはどれか。

1　家屋が新築された日から3年を経過して、なお、当該家屋について最初の使用又は譲渡が行われない場合においては、当該家屋が新築された日から3年を経過した日において家屋の取得がなされたものとみなし、当該家屋の所有者を取得者とみなして、これに対して不動産取得税を課する。

2　不動産取得税は、不動産の取得に対して課される税であるので、法人の合併により不動産を取得した場合にも、不動産取得税は課される。

3　令和6年4月に取得した床面積240㎡である新築住宅に係る不動産取得税の課税標準の算定については、当該新築住宅の価格から1,200万円が控除される。

4　令和6年4月に個人が取得した住宅及び住宅用地に係る不動産取得税の税率は3％であるが、住宅用以外の家屋及びその土地に係る不動産取得税の税率は4％である。

【問　25】　不動産の鑑定評価に関する次の記述のうち、不動産鑑定評価基準によれば、正しいものはどれか。

1　不動産の鑑定評価によって求める価格は、基本的には正常価格であるが、市場性を有しない不動産については、鑑定評価の依頼目的及び条件に応じて限定価格、特定価格又は特殊価格を求める場合がある。

2　同一需給圏とは、一般に対象不動産と代替関係が成立して、その価格の形成について相互に影響を及ぼすような関係にある他の不動産の存する圏域をいうが、不動産の種類、性格及び規模に応じた需要者の選好性によって、その地域的範囲は狭められる場合もあれば、広域的に形成される場合もある。

3　鑑定評価の各手法の適用に当たって必要とされる取引事例等については、取引等の事情が正常なものと認められるものから選択すべきであり、売り急ぎ、買い進み等の

特殊な事情が存在する事例を用いてはならない。

4 収益還元法は、対象不動産が将来生み出すであろうと期待される純収益の現在価値の総和を求めることにより対象不動産の試算価格を求める手法であるが、市場における土地の取引価格の上昇が著しいときは、その価格と収益価格との乖離が増大するものであるため、この手法の適用は避けるべきである。

【問 26】 宅地建物取引業者A（甲県知事免許）に対する監督処分に関する次の記述のうち、宅地建物取引業法（以下この問において「法」という。）の規定によれば、正しいものはどれか。

1 Aは、自らが売主となった分譲マンションの売買において、法第35条に規定する重要事項の説明を行わなかった。この場合、Aは、甲県知事から業務停止を命じられることがある。

2 Aは、乙県内で宅地建物取引業に関する業務において、著しく不当な行為を行った。この場合、乙県知事は、Aに対し、業務停止を命ずることはできない。

3 Aは、甲県知事から指示処分を受けたが、その指示処分に従わなかった。この場合、甲県知事は、Aに対し、1年を超える期間を定めて、業務停止を命ずることができる。

4 Aは、自ら所有している物件について、直接賃借人Bと賃貸借契約を締結するに当たり、法第35条に規定する重要事項の説明を行わなかった。この場合、Aは、甲県知事から業務停止を命じられることがある。

【問 27】 宅地建物取引業者Aが、BからB所有の宅地の売却に係る媒介を依頼された場合における次の記述のうち、宅地建物取引業法（以下この問において「法」という。）の規定によれば、正しいものはどれか。なお、この問において一般媒介契約とは、専任媒介契約でない媒介契約をいう。

1 AがBと一般媒介契約を締結した場合、当該一般媒介契約が国土交通大臣が定める標準媒介契約約款に基づくものであるか否かの別を、法第34条の2第1項に規定する書面に記載する必要はない。

2 AがBと専任媒介契約を締結した場合、当該宅地の売買契約が成立しても、当該宅地の引渡しが完了していなければ、売買契約が成立した旨を指定流通機構に通知する必要はない。

3 AがBと一般媒介契約を締結した場合、当該宅地の売買の媒介を担当するAの宅地建物取引士は、法第34条の2第1項に規定する書面に記名押印する必要はない。

4 Aは、Bとの間で締結した媒介契約が一般媒介契約であるか、専任媒介契約であるかを問わず、法第34条の2第1項に規定する書面に売買すべき価額を記載する必要はない。

【問　28】 宅地建物取引業者Aが、自ら売主として、宅地建物取引業者でないBとの間でマンション（代金4,000万円）の売買契約を締結した場合に関する次の記述のうち、宅地建物取引業法（以下この問において「法」という。）の規定に違反するものの組合せはどれか。

ア　Aは、建築工事完了前のマンションの売買契約を締結する際に、Bから手付金200万円を受領し、さらに建築工事中に200万円を中間金として受領した後、当該手付金と中間金について法第41条に定める保全措置を講じた。

イ　Aは、建築工事完了後のマンションの売買契約を締結する際に、法第41条の2に定める保全措置を講じることなくBから手付金400万円を受領した。

ウ　Aは、建築工事完了前のマンションの売買契約を締結する際に、Bから手付金500万円を受領したが、Bに当該手付金500万円を償還して、契約を一方的に解除した。

エ　Aは、建築工事完了後のマンションの売買契約を締結する際に、当事者の債務の不履行を理由とする契約の解除に伴う損害賠償の予定額を1,000万円とする特約を定めた。

1　ア、ウ
2　イ、ウ
3　ア、イ、エ
4　ア、ウ、エ

【問　29】 宅地建物取引業者Aの業務に関する次の記述のうち、宅地建物取引業法（以下この問において「法」という。）の規定に違反するものの組合せはどれか。

ア　Aは、マンションを分譲するに際して案内所を設置したが、売買契約の締結をせず、かつ、契約の申込みの受付も行わない案内所であったので、当該案内所に法第50条第1項に規定する標識を掲示しなかった。

イ　Aは、建物の売買の媒介に際し、買主に対して手付の貸付けを行う旨を告げて契約の締結を勧誘したが、売買は成立しなかった。

ウ　Aは、法第49条の規定によりその事務所ごとに備えるべきこととされている業務に関する帳簿について、取引関係者から閲覧の請求を受けたが、閲覧に供さなかった。

エ　Aは、自ら売主となるマンションの割賦販売の契約について、宅地建物取引業者でない買主から賦払金が支払期日までに支払われなかったので、直ちに賦払金の支払の遅延を理由として契約を解除した。

1　ア、イ
2　ア、ウ
3　ア、イ、エ
4　イ、ウ、エ

改【問 30】 宅地建物取引業法第35条に規定する重要事項の説明及び同法第37条の規定により交付すべき書面（以下この問において「37条書面」という。）に関する次の記述のうち、正しいものはどれか。なお、重要事項の説明の相手方は宅地建物取引業者ではないものとする。

1 宅地建物取引業者は、建物の貸借の媒介における重要事項の説明において、借賃の額並びにその支払の時期及び方法について説明するとともに、37条書面に記載しなければならない。

2 宅地建物取引士は、重要事項の説明をする際に、相手方から求められない場合は、宅地建物取引士証を提示しなくてもよい。

3 宅地建物取引業者は、37条書面を交付する際に、相手方の承諾があった場合でも、書面に代えて、電磁的方法で交付することはできない。

4 宅地建物取引業者は、宅地建物取引士をして37条書面に記名させなければならないが、当該書面の交付は宅地建物取引士でない従業者に行わせることができる。

改【問 31】 宅地建物取引業保証協会（以下この問において「保証協会」という。）の社員である宅地建物取引業者に関する次の記述のうち、宅地建物取引業法の規定によれば、正しいものはどれか。

1 保証協会に加入することは宅地建物取引業者の任意であり、一の保証協会の社員となった後に、宅地建物取引に関し取引をした者の保護を目的として、重ねて他の保証協会の社員となることができる。

2 保証協会に加入している宅地建物取引業者（甲県知事免許）は、甲県の区域内に新たに支店を設置した場合、その設置した日から1月以内に当該保証協会に追加の弁済業務保証金分担金を納付しないときは、社員の地位を失う。

3 保証協会から還付充当金の納付の通知を受けた社員は、その通知を受けた日から2週間以内に、その通知された額の還付充当金を主たる事務所の最寄りの供託所に供託しなければならない。

4 150万円の弁済業務保証金分担金を保証協会に納付して当該保証協会の社員となった者と宅地建物取引業に関し取引をした者（宅地建物取引業者に該当する者を除く。）は、その取引により生じた債権に関し、2,500万円を限度として、当該保証協会が供託した弁済業務保証金から弁済を受ける権利を有する。

【問 32】 宅地建物取引業者A（甲県知事免許）がその業務に関して広告を行った場合における次の記述のうち、宅地建物取引業法の規定に違反しないものはどれか。

1 Aは、宅地の造成に当たり、工事に必要とされる許可等の処分があった宅地につい

て、当該処分があったことを明示して、工事完了前に、当該宅地の販売に関する広告を行った。

2 Aは、自ら売主として新築マンションを分譲するに当たり、建築基準法第6条第1項の確認の申請中であったため、「建築確認申請済」と明示して、当該建物の販売に関する広告を行い、建築確認を受けた後に売買契約を締結した。

3 Aは、中古の建物の売買において、当該建物の所有者Bから媒介の依頼を受け、取引態様の別を明示せずに自社ホームページに広告を掲載したが、広告を見た者からの問い合わせはなく、契約成立には至らなかった。

4 Aは、甲県知事から業務の全部の停止を命じられ、その停止の期間中に未完成の土地付建物の販売に関する広告を行ったが、当該土地付建物の売買の契約は当該期間の経過後に締結した。

改【問 33】 宅地建物取引業者が売買等の媒介に関して受けることができる報酬についての次の記述のうち、宅地建物取引業法の規定によれば、誤っているものはいくつあるか。

ア 宅地建物取引業者が媒介する物件の売買について、売主があらかじめ受取額を定め、実際の売却額との差額を当該宅地建物取引業者が受け取る場合は、媒介に係る報酬の限度額の適用を受けない。

イ 宅地建物取引業者は、媒介に係る報酬の限度額の他に、依頼者の依頼によらない通常の広告の料金に相当する額を報酬に合算して、依頼者から受け取ることができる。

ウ 居住用の建物の貸借の媒介に係る報酬の額は、借賃の1月分の1.1倍に相当する額以内であるが、権利金の授受がある場合は、当該権利金の額を売買に係る代金の額とみなして算定することができる。

1 一つ

2 二つ

3 三つ

4 なし

【問 34】 宅地建物取引業法（以下この問において「法」という。）第47条及び第47条の2に規定されている業務に関する禁止事項に関する次の記述のうち、誤っているものはどれか。なお、Aは宅地建物取引業者である。

1 Aが、賃貸アパートの媒介に当たり、入居申込者が無収入であることを知っており、入居申込書の収入欄に「年収700万円」とあるのは虚偽の記載であることを認識したまま、その事実を告げずに貸主に提出した行為は法に違反する。

2　Aが、分譲マンションの購入を勧誘するに際し、うわさをもとに「3年後には間違いなく徒歩5分の距離に新しく私鉄の駅ができる」と告げた場合、そのような計画はなかったとしても、故意にだましたわけではないので法には違反しない。

3　Aは、建売住宅の売買の相手方である買主から手付放棄による契約の解除の通知を受けたとしても、すでに所有権の移転登記を行い引渡しも済んでいる場合は、そのことを理由に当該契約の解除を拒むことができる。

4　Aが、宅地の売買契約締結の勧誘に当たり、相手方が手付金の手持ちがないため契約締結を迷っていることを知り、手付金の分割払いを持ちかけたことは、契約締結に至らなかったとしても法に違反する。

【問　35】　宅地建物取引業の免許（以下この問において「免許」という。）に関する次の記述のうち、宅地建物取引業法の規定によれば、正しいものはどれか。

1　個人である宅地建物取引業者A（甲県知事免許）が、免許の更新の申請を怠り、その有効期間が満了した場合、Aは、遅滞なく、甲県知事に免許証を返納しなければならない。

2　法人である宅地建物取引業者B（乙県知事免許）が、乙県知事から業務の停止を命じられた場合、Bは、免許の更新の申請を行っても、その業務の停止の期間中は免許の更新を受けることができない。

3　法人である宅地建物取引業者C（国土交通大臣免許）について破産手続開始の決定があった場合、その日から30日以内に、Cを代表する役員Dは、その旨を主たる事務所の所在地を管轄する都道府県知事を経由して国土交通大臣に届け出なければならない。

4　個人である宅地建物取引業者E（丙県知事免許）が死亡した場合、Eの一般承継人Fがその旨を丙県知事に届け出た後であっても、Fは、Eが生前締結した売買契約に基づく取引を結了する目的の範囲内においては、なお宅地建物取引業者とみなされる。

🈹【問　36】　宅地建物取引業者が行う宅地建物取引業法第35条に規定する重要事項の説明に関する次の記述のうち、正しいものはいくつあるか。なお、説明の相手方は宅地建物取引業者ではないものとする。

ア　区分所有権の目的である建物の売買の媒介を行う場合、当該建物が借地借家法第22条に規定する定期借地権の設定された土地の上に存するときは、当該定期借地権が登記されたものであるか否かにかかわらず、当該定期借地権の内容について説明しなければならない。

イ　宅地の貸借の媒介を行う場合、当該宅地が流通業務市街地の整備に関する法律第4

条に規定する流通業務地区にあるときは、同法第５条第１項の規定による制限の概要について説明しなければならない。

ウ　建物の売買の媒介を行う場合、当該建物の売買代金の額並びにその支払の時期及び方法について説明する義務はないが、売買代金以外に授受される金銭があるときは、当該金銭の額及び授受の目的について説明しなければならない。

エ　建物の貸借の媒介を行う場合、当該建物が建築工事の完了前であるときは、必要に応じ当該建物に係る図面を交付した上で、当該建築工事の完了時における当該建物の主要構造部、内装及び外装の構造又は仕上げ並びに設備の設置及び構造について説明しなければならない。

1　一つ

2　二つ

3　三つ

4　四つ

【問　37】　宅地建物取引業法（以下この問において「法」という。）の規定に関する次の記述のうち、正しいものはいくつあるか。

ア　宅地建物取引業者Ａ（甲県知事免許）が乙県内に新たに支店を設置して宅地建物取引業を営んでいる場合において、免許換えの申請を怠っていることが判明したときは、Ａは、甲県知事から業務停止の処分を受けることがある。

イ　宅地建物取引業者Ｂが自ら売主として宅地の売買契約を成立させた後、当該宅地の引渡しの前に免許の有効期間が満了したときは、Ｂは、当該契約に基づく取引を結了する目的の範囲内においては、宅地建物取引業者として当該取引に係る業務を行うことができる。

ウ　Ｃが免許の申請前５年以内に宅地建物取引業に関し不正又は著しく不当な行為をした場合には、その行為について刑に処せられていなかったとしても、Ｃは免許を受けることができない。

エ　宅地建物取引業者Ｄ（甲県知事免許）が乙県内に新たに支店を設置して宅地建物取引業を営むため、国土交通大臣に免許換えの申請を行っているときは、Ｄは、甲県知事免許業者として、取引の相手方等に対し、法第35条に規定する重要事項を記載した書面及び法第37条の規定により交付すべき書面を交付することができない。

1　一つ

2　二つ

3　三つ

4　四つ

㉚【問 38】 宅地建物取引士資格登録（以下この問において「登録」という。）又は宅地建物取引士に関する次の記述のうち、宅地建物取引業法の規定によれば、正しいものはいくつあるか。

ア　宅地建物取引士（甲県知事登録）が、乙県で宅地建物取引業に従事することとなったため乙県知事に登録の移転の申請をしたときは、移転後新たに5年を有効期間とする宅地建物取引士証の交付を受けることができる。

イ　宅地建物取引士は、取引の関係者から宅地建物取引士証の提示を求められたときは、宅地建物取引士証を提示しなければならないが、従業者証明書の提示を求められたときは、宅地建物取引業者の代表取締役である宅地建物取引士は、当該証明書がないので提示をしなくてよい。

ウ　宅地建物取引士が心身の故障により宅地建物取引士の事務を適正に行うことができない者として国土交通省令で定めるものに該当するに至ったときは、その本人又はその法定代理人若しくは同居の親族は、3月以内に、その旨を登録をしている都道府県知事に届け出なければならない。

エ　宅地建物取引士の氏名等が登載されている宅地建物取引士資格登録簿は一般の閲覧に供されることはないが、専任の宅地建物取引士は、その氏名が宅地建物取引業者名簿に登載され、当該名簿が一般の閲覧に供される。

1　一つ
2　二つ
3　三つ
4　なし

㉚【問 39】 宅地建物取引業者が媒介により区分所有建物の貸借の契約を成立させた場合に関する次の記述のうち、宅地建物取引業法（以下この問において「法」という。）の規定によれば、正しいものはどれか。なお、この問において「重要事項説明書」とは法第35条の規定により交付すべき書面をいい、「37条書面」とは法第37条の規定により交付すべき書面をいうものとする。また、重要事項の説明の相手方は宅地建物取引業者ではないものとする。

1　専有部分の用途その他の利用の制限に関する規約において、ペットの飼育が禁止されている場合は、重要事項説明書にその旨記載し内容を説明したときも、37条書面に記載しなければならない。

2　契約の解除について定めがある場合は、重要事項説明書にその旨記載し内容を説明したときも、37条書面に記載しなければならない。

3　借賃の支払方法が定められていても、貸主及び借主の承諾を得たときは、37条書面に記載しなくてよい。

4　天災その他不可抗力による損害の負担に関して定めなかった場合には、その旨を37条書面に記載しなければならない。

㉔【問　40】　宅地建物取引業者A（甲県知事免許）は、甲県に本店と支店を設け、営業保証金として1,000万円の金銭と額面金額500万円の国債証券を供託し、営業している。この場合に関する次の記述のうち宅地建物取引業法の規定によれば、正しいものはどれか。

1　Aは、本店を移転したため、その最寄りの供託所が変更した場合は、遅滞なく、移転後の本店の最寄りの供託所に新たに営業保証金を供託しなければならない。

2　Aは、営業保証金が還付され、営業保証金の不足額を供託したときは、供託書の写しを添附して、30日以内にその旨を甲県知事に届け出なければならない。

3　本店でAと宅地建物取引業に関する取引をした者（宅地建物取引業者に該当する者を除く。）は、その取引により生じた債権に関し、1,000万円を限度としてAからその債権の弁済を受ける権利を有する。

4　Aは、本店を移転したため、その最寄りの供託所が変更した場合において、従前の営業保証金を取りもどすときは、営業保証金の還付を請求する権利を有する者に対し、一定期間内に申し出るべき旨の公告をしなければならない。

【問　41】　宅地建物取引業者Aが行う業務に関する次の記述のうち、宅地建物取引業法（以下この問において「法」という。）の規定によれば、正しいものはどれか。

1　Aは、宅地建物取引業者Bから宅地の売却についての依頼を受けた場合、媒介契約を締結したときは媒介契約の内容を記載した書面を交付しなければならないが、代理契約を締結したときは代理契約の内容を記載した書面を交付する必要はない。

2　Aは、自ら売主として宅地の売買契約を締結したときは、相手方に対して、遅滞なく、法第37条の規定による書面を交付するとともに、その内容について宅地建物取引士をして説明させなければならない。

3　Aは、宅地建物取引業者でないCが所有する宅地について、自らを売主、宅地建物取引業者Dを買主とする売買契約を締結することができる。

4　Aは、宅地建物取引業者でないEから宅地の売却についての依頼を受け、専属専任媒介契約を締結したときは、当該宅地について法で規定されている事項を、契約締結の日から休業日数を含め5日以内に指定流通機構へ登録する義務がある。

改【問 42】 宅地建物取引業法（以下この問において「法」という。）第37条の規定により交付すべき書面（以下この問において「37条書面」という。）に関する次の記述のうち、正しいものはどれか。なお、Aは宅地建物取引業者（消費税課税事業者）である。

1　Aは、宅地建物取引業者Bと宅地建物取引業者Cの間で締結される宅地の売買契約の媒介においては、37条書面に引渡しの時期を記載しなくてもよい。

2　Aは、自ら売主として土地付建物の売買契約を締結したときは、37条書面に代金の額を記載しなければならないが、消費税等相当額については記載しなくてもよい。

3　Aは、自ら売主として、宅地建物取引業者Dの媒介により、宅地建物取引業者Eと宅地の売買契約を締結した。Dが宅地建物取引士をして37条書面に記名させている場合、Aは宅地建物取引士をして当該書面に記名させる必要はない。

4　Aは、貸主Fと借主Gの間で締結される建物賃貸借契約について、Fの代理として契約を成立させたときは、FとGに対して37条書面を交付しなければならない。

【問 43】 宅地建物取引業者Aが、自ら売主として、宅地建物取引業者でないBと建築工事完了前のマンション（代金3,000万円）の売買契約を締結した場合、宅地建物取引業法第41条の規定に基づく手付金等の保全措置（以下この問において「保全措置」という。）に関する次の記述のうち、正しいものはいくつあるか。

ア　Aが、Bから手付金600万円を受領する場合において、その手付金の保全措置を講じていないときは、Bは、この手付金の支払を拒否することができる。

イ　Aが、保全措置を講じて、Bから手付金300万円を受領した場合、Bから媒介を依頼されていた宅地建物取引業者Cは、Bから媒介報酬を受領するに当たり、Aと同様、あらかじめ保全措置を講じなければ媒介報酬を受領することができない。

ウ　Aは、Bから手付金150万円を保全措置を講じないで受領し、その後引渡し前に、中間金350万円を受領する場合は、すでに受領した手付金と中間金の合計額500万円について保全措置を講じなければならない。

エ　Aは、保全措置を講じないで、Bから手付金150万円を受領した場合、その後、建築工事が完了しBに引き渡す前に中間金150万円を受領するときは、建物についてBへの所有権移転の登記がなされるまで、保全措置を講じる必要がない。

1　一つ

2　二つ

3　三つ

4　四つ

【問　44】　宅地建物取引業者Aが、自ら売主として、宅地建物取引業者でないBと宅地の売買契約を締結した場合、宅地建物取引業法第37条の2の規定に基づくいわゆるクーリング・オフについてAがBに告げるときに交付すべき書面の内容に関する次の記述のうち、誤っているものはどれか。

1　Aについては、その商号又は名称及び住所並びに免許証番号、Bについては、その氏名（法人の場合、その商号又は名称）及び住所が記載されていなければならない。

2　Bは、クーリング・オフについて告げられた日から起算して8日を経過するまでの間は、代金の全部を支払った場合を除き、書面によりクーリング・オフによる契約の解除を行うことができることが記載されていなければならない。

3　クーリング・オフによる契約の解除は、Bが当該契約の解除を行う旨を記載した書面を発した時にその効力を生ずることが記載されていなければならない。

4　Bがクーリング・オフによる契約の解除を行った場合、Aは、それに伴う損害賠償又は違約金の支払をBに請求することができないこと、また、売買契約の締結に際し、手付金その他の金銭が支払われているときは、遅滞なくその全額をBに返還することが記載されていなければならない。

【問　45】　宅地建物取引業者Aが、自ら売主として、宅地建物取引業者でないBに新築住宅を販売する場合における次の記述のうち、特定住宅瑕疵担保責任の履行の確保等に関する法律の規定によれば、正しいものはどれか。

1　Aは、住宅販売瑕疵担保保証金を供託する場合、当該住宅の床面積が100㎡以下であるときは、新築住宅の合計戸数の算定に当たって、2戸をもって1戸と数えることになる。

2　Aは、当該住宅をBに引き渡した日から3週間以内に、住宅販売瑕疵担保保証金の供託又は住宅販売瑕疵担保責任保険契約の締結の状況について、宅地建物取引業の免許を受けた国土交通大臣又は都道府県知事に届け出なければならない。

3　Aは、住宅販売瑕疵担保保証金の供託をする場合、Bに対し、当該住宅の売買契約を締結するまでに、供託所の所在地等について記載した書面を交付して説明しなければならない。

4　Aは、住宅瑕疵担保責任保険法人と住宅販売瑕疵担保責任保険契約の締結をした場合、Bが住宅の引渡しを受けた時から10年以内に当該住宅を転売したときは、住宅瑕疵担保責任保険法人にその旨を申し出て、当該保険契約の解除をしなければならない。

【問　46】　独立行政法人住宅金融支援機構（以下この問において「機構」という。）に関する次の記述のうち、誤っているものはどれか。

1　機構は、子どもを育成する家庭又は高齢者の家庭に適した良好な居住性能及び居住環境を有する賃貸住宅の建設又は改良に必要な資金の貸付けを業務として行っている。

2　機構は、証券化支援事業（買取型）において、債務者又は債務者の親族が居住する住宅のみならず、賃貸住宅の建設又は購入に必要な資金の貸付けに係る金融機関の貸付債権についても譲受けの対象としている。

3　機構は、証券化支援事業（買取型）において、バリアフリー性、省エネルギー性、耐震性、耐久性・可変性に優れた住宅を取得する場合に、貸付金の利率を一定期間引き下げる制度を実施している。

4　機構は、マンション管理組合や区分所有者に対するマンション共用部分の改良に必要な資金の貸付けを業務として行っている。

【問　47】　宅地建物取引業者が行う広告に関する次の記述のうち、不当景品類及び不当表示防止法（不動産の表示に関する公正競争規約を含む。）の規定によれば、正しいものはどれか。

1　インターネット上に掲載した賃貸物件の広告について、掲載直前に契約済みとなったとしても、消費者からの問合せに対し既に契約済みであり取引できない旨を説明すれば、その時点で消費者の誤認は払拭されるため、不当表示に問われることはない。

2　宅地の造成及び建物の建築が禁止されており、宅地の造成及び建物の建築が可能となる予定がない市街化調整区域内の土地を販売する際の新聞折込広告においては、当該土地が市街化調整区域内に所在する旨を16ポイント以上の大きさの文字で表示すれば、宅地の造成や建物の建築ができない旨まで表示する必要はない。

3　半径300m以内に小学校及び市役所が所在している中古住宅の販売広告においては、当該住宅からの道路距離の表示を省略して、「小学校、市役所近し」と表示すればよい。

4　近くに新駅の設置が予定されている分譲住宅の販売広告を行うに当たり、当該鉄道事業者が新駅設置及びその予定時期を公表している場合、広告の中に新駅設置の予定時期を明示して表示してもよい。

1　平成28年地価公示（平成28年3月公表）によれば、平成27年1月以降の1年間の地価は、全国平均では、住宅地はわずかに下落しているものの下落幅は縮小しており、全用途平均では昨年までの下落から上昇に転じた。

2　平成28年版土地白書（平成28年5月公表）によれば、平成26年の住宅地、工業用地等の宅地は、全国で約193万ヘクタールあり、近年、減少傾向にある。

3　建築着工統計（平成28年1月公表）によれば、分譲住宅の着工戸数は、消費税増税の影響を受け、マンション、一戸建住宅ともに平成26年から2年連続で前年に比べ減少している。

4　平成27年度国土交通白書（平成28年6月公表）によれば、平成27年3月末時点の宅地建物取引業者数は122,685業者となっており、前年3月末時点に比べ減少した。

【問　49】　土地に関する次の記述のうち、最も不適当なものはどれか。

1　豪雨による深層崩壊は、山体岩盤の深い所に亀裂が生じ、巨大な岩塊が滑落し、山間の集落などに甚大な被害を及ぼす。

2　花崗岩が風化してできた、まさ土地帯においては、近年発生した土石流災害によりその危険性が再認識された。

3　山麓や火山麓の地形の中で、土石流や土砂崩壊による堆積でできた地形は危険性が低く、住宅地として好適である。

4　丘陵地や台地の縁辺部の崖崩れについては、山腹で傾斜角が25度を超えると急激に崩壊地が増加する。

【問　50】　建築物の構造に関する次の記述のうち、最も不適当なものはどれか。

1　鉄骨造は、自重が大きく、靱性が小さいことから、大空間の建築や高層建築にはあまり使用されない。

2　鉄筋コンクリート造においては、骨組の形式はラーメン式の構造が一般に用いられる。

3　鉄骨鉄筋コンクリート造は、鉄筋コンクリート造にさらに強度と靱性を高めた構造である。

4　ブロック造を耐震的な構造にするためには、鉄筋コンクリートの布基礎及び臥梁により壁体の底部と頂部を固めることが必要である。

平成27年度
問　　　題

次の注意事項をよく読んでから、始めてください。

（注意事項）

1　問　　題

　　問題は、249ページから269ページまでの50問です。

　　試験開始の合図と同時に、ページ数を確認してください。

　　乱丁や落丁があった場合は、直ちに試験監督員に申し出てください。

2　解　　答

　　解答は、解答用紙の「記入上の注意」に従って記入してください。

　　正解は、各問題とも一つだけです。

　　二つ以上の解答をしたもの及び判読が困難なものは、正解としません。

3　適用法令

　　問題の中の法令に関する部分は、令和6年4月1日現在施行されている規定に基づ
いて出題されています。

【問　1】　※民法改正で「出題内容不成立」となり、削除

【問　2】　Aは、その所有する甲土地を譲渡する意思がないのに、Bと通謀して、Aを売主、Bを買主とする甲土地の仮装の売買契約を締結した。この場合に関する次の記述のうち、民法の規定及び判例によれば、誤っているものはどれか。なお、この問において「善意」又は「悪意」とは、虚偽表示の事実についての善意又は悪意とする。

1　善意のCがBから甲土地を買い受けた場合、Cがいまだ登記を備えていなくても、AはAB間の売買契約の無効をCに主張することができない。

2　善意のCが、Bとの間で、Bが甲土地上に建てた乙建物の賃貸借契約（貸主B、借主C）を締結した場合、AはAB間の売買契約の無効をCに主張することができない。

3　Bの債権者である善意のCが、甲土地を差し押さえた場合、AはAB間の売買契約の無効をCに主張することができない。

4　甲土地がBから悪意のCへ、Cから善意のDへと譲渡された場合、AはAB間の売買契約の無効をDに主張することができない。

㉔【問　3】　AB間で、Aを貸主、Bを借主として、A所有の甲建物につき、①賃貸借契約を締結した場合と、②使用貸借契約を締結した場合に関する次の記述のうち、民法の規定によれば、誤っているものはどれか。

1　Bが死亡した場合、①では契約は終了しないが、②では契約が終了する。

2　Bは、①では、甲建物のAの負担に属する必要費を支出したときは、Aに対しその償還を請求することができるが、②では、甲建物の通常の必要費を負担しなければならない。

3　AB間の契約は、①②ともに諾成契約である。

4　AはBに対して、甲建物の瑕疵（かし）について、①では担保責任を負う場合があるが、②では担保責任を負わない。

【問　4】　A所有の甲土地を占有しているBによる権利の時効取得に関する次の記述のうち、民法の規定及び判例によれば、正しいものはどれか。

1　Bが父から甲土地についての賃借権を相続により承継して賃料を払い続けている場合であっても、相続から20年間甲土地を占有したときは、Bは、時効によって甲土地の所有権を取得することができる。

2　Bの父が11年間所有の意思をもって平穏かつ公然に甲土地を占有した後、Bが相続によりその占有を承継し、引き続き9年間所有の意思をもって平穏かつ公然に占有し

ていても、Bは、時効によって甲土地の所有権を取得することはできない。

3　Aから甲土地を買い受けたCが所有権の移転登記を備えた後に、Bについて甲土地所有権の取得時効が完成した場合、Bは、Cに対し、登記がなくても甲土地の所有者であることを主張することができる。

4　甲土地が農地である場合、BがAと甲土地につき賃貸借契約を締結して20年以上にわたって賃料を支払って継続的に耕作していても、農地法の許可がなければ、Bは、時効によって甲土地の賃借権を取得することはできない。

【問　5】　占有に関する次の記述のうち、民法の規定及び判例によれば、正しいものはどれか。

1　甲建物の所有者Aが、甲建物の隣家に居住し、甲建物の裏口を常に監視して第三者の侵入を制止していたとしても、甲建物に錠をかけてその鍵を所持しない限り、Aが甲建物を占有しているとはいえない。

2　乙土地の所有者の相続人Bが、乙土地上の建物に居住しているCに対して乙土地の明渡しを求めた場合、Cは、占有者が占有物について行使する権利は適法であるとの推定規定を根拠として、明渡しを拒否することができる。

3　丙土地の占有を代理しているDは、丙土地の占有が第三者に妨害された場合には、第三者に対して占有保持の訴えを提起することができる。

4　占有回収の訴えは、占有を侵奪した者及びその特定承継人に対して当然に提起することができる。

【問　6】　抵当権に関する次の記述のうち、民法の規定及び判例によれば、誤っているものはどれか。

1　賃借地上の建物が抵当権の目的となっているときは、一定の場合を除き、敷地の賃借権にも抵当権の効力が及ぶ。

2　抵当不動産の被担保債権の主債務者は、抵当権消滅請求をすることはできないが、その債務について連帯保証をした者は、抵当権消滅請求をすることができる。

3　抵当不動産を買い受けた第三者が、抵当権者の請求に応じてその代価を抵当権者に弁済したときは、抵当権はその第三者のために消滅する。

4　土地に抵当権が設定された後に抵当地に建物が築造されたときは、一定の場合を除き、抵当権者は土地とともに建物を競売することができるが、その優先権は土地の代価についてのみ行使することができる。

【問　7】　債務者Aが所有する甲土地には、債権者Bが一番抵当権（債権額2,000万円）、債権者Cが二番抵当権（債権額2,400万円）、債権者Dが三番抵当権（債権額4,000万円）をそれぞれ有しており、Aにはその他に担保権を有しない債権者E（債権額2,000万円）がいる。甲土地の競売に基づく売却代金5,400万円を配当する場合に関する次の記述のうち、民法の規定によれば、誤っているものはどれか。

1　BがEの利益のため、抵当権を譲渡した場合、Bの受ける配当は0円である。

2　BがDの利益のため、抵当権の順位を譲渡した場合、Bの受ける配当は800万円である。

3　BがEの利益のため、抵当権を放棄した場合、Bの受ける配当は1,000万円である。

4　BがDの利益のため、抵当権の順位を放棄した場合、Bの受ける配当は1,000万円である。

【問　8】　同時履行の抗弁権に関する次の記述のうち、民法の規定及び判例によれば、正しいものはいくつあるか。

ア　マンションの賃貸借契約終了に伴う賃貸人の敷金返還債務と、賃借人の明渡債務は、特別の約定のない限り、同時履行の関係に立つ。

イ　マンションの売買契約がマンション引渡し後に債務不履行を理由に解除された場合、契約は遡及的に消滅するため、売主の代金返還債務と、買主の目的物返還債務は、同時履行の関係に立たない。

ウ　マンションの売買契約に基づく買主の売買代金支払債務と、売主の所有権移転登記に協力する債務は、特別の事情のない限り、同時履行の関係に立つ。

1　一つ

2　二つ

3　三つ

4　なし

【問　9】　※ 民法改正で「出題内容不成立」となり、削除

改【問　10】　遺言及び遺留分に関する次の記述のうち、民法の規定及び判例によれば、正しいものはどれか。

1　自筆証書の内容を遺言者が一部削除する場合、遺言者が変更する箇所に二重線を引いて、その箇所に押印するだけで、一部削除の効力が生ずる。

2　自筆証書による遺言をする場合、遺言書の本文の自署名下に押印がなければ、自署

と離れた箇所に押印があっても、押印の要件として有効となることはない。

3　遺言執行者が管理する相続財産を相続人が無断で処分した場合、当該処分行為は、遺言執行者に対する関係で無効となり、この無効を善意の第三者にも対抗することができる。

4　遺留分権利者及びその承継人は、受遺者（特定財産承継遺言により財産を承継し又は相続分の指定を受けた相続人を含む。）又は受贈者に対し、遺留分侵害額に相当する金銭の支払を請求することができる。

【問　11】　AがBとの間で、A所有の甲建物について、期間3年、賃料月額10万円と定めた賃貸借契約を締結した場合に関する次の記述のうち、民法及び借地借家法の規定並びに判例によれば、正しいものはどれか。

1　AがBに対し、賃貸借契約の期間満了の6か月前までに更新しない旨の通知をしなかったときは、AとBは、期間3年、賃料月額10万円の条件で賃貸借契約を更新したものとみなされる。

2　賃貸借契約を期間を定めずに合意により更新した後に、AがBに書面で解約の申入れをした場合は、申入れの日から3か月後に賃貸借契約は終了する。

3　Cが、AB間の賃貸借契約締結前に、Aと甲建物の賃貸借契約を締結していた場合、AがBに甲建物を引き渡しても、Cは、甲建物の賃借権をBに対抗することができる。

4　AB間の賃貸借契約がBの賃料不払を理由として解除された場合、BはAに対して、Aの同意を得てBが建物に付加した造作の買取りを請求することはできない。

【問　12】　賃貸人と賃借人との間で、建物につき、期間5年として借地借家法第38条に定める定期借家契約（以下「定期借家契約」という。）を締結する場合と、期間5年として定期借家契約ではない借家契約（以下「普通借家契約」という。）を締結する場合に関する次の記述のうち、民法及び借地借家法の規定によれば、正しいものはどれか。なお、借地借家法第40条に定める一時使用目的の賃貸借契約は考慮しないものとする。

1　賃借権の登記をしない限り賃借人は賃借権を第三者に対抗することができない旨の特約を定めた場合、定期借家契約においても、普通借家契約においても、当該特約は無効である。

2　賃貸借契約開始から3年間は賃料を増額しない旨の特約を定めた場合、定期借家契約においても、普通借家契約においても、当該特約は無効である。

3　期間満了により賃貸借契約が終了する際に賃借人は造作買取請求をすることができない旨の規定は、定期借家契約では有効であるが、普通借家契約では無効である。

4　賃貸人も賃借人も契約期間中の中途解約をすることができない旨の規定は、定期借

家契約では有効であるが、普通借家契約では無効である。

改【問　13】　建物の区分所有等に関する法律に関する次の記述のうち、正しいものはどれか。

1　管理者が選任されていない場合、集会においては、規約に別段の定めがある場合及び別段の決議をした場合を除いて、集会を招集した区分所有者の1人が議長となる。

2　集会の招集の通知は、会日より少なくとも2週間前に発しなければならないが、この期間は規約で伸縮することができる。

3　集会の議事録が書面で作成されているときは、議長及び集会に出席した区分所有者の1人がこれに署名しなければならない。

4　区分所有者は、規約に別段の定めがない限り集会の決議によって、管理者を選任することができる。この場合、任期は2年以内としなければならない。

改【問　14】　不動産の登記に関する次の記述のうち、不動産登記法の規定によれば、誤っているものはどれか。

1　登記事項証明書の交付の請求は、利害関係を有することを明らかにすることなく、することができる。

2　登記を申請した者以外の者は、土地所在図、地積測量図、地役権図面、建物図面及び各階平面図を除く登記簿の附属書類の閲覧の請求は、正当な理由があるときに、正当な理由があると認められる部分に限り、することができる。

3　登記事項証明書の交付の請求は、請求情報を電子情報処理組織を使用して登記所に提供する方法によりすることができる。

4　筆界特定書の写しの交付の請求は、請求人が利害関係を有する部分に限り、することができる。

【問　15】　都市計画法に関する次の記述のうち、正しいものはどれか。なお、この問において「都道府県知事」とは、地方自治法に基づく指定都市、中核市及び施行時特例市にあってはその長をいうものとする。

1　市街化区域内において開発許可を受けた者が、開発区域の規模を100㎡に縮小しようとする場合においては、都道府県知事の許可を受けなければならない。

2　開発許可を受けた開発区域内の土地において、当該開発許可に係る予定建築物を建築しようとする者は、当該建築行為に着手する日の30日前までに、一定の事項を都道府県知事に届け出なければならない。

3　開発許可を受けた開発区域内において、開発行為に関する工事の完了の公告がある
　　までの間に、当該開発区域内に土地所有権を有する者のうち、当該開発行為に関して
　　同意をしていない者がその権利の行使として建築物を建築する場合については、都道
　　府県知事が支障がないと認めたときでなければ、当該建築物を建築することはできな
　　い。

4　何人も、市街化調整区域のうち開発許可を受けた開発区域以外の区域内において、
　　都道府県知事の許可を受けることなく、仮設建築物を新築することができる。

【問　16】　都市計画法に関する次の記述のうち、正しいものはどれか。

1　第二種住居地域における地区計画については、一定の条件に該当する場合、開発整
　　備促進区を都市計画に定めることができる。

2　準都市計画区域について無秩序な市街化を防止し、計画的な市街化を図るため必要
　　があるときは、都市計画に、区域区分を定めることができる。

3　工業専用地域は、工業の利便を増進するため定める地域であり、風致地区に隣接し
　　てはならない。

4　市町村が定めた都市計画が、都道府県が定めた都市計画と抵触するときは、その限
　　りにおいて、市町村が定めた都市計画が優先する。

【問　17】　建築基準法に関する次の記述のうち、誤っているものはどれか。

1　防火地域及び準防火地域外において建築物を改築する場合で、その改築に係る部分
　　の床面積の合計が10㎡以内であるときは、建築確認は不要である。

2　都市計画区域外において高さ12m、階数が3階の木造建築物を新築する場合、建築
　　確認が必要である。

3　事務所の用途に供する建築物をホテル（その用途に供する部分の床面積の合計が
　　500㎡）に用途変更する場合、建築確認は不要である。

4　映画館の用途に供する建築物で、その用途に供する部分の床面積の合計が300㎡で
　　あるものの改築をしようとする場合、建築確認が必要である。

改【問　18】　建築基準法に関する次の記述のうち、誤っているものはどれか。

1　建築物の容積率の算定の基礎となる延べ面積には、エレベーターの昇降路の部分又
　　は共同住宅若しくは老人ホーム等の共用の廊下若しくは階段の用に供する部分の床面
　　積は、一定の場合を除き、算入しない。

2　建築物の敷地が建蔽率に関する制限を受ける地域又は区域の2以上にわたる場合に

おいては、当該建築物の建蔽率は、当該各地域又は区域内の建築物の建蔽率の限度の合計の2分の1以下でなければならない。

3　地盤面下に設ける建築物については、道路内に建築することができる。

4　建築協定の目的となっている建築物に関する基準が建築物の借主の権限に係る場合においては、その建築協定については、当該建築物の借主は、土地の所有者等とみなす。

改【問　19】　宅地造成及び特定盛土等規制法に関する次の記述のうち、誤っているものはどれか。なお、この問において「都道府県知事」とは、地方自治法に基づく指定都市、中核市及び施行時特例市にあってはその長をいうものとする。

1　都道府県知事は、宅地造成等工事規制区域内の土地（公共施設用地を除く。）について、宅地造成等に伴う災害の防止のため必要があると認める場合においては、その土地の所有者に対して、擁壁等の設置等の措置をとることを勧告することができる。

2　宅地造成等工事規制区域の指定の際に、当該宅地造成等工事規制区域内において宅地造成等に関する工事を行っている者は、当該工事について改めて都道府県知事の許可を受けなければならない。

3　宅地造成等に関する工事の許可を受けた者が、工事施行者の氏名若しくは名称又は住所を変更する場合には、遅滞なくその旨を都道府県知事に届け出ればよく、改めて許可を受ける必要はない。

4　宅地造成等工事規制区域内において、宅地以外の土地を宅地にするために切土をする土地の面積が500㎡であって盛土が生じない場合、切土をした部分に生じる崖の高さが1.5mであれば、都道府県知事の許可は必要ない。

【問　20】　土地区画整理法に関する次の記述のうち、誤っているものはどれか。

1　仮換地の指定は、その仮換地となるべき土地の所有者及び従前の宅地の所有者に対し、仮換地の位置及び地積並びに仮換地の指定の効力発生の日を通知してする。

2　施行地区内の宅地について存する地役権は、土地区画整理事業の施行により行使する利益がなくなった場合を除き、換地処分があった旨の公告があった日の翌日以後においても、なお従前の宅地の上に存する。

3　換地計画において定められた保留地は、換地処分があった旨の公告があった日の翌日において、施行者が取得する。

4　土地区画整理事業の施行により生じた公共施設の用に供する土地は、換地処分があった旨の公告があった日の翌日において、すべて市町村に帰属する。

平成27年度

【問　21】 国土利用計画法第23条の事後届出（以下この問において「事後届出」という。）に関する次の記述のうち、正しいものはどれか。

1　都市計画区域外においてAが所有する面積12,000㎡の土地について、Aの死亡により当該土地を相続したBは、事後届出を行う必要はない。

2　市街化区域においてAが所有する面積3,000㎡の土地について、Bが購入した場合、A及びBは事後届出を行わなければならない。

3　市街化調整区域に所在する農地法第3条第1項の許可を受けた面積6,000㎡の農地を購入したAは、事後届出を行わなければならない。

4　市街化区域に所在する一団の土地である甲土地（面積1,500㎡）と乙土地（面積1,500㎡）について、甲土地については売買によって所有権を取得し、乙土地については対価の授受を伴わず賃借権の設定を受けたAは、事後届出を行わなければならない。

【問　22】 農地に関する次の記述のうち、農地法（以下この問において「法」という。）の規定によれば、正しいものはどれか。

1　市街化区域内の農地を耕作目的で取得する場合には、あらかじめ農業委員会に届け出れば、法第3条第1項の許可を受ける必要はない。

2　農業者が自己所有の市街化区域外の農地に賃貸住宅を建設するため転用する場合は、法第4条第1項の許可を受ける必要はない。

3　農業者が自己所有の市街化区域外の農地に自己の居住用の住宅を建設するため転用する場合は、法第4条第1項の許可を受ける必要はない。

4　農業者が住宅の改築に必要な資金を銀行から借りるため、市街化区域外の農地に抵当権の設定が行われ、その後、返済が滞ったため当該抵当権に基づき競売が行われ第三者が当該農地を取得する場合であっても、法第3条第1項又は法第5条第1項の許可を受ける必要がある。

改【問　23】 「直系尊属から住宅取得等資金の贈与を受けた場合の贈与税の非課税」に関する次の記述のうち、正しいものはどれか。

1　直系尊属から住宅用の家屋の贈与を受けた場合でも、この特例の適用を受けることができる。

2　日本国外に住宅用の家屋を新築した場合でも、この特例の適用を受けることができる。

3　贈与者が住宅取得等資金の贈与をした年の1月1日において60歳未満の場合でも、この特例の適用を受けることができる。

4 受贈者について、住宅取得等資金の贈与を受けた年の所得税法に定める合計所得金額が2,000万円を超える場合でも、この特例の適用を受けることができる。

【問 24】 固定資産税に関する次の記述のうち、正しいものはどれか。
1 令和6年1月15日に新築された家屋に対する令和6年度分の固定資産税は、新築住宅に係る特例措置により税額の2分の1が減額される。
2 固定資産税の税率は、1.7％を超えることができない。
3 区分所有家屋の土地に対して課される固定資産税は、各区分所有者が連帯して納税義務を負う。
4 市町村は、財政上その他特別の必要がある場合を除き、当該市町村の区域内において同一の者が所有する土地に係る固定資産税の課税標準額が30万円未満の場合には課税できない。

【問 25】 地価公示法に関する次の記述のうち、誤っているものはどれか。
1 都市計画区域外の区域を公示区域とすることはできない。
2 正常な価格とは、土地について、自由な取引が行われるとした場合におけるその取引において通常成立すると認められる価格をいい、この「取引」には住宅地とするための森林の取引も含まれる。
3 土地鑑定委員会が標準地の単位面積当たりの正常な価格を判定する際は、二人以上の不動産鑑定士の鑑定評価を求めなければならない。
4 土地鑑定委員会が標準地の単位面積当たりの正常な価格を判定したときは、標準地の形状についても公示しなければならない。

【問 26】 次の記述のうち、宅地建物取引業法（以下この問において「法」という。）の規定によれば、正しいものはいくつあるか。
ア 都市計画法に規定する工業専用地域内の土地で、建築資材置き場の用に供されているものは、法第2条第1号に規定する宅地に該当する。
イ 社会福祉法人が、高齢者の居住の安定確保に関する法律に規定するサービス付き高齢者向け住宅の貸借の媒介を反復継続して営む場合は、宅地建物取引業の免許を必要としない。
ウ 都市計画法に規定する用途地域外の土地で、倉庫の用に供されているものは、法第2条第1号に規定する宅地に該当しない。
エ 賃貸住宅の管理業者が、貸主から管理業務とあわせて入居者募集の依頼を受けて、

貸借の媒介を反復継続して営む場合は、宅地建物取引業の免許を必要としない。

1　一つ
2　二つ
3　三つ
4　四つ

㊎【問　27】　宅地建物取引業の免許（以下この問において「免許」という。）に関する次の記述のうち、宅地建物取引業法の規定によれば、誤っているものはどれか。

1　A社は、不正の手段により免許を取得したことによる免許の取消処分に係る聴聞の期日及び場所が公示された日から当該処分がなされるまでの間に、合併により消滅したが、合併に相当の理由がなかった。この場合においては、当該公示の日の50日前にA社の取締役を退任したBは、当該消滅の日から5年を経過しなければ、免許を受けることができない。

2　C社の政令で定める使用人Dは、刑法第234条（威力業務妨害）の罪により、懲役1年、刑の全部の執行猶予2年の刑に処せられた後、C社を退任し、新たにE社の政令で定める使用人に就任した。この場合においてE社が免許を申請しても、Dの刑の全部の執行猶予の期間が満了していなければ、E社は免許を受けることができない。

3　営業に関し成年者と同一の行為能力を有しない未成年者であるFの法定代理人であるGが、刑法第247条（背任）の罪により罰金の刑に処せられていた場合、その刑の執行が終わった日から5年を経過していなければ、Fは免許を受けることができない。

4　H社の取締役Iが、暴力団員による不当な行為の防止等に関する法律に規定する暴力団員に該当することが判明し、宅地建物取引業法第66条第1項第3号の規定に該当することにより、H社の免許は取り消された。その後、Iは退任したが、当該取消しの日から5年を経過しなければ、H社は免許を受けることができない。

【問　28】　宅地建物取引業者Aが行う業務に関する次の記述のうち、宅地建物取引業法（以下この問において「法」という。）の規定によれば、正しいものはいくつあるか。

ア　Aは、Bが所有する甲宅地の売却に係る媒介の依頼を受け、Bと専任媒介契約を締結した。このとき、Aは、法第34条の2第1項に規定する書面に記名押印し、Bに交付のうえ、宅地建物取引士をしてその内容を説明させなければならない。

イ　Aは、Cが所有する乙アパートの売却に係る媒介の依頼を受け、Cと専任媒介契約を締結した。このとき、Aは、乙アパートの所在、規模、形質、売買すべき価額、依頼者の氏名、都市計画法その他の法令に基づく制限で主要なものを指定流通機構に登

録しなければならない。

ウ　Aは、Dが所有する丙宅地の貸借に係る媒介の依頼を受け、Dと専任媒介契約を締結した。このとき、Aは、Dに法第34条の2第1項に規定する書面を交付しなければならない。

1　一つ
2　二つ
3　三つ
4　なし

改【問　29】 宅地建物取引業者が行う宅地建物取引業法第35条に規定する重要事項の説明及び書面の交付に関する次の記述のうち、正しいものはどれか。なお、説明の相手方は宅地建物取引業者ではないものとする。

1　宅地建物取引業者ではない売主に対しては、買主に対してと同様に、宅地建物取引士をして、契約締結時までに重要事項を記載した書面を交付して、その説明をさせなければならない。

2　重要事項の説明及び書面の交付は、取引の相手方の自宅又は勤務する場所等、宅地建物取引業者の事務所以外の場所において行うことができる。

3　宅地建物取引業者が代理人として売買契約を締結し、建物の購入を行う場合は、代理を依頼した者に対して重要事項の説明をする必要はない。

4　重要事項の説明を行う宅地建物取引士は専任の宅地建物取引士でなくてもよいが、書面に記名する宅地建物取引士は専任の宅地建物取引士でなければならない。

【問　30】 宅地建物取引業者Aは、Bが所有する宅地の売却を依頼され、専任媒介契約を締結した。この場合における次の記述のうち、宅地建物取引業法の規定に違反するものはいくつあるか。

ア　Aは、Bが宅地建物取引業者であったので、宅地建物取引業法第34条の2第1項に規定する書面を作成しなかった。

イ　Aは、Bの要望により、指定流通機構に当該宅地を登録しない旨の特約をし、指定流通機構に登録しなかった。

ウ　Aは、短期間で売買契約を成立させることができると判断したので指定流通機構に登録せず、専任媒介契約締結の日の9日後に当該売買契約を成立させた。

エ　Aは、当該契約に係る業務の処理状況の報告日を毎週金曜日とする旨の特約をした。

1　一つ

2　二つ

3　三つ

4　四つ

改【問　31】　宅地建物取引業者が、宅地建物取引業法第35条に規定する重要事項の説明を行う場合における次の記述のうち、宅地建物取引業法の規定に違反するものはいくつあるか。なお、説明の相手方は宅地建物取引業者ではないものとする。

ア　宅地の貸借の媒介の場合、当該宅地が都市計画法の第一種低層住居専用地域内にあり、建築基準法第56条第1項第1号に基づく道路斜線制限があるときに、その概要を説明しなかった。

イ　建物の貸借の媒介の場合、当該建物が新住宅市街地開発事業により造成された宅地上にあり、新住宅市街地開発法第32条第1項に基づく建物の使用及び収益を目的とする権利の設定又は移転について都道府県知事の承認を要する旨の制限があるときに、その概要を説明しなかった。

ウ　建物の貸借の媒介の場合、当該建物が都市計画法の準防火地域内にあり、建築基準法第61条に基づく建物の構造に係る制限があるときに、その概要を説明しなかった。

1　一つ

2　二つ

3　三つ

4　なし

改【問　32】　宅地建物取引業者が行う宅地建物取引業法第35条に規定する重要事項の説明に関する次の記述のうち、正しいものはどれか。なお、説明の相手方は宅地建物取引業者ではないものとする。

1　建物の売買の媒介に関し、受領しようとする預り金について保全措置を講ずる場合において、預り金の額が売買代金の額の100分の10以下であるときは、その措置の概要を説明する必要はない。

2　宅地の貸借の媒介を行う場合、当該宅地について借地借家法第22条に規定する定期借地権を設定しようとするときは、その旨を説明しなければならない。

3　建物の貸借の媒介を行う場合、消費生活用製品安全法に規定する特定保守製品の保守点検に関する事項を説明しなければならない。

4　建物の貸借の媒介を行う場合、契約の期間については説明する必要があるが、契約の更新については、宅地建物取引業法第37条の規定により交付すべき書面への記載事項であり、説明する必要はない。

㊵【問 33】 宅地建物取引業者Ａ及びＢ（ともに消費税課税事業者）が受領した報酬に関する次の記述のうち、宅地建物取引業法の規定に違反するものの組合せはどれか。なお、この問において「消費税等相当額」とは、消費税額及び地方消費税額に相当する金額をいうものとする。

ア　土地付新築住宅（代金3,000万円。消費税等相当額を含まない。）の売買について、Ａは売主から代理を、Ｂは買主から媒介を依頼され、Ａは売主から211万2,000円を、Ｂは買主から105万6,000円を報酬として受領した。

イ　Ａは、店舗用建物について、貸主と借主双方から媒介を依頼され、借賃１か月分20万円（消費税等相当額を含まない。）、権利金500万円（権利設定の対価として支払われる金銭であって返還されないもので、消費税等相当額を含まない。）の賃貸借契約を成立させ、貸主と借主からそれぞれ22万5,000円を報酬として受領した。

ウ　居住用建物（借賃１か月分10万円）について、Ａは貸主から媒介を依頼され、Ｂは借主から媒介を依頼され、Ａは貸主から８万円、Ｂは借主から５万5,000円を報酬として受領した。なお、Ａは、媒介の依頼を受けるに当たって、報酬が借賃の0.55か月分を超えることについて貸主から承諾を得ていた。

1　ア、イ
2　イ、ウ
3　ア、ウ
4　ア、イ、ウ

㊵【問 34】 宅地建物取引業者Ａが、自ら売主として、宅地建物取引業者でないＢとの間で建物の売買契約を締結する場合における次の記述のうち、民法及び宅地建物取引業法の規定によれば、正しいものはどれか。

1　Ｃが建物の所有権を有している場合、ＡはＢとの間で当該建物の売買契約を締結してはならない。ただし、ＡがＣとの間で、すでに当該建物を取得する契約（当該建物を取得する契約の効力の発生に一定の条件が付されている。）を締結している場合は、この限りではない。

2　Ａは、Ｂとの間における建物の売買契約において、「種類又は品質に関して契約の内容に適合しない場合におけるその不適合を担保すべき責任に関し、Ｂが不適合である旨をＡに通知する期間は、建物の引渡しの日から１年以内とする」旨の特約を付した。この場合、当該特約は無効となり、当該責任に関してＢが不適合である旨をＡに通知する期間は、当該建物の引渡しの日から２年間となる。

3　Ａは、Ｂから喫茶店で建物の買受けの申込みを受け、翌日、同じ喫茶店で当該建物の売買契約を締結した際に、その場で契約代金の２割を受領するとともに、残代金は５日後に決済することとした。契約を締結した日の翌日、ＡはＢに当該建物を引き渡

したが、引渡日から３日後にBから宅地建物取引業法第37条の２の規定に基づくクーリング・オフによる契約の解除が書面によって通知された。この場合、Aは、契約の解除を拒むことができない。

4　ＡＢ間の建物の売買契約における「宅地建物取引業法第37条の２の規定に基づくクーリング・オフによる契約の解除の際に、AからBに対して損害賠償を請求することができる」旨の特約は有効である。

【問　35】　宅地建物取引業法の規定に関する次の記述のうち、正しいものはどれか。

1　「宅地建物取引業者は、取引の関係者に対し、信義を旨とし、誠実にその業務を行わなければならない」との規定があるが、宅地建物取引士については、規定はないものの、公正かつ誠実に宅地建物取引業法に定める事務を行うとともに、宅地建物取引業に関連する業務に従事する者との連携に努めなければならないものと解されている。

2　「宅地建物取引士は、宅地建物取引業の業務に従事するときは、宅地建物取引士の信用又は品位を害するような行為をしてはならない」との規定がある。

3　「宅地建物取引士は、宅地建物取引業を営む事務所において、専ら宅地建物取引業に従事し、これに専念しなければならない」との規定がある。

4　「宅地建物取引業者は、その従業者に対し、その業務を適正に実施させるため、必要な教育を行うよう努めなければならない」との規定があり、「宅地建物取引士は、宅地又は建物の取引に係る事務に必要な知識及び能力の維持向上に努めなければならない」との規定がある。

【問　36】　宅地建物取引業者Aが、自ら売主として、宅地建物取引業者でないBとの間で建物（代金2,400万円）の売買契約を締結する場合における次の記述のうち、宅地建物取引業法の規定によれば、正しいものはいくつあるか。

ア　Aは、Bとの間における建物の売買契約において、当事者の債務の不履行を理由とする契約の解除に伴う損害賠償の予定額を480万円とし、かつ、違約金の額を240万円とする特約を定めた。この場合、当該特約は全体として無効となる。

イ　Aは、Bとの間における建物の売買契約の締結の際、原則として480万円を超える手付金を受領することができない。ただし、あらかじめBの承諾を得た場合に限り、720万円を限度として、480万円を超える手付金を受領することができる。

ウ　AがBとの間で締結する売買契約の目的物たる建物が未完成であり、AからBに所有権の移転登記がなされていない場合において、手付金の額が120万円以下であるときは、Aは手付金の保全措置を講じることなく手付金を受領することができる。

1　一つ

2　二つ

3　三つ

4　なし

【問　37】　次の記述のうち、宅地建物取引業法の規定によれば、正しいものはどれか。なお、この問において「建築確認」とは、建築基準法第6条第1項の確認をいうものとする。

1　宅地建物取引業者は、建築確認が必要とされる建物の建築に関する工事の完了前においては、建築確認を受けた後でなければ、当該建物の貸借の媒介をしてはならない。

2　宅地建物取引業者は、建築確認が必要とされる建物の建築に関する工事の完了前において、建築確認の申請中である場合は、その旨を表示すれば、自ら売主として当該建物を販売する旨の広告をすることができる。

3　宅地建物取引業者は、建築確認が必要とされる建物の建築に関する工事の完了前においては、建築確認を受けた後でなければ、当該建物の貸借の代理を行う旨の広告をしてはならない。

4　宅地建物取引業者は、建築確認が必要とされる建物の建築に関する工事の完了前において、建築確認の申請中である場合は、建築確認を受けることを停止条件とする特約を付ければ、自ら売主として当該建物の売買契約を締結することができる。

改【問　38】　宅地建物取引業者Aが宅地建物取引業法第37条の規定により交付すべき書面（以下この問において「37条書面」という。）に関する次の記述のうち、宅地建物取引業法の規定によれば、正しいものはいくつあるか。

ア　Aが売主を代理して中古マンションの売買契約を締結した場合において、当該マンションが種類若しくは品質に関して契約の内容に適合しない場合におけるその不適合を担保すべき責任の履行に関して講ずべき保証保険契約の締結その他の措置についての定めがあるときは、Aは、その内容を37条書面に記載しなければならず、当該書面を、売主及び買主に交付しなければならない。

イ　Aが媒介により中古戸建住宅の売買契約を締結させた場合、Aは、引渡しの時期又は移転登記の申請の時期のいずれかを37条書面に記載しなければならず、売主及び買主が宅地建物取引業者であっても、当該書面を交付しなければならない。

ウ　Aが自ら貸主として宅地の定期賃貸借契約を締結した場合において、借賃の支払方法についての定めがあるときは、Aは、その内容を37条書面に記載しなければならず、借主が宅地建物取引業者であっても、当該書面を交付しなければならない。

エ　Aが自ら買主として宅地の売買契約を締結した場合において、当該宅地に係る租税その他の公課の負担に関する定めがあるときは、Aは、その内容を37条書面に記載しなければならず、売主が宅地建物取引業者であっても、当該書面を交付しなければならない。

1　一つ
2　二つ
3　三つ
4　四つ

改【問　39】　宅地建物取引業者Aが自ら売主となる売買契約に関する次の記述のうち、宅地建物取引業法（以下この問において「法」という。）の規定によれば、正しいものはどれか。

1　宅地建物取引業者でない買主Bが、法第37条の2の規定に基づくクーリング・オフについてAより書面で告げられた日から7日目にクーリング・オフによる契約の解除の書面を発送し、9日目にAに到達した場合は、クーリング・オフによる契約の解除をすることができない。

2　宅地建物取引業者でない買主Cとの間で土地付建物の売買契約を締結するに当たって、Cが建物を短期間使用後取り壊す予定である場合には、建物についての契約不適合責任を負わない旨の特約を定めることができる。

3　宅地建物取引業者Dとの間で締結した建築工事完了前の建物の売買契約において、当事者の債務の不履行を理由とする契約の解除に伴う損害賠償の予定額を代金の額の30％と定めることができる。

4　宅地建物取引業者でない買主Eとの間で締結した宅地の売買契約において、当該宅地の引渡しを当該売買契約締結の日の1月後とし、当該宅地の品質に関して契約の内容に適合しない場合におけるその不適合を担保すべき責任に関して買主が不適合である旨を売主に通知する期間について、当該売買契約を締結した日から2年間とする特約を定めることができる。

【問　40】　宅地建物取引業者Aが、自ら売主として宅地建物取引業者でない買主Bとの間で締結した売買契約に関する次の記述のうち、宅地建物取引業法の規定によれば、正しいものはいくつあるか。

ア　Aは、Bとの間で建築工事完了後の建物に係る売買契約（代金3,000万円）において、「Aが契約の履行に着手するまでは、Bは、売買代金の1割を支払うことで契約の解除ができる」とする特約を定め、Bから手付金10万円を受領した。この場合、この特約は有効である。

イ　Aは、Bとの間で建築工事完了前の建物に係る売買契約（代金3,000万円）を締結するに当たり、保険事業者との間において、手付金等について保証保険契約を締結して、手付金300万円を受領し、後日保険証券をBに交付した。

ウ　Aは、Bとの間で建築工事完了前のマンションに係る売買契約（代金3,000万円）を締結し、その際に手付金150万円を、建築工事完了後、引渡し及び所有権の登記までの間に、中間金150万円を受領したが、合計額が代金の10分の1以下であるので保全措置を講じなかった。

1　一つ
2　二つ
3　三つ
4　なし

【問　41】　宅地建物取引業者が売主である新築分譲マンションを訪れた買主Aに対して、当該宅地建物取引業者の従業者Bが行った次の発言内容のうち、宅地建物取引業法の規定に違反しないものはいくつあるか。

ア　A：眺望の良さが気に入った。隣接地は空地だが、将来の眺望は大丈夫なのか。
　　B：隣接地は、市有地で、現在、建築計画や売却の予定がないことを市に確認しました。将来、建つとしても公共施設なので、市が眺望を遮るような建物を建てることは絶対ありません。ご安心ください。

イ　A：先日来たとき、5年後の転売で利益が生じるのが確実だと言われたが本当か。
　　B：弊社が数年前に分譲したマンションが、先日高値で売れました。このマンションはそれより立地条件が良く、また、近隣のマンション価格の動向から見ても、5年後値上がりするのは間違いありません。

ウ　A：購入を検討している。貯金が少なく、手付金の負担が重いのだが。
　　B：弊社と提携している銀行の担当者から、手付金も融資の対象になっていると聞いております。ご検討ください。

エ　A：昨日、申込証拠金10万円を支払ったが、都合により撤回したいので申込証拠金を返してほしい。
　　B：お預かりした10万円のうち、社内規程上、お客様の個人情報保護のため、申込書の処分手数料として、5,000円はお返しできませんが、残金につきましては法令に従いお返しします。

1　一つ
2　二つ
3　三つ
4　なし

改【問　42】　営業保証金を供託している宅地建物取引業者Aと宅地建物取引業保証協会（以下この問において「保証協会」という。）の社員である宅地建物取引業者Bに関する次の記述のうち、宅地建物取引業法の規定によれば、正しいものはどれか。

1　新たに事務所を設置する場合、Aは、主たる事務所の最寄りの供託所に供託すべき営業保証金に、Bは、保証協会に納付すべき弁済業務保証金分担金に、それぞれ金銭又は有価証券をもって充てることができる。

2　一部の事務所を廃止した場合において、営業保証金又は弁済業務保証金を取り戻すときは、A、Bはそれぞれ還付を請求する権利を有する者に対して6か月以内に申し出るべき旨を官報に公告しなければならない。

3　AとBが、それぞれ主たる事務所の他に3か所の従たる事務所を有している場合、Aは営業保証金として2,500万円の供託を、Bは弁済業務保証金分担金として150万円の納付をしなければならない。

4　宅地建物取引業に関する取引により生じた債権を有する者（宅地建物取引業者に該当する者を除く。）は、Aに関する債権にあってはAが供託した営業保証金についてその額を上限として弁済を受ける権利を有し、Bに関する債権にあってはBが納付した弁済業務保証金分担金についてその額を上限として弁済を受ける権利を有する。

改【問　43】　宅地建物取引業法の規定に基づく監督処分等に関する次の記述のうち、誤っているものはどれか。

1　宅地建物取引業者A（甲県知事免許）は、自ら売主となる乙県内に所在する中古住宅の売買の業務に関し、当該売買の契約においてその目的物が種類又は品質に関して契約の内容に適合しない場合におけるその不適合を担保すべき責任を負わない旨の特約を付した。この場合、Aは、乙県知事から指示処分を受けることがある。

2　甲県に本店、乙県に支店を設置する宅地建物取引業者B（国土交通大臣免許）は、自ら売主となる乙県内におけるマンションの売買の業務に関し、乙県の支店において当該売買の契約を締結するに際して、代金の30%の手付金を受領した。この場合、Bは、甲県知事から著しく不当な行為をしたとして、業務停止の処分を受けることがある。

3　宅地建物取引業者C（甲県知事免許）は、乙県内に所在する土地の売買の媒介業務に関し、契約の相手方の自宅において相手を威迫し、契約締結を強要していたことが判明した。この場合、甲県知事は、情状が特に重いと判断したときは、Cの宅地建物取引業の免許を取り消さなければならない。

4　宅地建物取引業者D（国土交通大臣免許）は、甲県内に所在する事務所について、業務に関する帳簿を備えていないことが判明した。この場合、Dは、甲県知事から必要な報告を求められ、かつ、指導を受けることがある。

【**問　44**】　宅地建物取引業者Ａ（甲県知事免許）が乙県内に所在するマンション（100戸）を分譲する場合における次の記述のうち、宅地建物取引業法（以下この問において「法」という。）の規定によれば、正しいものはどれか。

1　Ａが宅地建物取引業者Ｂに販売の代理を依頼し、Ｂが乙県内に案内所を設置する場合、Ａは、その案内所に、法第50条第１項の規定に基づく標識を掲げなければならない。

2　Ａが案内所を設置して分譲を行う場合において、契約の締結又は契約の申込みの受付を行うか否かにかかわらず、その案内所に法第50条第１項の規定に基づく標識を掲げなければならない。

3　Ａが宅地建物取引業者Ｃに販売の代理を依頼し、Ｃが乙県内に案内所を設置して契約の締結業務を行う場合、Ａ又はＣが専任の宅地建物取引士を置けばよいが、法第50条第２項の規定に基づく届出はＣがしなければならない。

4　Ａが甲県内に案内所を設置して分譲を行う場合において、Ａは甲県知事及び乙県知事に、業務を開始する日の10日前までに法第50条第２項の規定に基づく届出をしなければならない。

改【問　45】　特定住宅瑕疵担保責任の履行の確保等に関する法律に基づく住宅販売瑕疵担保保証金の供託又は住宅販売瑕疵担保責任保険契約の締結に関する次の記述のうち、正しいものはどれか。

1　宅地建物取引業者は、自ら売主として宅地建物取引業者である買主との間で新築住宅の売買契約を締結し、その住宅を引き渡す場合、住宅販売瑕疵担保保証金の供託又は住宅販売瑕疵担保責任保険契約の締結を行う義務を負う。

2　自ら売主として新築住宅を販売する宅地建物取引業者は、住宅販売瑕疵担保保証金の供託をする場合、宅地建物取引業者でない買主へのその住宅の引渡しまでに、買主に対し、保証金を供託している供託所の所在地等について記載した書面を交付して説明しなければならない。

3　自ら売主として新築住宅を宅地建物取引業者でない買主に引き渡した宅地建物取引業者は、基準日に係る住宅販売瑕疵担保保証金の供託及び住宅販売瑕疵担保責任保険契約の締結の状況について届出をしなければ、当該基準日以後、新たに自ら売主となる新築住宅の売買契約を締結することができない。

4　住宅販売瑕疵担保責任保険契約を締結している宅地建物取引業者は、当該保険に係る新築住宅に、構造耐力上主要な部分及び雨水の浸入を防止する部分の瑕疵（構造耐力又は雨水の浸入に影響のないものを除く。）がある場合に、特定住宅販売瑕疵担保責任の履行によって生じた損害について保険金を請求することができる。

【問 46】 独立行政法人住宅金融支援機構（以下この問において「機構」という。）に関する次の記述のうち、誤っているものはどれか。

1 機構は、高齢者が自ら居住する住宅に対して行うバリアフリー工事又は耐震改修工事に係る貸付けについて、貸付金の償還を高齢者の死亡時に一括して行うという制度を設けている。

2 証券化支援事業（買取型）において、機構による譲受けの対象となる貸付債権は、償還方法が毎月払いの元利均等の方法であるものに加え、毎月払いの元金均等の方法であるものもある。

3 証券化支援事業（買取型）において、機構は、いずれの金融機関に対しても、譲り受けた貸付債権に係る元金及び利息の回収その他回収に関する業務を委託することができない。

4 機構は、災害により住宅が滅失した場合におけるその住宅に代わるべき住宅の建設又は購入に係る貸付金について、一定の元金返済の据置期間を設けることができる。

改【問 47】 宅地建物取引業者が行う広告に関する次の記述のうち、不当景品類及び不当表示防止法（不動産の表示に関する公正競争規約を含む。）の規定によれば、正しいものはどれか。

1 新築分譲マンションを数期に分けて販売する場合に、第1期の販売分に売れ残りがあるにもかかわらず、第2期販売の広告に「第1期完売御礼！いよいよ第2期販売開始！」と表示しても、結果として第2期販売期間中に第1期の売れ残り分を売り切っていれば、不当表示にはならない。

2 新築分譲マンションの広告に住宅ローンについても記載する場合、返済例を表示すれば、当該ローンを扱っている金融機関等について表示する必要はない。

3 販売しようとしている土地が、都市計画法に基づく告示が行われた都市計画施設の区域に含まれている場合は、都市計画施設の工事が未着手であっても、広告においてその旨を明示しなければならない。

4 築15年の企業の社宅を買い取って大規模に改修し、分譲マンション（ただし、一棟リノベーションマンションではないものとする。）として販売する場合、一般消費者に販売することは初めてであるため、「新発売」と表示して広告を出すことができる。

【問 48（参考）】 次の記述のうち、正しいものはどれか。

注：出題内容の「参考」として、出題当時の内容をそのまま収載しました。なお、最新の数値・傾向等に改題した当問題を「ダウンロードサービス」でご提供いたします（2024年8月末日頃～公開予定）。詳しくは【解説編】P. x をご覧ください。

1 国土交通省が毎月公表する不動産価格指数（住宅）のうち、全国のマンション指数は、リーマンショックが発生した年である2008年以降2015年3月まで一貫して下落基調となっている。

2 建築着工統計（平成27年1月公表）によれば、平成26年の新設住宅着工戸数は、消費税率引上げ前の駆け込み需要の影響が大きかった平成25年と比較すると減少したが、平成24年の新設住宅着工戸数を上回っていた。

3 平成25年度法人企業統計年報（平成26年9月公表）によれば、平成25年度の不動産業の売上高経常利益率は、消費税率引上げの影響もあり、前年度と比べて低下し、全産業の売上高経常利益率よりも低くなった。

4 平成27年版土地白書（平成27年6月公表）によれば、土地取引について、売買による所有権の移転登記の件数でその動向を見ると、平成26年の全国の土地取引件数は3年連続の減少となった。

【問 49】 土地に関する次の記述のうち、最も不適当なものはどれか。

1 我が国の低地は、ここ数千年の間に形成され、湿地や旧河道であった若い軟弱な地盤の地域がほとんどである。

2 臨海部の低地は、洪水、高潮、地震による津波などの災害が多く、住宅地として利用するには、十分な防災対策と注意が必要である。

3 台地上の池沼を埋め立てた地盤は、液状化に対して安全である。

4 都市周辺の丘陵や山麓に広がった住宅地は、土砂災害が起こる場合があり、注意する必要がある。

【問 50】 建物の構造に関する次の記述のうち、最も不適当なものはどれか。

1 木造は湿気に強い構造であり、地盤面からの基礎の立上がりをとる必要はない。

2 基礎の種類には、直接基礎、杭基礎等がある。

3 杭基礎には、木杭、既製コンクリート杭、鋼杭等がある。

4 建物は、上部構造と基礎構造からなり、基礎構造は上部構造を支持する役目を負うものである。

平成26年度
問　　　題

次の注意事項をよく読んでから、始めてください。

（注意事項）

1　問　　　題

問題は、273ページから293ページまでの50問です。

試験開始の合図と同時に、ページ数を確認してください。

乱丁や落丁があった場合は、直ちに試験監督員に申し出てください。

2　解　　　答

解答は、解答用紙の「記入上の注意」に従って記入してください。

正解は、各問題とも一つだけです。

二つ以上の解答をしたもの及び判読が困難なものは、正解としません。

3　適用法令

問題の中の法令に関する部分は、令和6年4月1日現在施行されている規定に基づいて出題されています。

【問　1】　※ 民法改正で「出題内容不成立」となり、削除

改【問　2】　代理に関する次の記述のうち、民法の規定及び判例によれば、誤っている
ものはいくつあるか。
ア　代理権を有しない者がした契約を本人が追認する場合、その契約の効力は、別段の
　　意思表示がない限り、追認をした時から将来に向かって生ずる。
イ　不動産を担保に金員を借り入れる代理権を与えられた代理人が、本人の名において
　　当該不動産を売却した場合、相手方において本人自身の行為であると信じたことにつ
　　いて正当な理由があるときは、表見代理の規定を類推適用することができる。
ウ　代理人は、行為能力者であることを要しないが、代理人が後見開始の審判を受けた
　　ときは、代理権が消滅する。
エ　代理人が相手方に対してした意思表示の効力が意思の不存在、錯誤、詐欺、強迫又
　　はある事情を知っていたこと若しくは知らなかったことにつき過失があったことによ
　　って影響を受けるべき場合には、その事実の有無は、本人の選択に従い、本人又は代
　　理人のいずれかについて決する。
1　一つ
2　二つ
3　三つ
4　四つ

改【問　3】　権利の取得や消滅に関する次の記述のうち、民法の規定及び判例によれば、
正しいものはどれか。
1　売買契約に基づいて土地の引渡しを受け、平穏に、かつ、公然と当該土地の占有を
　　始めた買主は、当該土地が売主の所有物でなくても、売主が無権利者であることにつ
　　き善意で無過失であれば、即時に当該不動産の所有権を取得する。
2　所有権は、権利を行使することができる時から20年間行使しないときは消滅し、そ
　　の目的物は国庫に帰属する。
3　買主の売主に対する目的物の種類又は品質に関する担保責任による損害賠償請求権
　　には消滅時効の規定の適用があり、この消滅時効は、買主が権利を行使することがで
　　きることを知った時又は権利を行使することができる時から進行する。
4　20年間、平穏に、かつ、公然と他人が所有する土地を占有した者は、占有取得の原
　　因たる事実のいかんにかかわらず、当該土地の所有権を取得する。

【問　4】　AがBとの間で、CのBに対する債務を担保するためにA所有の甲土地に抵当権を設定する場合と根抵当権を設定する場合における次の記述のうち、民法の規定によれば、正しいものはどれか。

1　抵当権を設定する場合には、被担保債権を特定しなければならないが、根抵当権を設定する場合には、ＢＣ間のあらゆる範囲の不特定の債権を極度額の限度で被担保債権とすることができる。

2　抵当権を設定した旨を第三者に対抗する場合には登記が必要であるが、根抵当権を設定した旨を第三者に対抗する場合には、登記に加えて、債務者Ｃの異議を留めない承諾が必要である。

3　Bが抵当権を実行する場合には、AはまずCに催告するように請求することができるが、Bが根抵当権を実行する場合には、AはまずCに催告するように請求することはできない。

4　抵当権の場合には、BはCに対する他の債権者の利益のために抵当権の順位を譲渡することができるが、元本の確定前の根抵当権の場合には、Bは根抵当権の順位を譲渡することができない。

【問　5】　※ 民法改正で「出題内容不成立」となり、削除

㊈【問　6】　Aは、Bに建物の建築を注文し、完成して引渡しを受けた建物をCに対して売却した。本件建物に瑕疵があった場合に関する次の記述のうち、民法の規定及び判例によれば、正しいものはどれか。

1　Cは、売買契約の締結の当時、本件建物の品質に契約の内容に適合しない瑕疵があることを知っていた場合、当該不適合の存在を知ってから１年以内にその旨をAに通知をしても、Aに対して売買契約に基づく担保責任を追及することができない。

2　Bが建物としての基本的な安全性が欠けることがないように配慮すべき義務を怠ったために本件建物に基本的な安全性を損なう瑕疵がある場合には、当該瑕疵によって損害を被ったCは、特段の事情がない限り、Bに対して不法行為責任に基づく損害賠償を請求できる。

3　CがBに対して本件建物の瑕疵に関して不法行為責任に基づく損害賠償を請求する場合、当該請求ができる期間は、Cが瑕疵の存在に気付いてから１年以内である。

4　本件建物に存在している契約の内容に適合しない瑕疵のために請負契約を締結した目的を達成することができない場合、AはBとの契約を一方的に解除することはできない。

【問　7】　賃貸人Aから賃借人Bが借りたA所有の甲土地の上に、Bが乙建物を所有する場合における次の記述のうち、民法の規定及び判例によれば、正しいものはどれか。なお、Bは、自己名義で乙建物の保存登記をしているものとする。

1　BがAに無断で乙建物をCに月額10万円の賃料で貸した場合、Aは、借地の無断転貸を理由に、甲土地の賃貸借契約を解除することができる。

2　Cが甲土地を不法占拠してBの土地利用を妨害している場合、Bは、Aの有する甲土地の所有権に基づく妨害排除請求権を代位行使してCの妨害の排除を求めることができるほか、自己の有する甲土地の賃借権に基づいてCの妨害の排除を求めることができる。

3　BがAの承諾を得て甲土地を月額15万円の賃料でCに転貸した場合、AB間の賃貸借契約がBの債務不履行で解除されても、AはCに解除を対抗することができない。

4　AB間で賃料の支払時期について特約がない場合、Bは、当月末日までに、翌月分の賃料を支払わなければならない。

改【問　8】　不法行為に関する次の記述のうち、民法の規定及び判例によれば、正しいものはどれか。

1　不法行為による損害賠償請求権の期間の制限を定める民法第724条第1号における、被害者が損害を知った時とは、被害者が損害の発生を現実に認識した時をいう。

2　不法行為による損害賠償債務の不履行に基づく遅延損害金債権は、債権者が当該債権を行使することができることを知った時から5年間行使しないとき、又は、当該債権を行使することができる時から10年間行使しないことにより、時効によって消滅する。

3　不法占拠により日々発生する損害については、加害行為が終わった時から一括して消滅時効が進行し、日々発生する損害を知った時から別個に消滅時効が進行することはない。

4　不法行為の加害者が海外に在住している間は、民法第724条第2号の20年の時効期間は進行しない。

【問　9】　後見人制度に関する次の記述のうち、民法の規定によれば、正しいものはどれか。

1　成年被後見人が第三者との間で建物の贈与を受ける契約をした場合には、成年後見人は、当該法律行為を取り消すことができない。

2　成年後見人が、成年被後見人に代わって、成年被後見人が居住している建物を売却する場合には、家庭裁判所の許可を要しない。

3　未成年後見人は、自ら後見する未成年者について、後見開始の審判を請求すること
はできない。

4　成年後見人は家庭裁判所が選任する者であるが、未成年後見人は必ずしも家庭裁判
所が選任する者とは限らない。

【問 10】　Aには、父のみを同じくする兄Bと、両親を同じくする弟C及び弟Dがい
たが、C及びDは、Aより先に死亡した。Aの両親は既に死亡しており、Aには内縁の
妻Eがいるが、子はいない。Cには子F及び子Gが、Dには子Hがいる。Aが、令和6
年8月1日に遺言を残さずに死亡した場合の相続財産の法定相続分として、民法の規定
によれば、正しいものはどれか。

1　Eが2分の1、Bが6分の1、Fが9分の1、Gが9分の1、Hが9分の1である。

2　Bが3分の1、Fが9分の2、Gが9分の2、Hが9分の2である。

3　Bが5分の1、Fが5分の1、Gが5分の1、Hが5分の2である。

4　Bが5分の1、Fが15分の4、Gが15分の4、Hが15分の4である。

🔄**【問 11】**　甲土地の所有者が甲土地につき、建物の所有を目的として賃貸する場合
（以下「ケース①」という。）と、建物の所有を目的とせずに資材置場として賃貸する場
合（以下「ケース②」という。）に関する次の記述のうち、民法及び借地借家法の規定
によれば、正しいものはどれか。

1　賃貸借の存続期間を60年と定めた場合には、ケース①では書面で契約を締結しなけ
れば期間が30年となってしまうのに対し、ケース②では口頭による合意であっても期
間は60年となる。

2　ケース①では、賃借人は、甲土地の上に登記されている建物を所有している場合に
は、甲土地が第三者に売却されても賃借人であることを当該第三者に対抗できるが、
ケース②では、甲土地が第三者に売却された場合に賃借人であることを当該第三者に
対抗する方法はない。

3　期間を定めない契約を締結した後に賃貸人が甲土地を使用する事情が生じた場合に
おいて、ケース①では賃貸人が解約の申入れをしても合意がなければ契約は終了しな
いのに対し、ケース②では賃貸人が解約の申入れをすれば契約は申入れの日から1年
を経過することによって終了する。

4　賃貸借の期間を定めた場合であって当事者が期間内に解約する権利を留保していな
いとき、ケース①では賃借人側は期間内であっても1年前に予告することによって中
途解約することができるのに対し、ケース②では賃貸人も賃借人もいつでも一方的に
中途解約することができる。

🈠【問 12】 借地借家法第38条の定期建物賃貸借（以下この問において「定期建物賃貸借」という。）に関する次の記述のうち、借地借家法の規定及び判例によれば、誤っているものはどれか。

1 定期建物賃貸借契約を締結するには、公正証書による等書面又は電磁的記録によらなければならない。

2 定期建物賃貸借契約を締結するときは、期間を1年未満としても、期間の定めがない建物の賃貸借契約とはみなされない。

3 定期建物賃貸借契約を締結するには、当該契約に係る賃貸借は契約の更新がなく、期間の満了によって終了することを、当該契約書と同じ書面又は電磁的記録内に記載又は記録して説明すれば足りる。

4 定期建物賃貸借契約を締結しようとする場合、賃貸人が、当該契約に係る賃貸借は契約の更新がなく、期間の満了によって終了することを説明しなかったときは、契約の更新がない旨の定めは無効となる。

【問 13】 建物の区分所有等に関する法律（以下この問において「法」という。）に関する次の記述のうち、誤っているものはどれか。

1 区分所有者の団体は、区分所有建物が存在すれば、区分所有者を構成員として当然に成立する団体であるが、管理組合法人になることができるものは、区分所有者の数が30人以上のものに限られる。

2 専有部分が数人の共有に属するときの集会の招集の通知は、法第40条の規定に基づく議決権を行使すべき者にすればよく、共有者間で議決権を行使すべき者が定められていない場合は、共有者のいずれか一人にすればよい。

3 建物の価格の2分の1以下に相当する部分が滅失した場合、規約で別段の定めがない限り、各区分所有者は、滅失した共用部分について、復旧の工事に着手するまでに復旧決議、建替え決議又は一括建替え決議があったときは、復旧することができない。

4 管理者が、規約の保管を怠った場合や、利害関係人からの請求に対して正当な理由がないのに規約の閲覧を拒んだ場合は、20万円以下の過料に処せられる。

【問 14】 不動産の登記に関する次の記述のうち、誤っているものはどれか。

1 表示に関する登記を申請する場合には、申請人は、その申請情報と併せて登記原因を証する情報を提供しなければならない。

2 新たに生じた土地又は表題登記がない土地の所有権を取得した者は、その所有権の取得の日から1月以内に、表題登記を申請しなければならない。

3 信託の登記の申請は、当該信託に係る権利の保存、設定、移転又は変更の登記の申

請と同時にしなければならない。

4　仮登記は、仮登記の登記義務者の承諾があるときは、当該仮登記の登記権利者が単独で申請することができる。

【問　15】　都市計画法に関する次の記述のうち、誤っているものはどれか。

1　都市計画区域については、用途地域が定められていない土地の区域であっても、一定の場合には、都市計画に、地区計画を定めることができる。

2　高度利用地区は、市街地における土地の合理的かつ健全な高度利用と都市機能の更新とを図るため定められる地区であり、用途地域内において定めることができる。

3　準都市計画区域においても、用途地域が定められている土地の区域については、市街地開発事業を定めることができる。

4　高層住居誘導地区は、住居と住居以外の用途とを適正に配分し、利便性の高い高層住宅の建設を誘導するために定められる地区であり、近隣商業地域及び準工業地域においても定めることができる。

【問　16】　次のアからウまでの記述のうち、都市計画法による開発許可を受ける必要のある、又は同法第34条の2の規定に基づき協議する必要のある開発行為の組合せとして、正しいものはどれか。ただし、開発許可を受ける必要のある、又は協議する必要のある開発行為の面積については、条例による定めはないものとする。

ア　市街化調整区域において、国が設置する医療法に規定する病院の用に供する施設である建築物の建築の用に供する目的で行われる1,500㎡の開発行為

イ　市街化区域において、農林漁業を営む者の居住の用に供する建築物の建築の用に供する目的で行われる1,200㎡の開発行為

ウ　区域区分が定められていない都市計画区域において、社会教育法に規定する公民館の用に供する施設である建築物の建築の用に供する目的で行われる4,000㎡の開発行為

1　ア、イ

2　ア、ウ

3　イ、ウ

4　ア、イ、ウ

改【問　17】　建築基準法に関する次の記述のうち、正しいものはどれか。

1　住宅の地上階における居住のための居室には、採光のための窓その他の開口部を設

け、その採光に有効な部分の面積は、原則として、その居室の床面積に対して7分の
1以上としなければならない。
2　建築確認の対象となり得る工事は、建築物の建築、大規模の修繕及び大規模の模様
替であり、建築物の移転は対象外である。
3　高さ15mの建築物には、周囲の状況によって安全上支障がない場合を除き、有効に
避雷設備を設けなければならない。
4　準防火地域内において建築物の屋上に看板を設ける場合は、その主要な部分を不燃
材料で造り、又は覆わなければならない。

改【問　18】 建築基準法（以下この問において「法」という。）に関する次の記述のうち、
誤っているものはどれか。
1　店舗の用途に供する建築物で当該用途に供する部分の床面積の合計が10,000㎡を超
えるものは、原則として工業地域内では建築することができない。
2　学校を新築しようとする場合には、法第48条の規定による用途制限に適合するとと
もに、都市計画により敷地の位置が決定されていなければ新築することができない。
3　特別用途地区内においては、地方公共団体は、国土交通大臣の承認を得て、条例で、
法第48条の規定による建築物の用途制限を緩和することができる。
4　都市計画において定められた建蔽率の限度が10分の8とされている地域外で、か
つ、防火地域内にある耐火建築物等の建蔽率については、都市計画において定められ
た建蔽率の数値に10分の1を加えた数値が限度となる。

改【問　19】 宅地造成及び特定盛土等規制法に関する次の記述のうち、誤っているもの
はどれか。なお、この問において「都道府県知事」とは、地方自治法に基づく指定都市、
中核市及び施行時特例市にあってはその長をいうものとする。
1　宅地造成等工事規制区域内において、宅地を宅地以外の土地にするために行われる
切土であって、当該切土をする土地の面積が600㎡で、かつ、高さ3mの崖を生ずる
こととなるものに関する工事は、宅地造成に該当しない。
2　都道府県知事は、宅地造成等工事規制区域内において行われる宅地造成等に関する
工事の許可に付した条件に違反した者に対して、その許可を取り消すことができる。
3　都道府県知事又はその命じた者若しくは委任した者が、基礎調査のために他人の占
有する土地に立ち入って測量又は調査を行う必要がある場合において、その必要の限
度において当該土地に立ち入って測量又は調査を行うときは、当該土地の占有者は、
正当な理由がない限り、立入りを拒み、又は妨げてはならない。
4　宅地造成等工事規制区域内において行われる宅地造成等に関する工事の許可を受け

た者は、主務省令で定める軽微な変更を除き、当該工事の計画を変更しようとすると
きは、遅滞なく、その旨を都道府県知事に届け出なければならない。

【問 20】 土地区画整理法に関する次の記述のうち、正しいものはどれか。

1　施行者は、宅地の所有者の申出又は同意があった場合においては、その宅地を使用
し、又は収益することができる権利を有する者に補償をすれば、換地計画において、
その宅地の全部又は一部について換地を定めないことができる。

2　施行者は、施行地区内の宅地について換地処分を行うため、換地計画を定めなけれ
ばならない。この場合において、当該施行者が土地区画整理組合であるときは、その
換地計画について市町村長の認可を受けなければならない。

3　関係権利者は、換地処分があった旨の公告があった日以降いつでも、施行地区内の
土地及び建物に関する登記を行うことができる。

4　土地区画整理事業の施行により公共施設が設置された場合においては、その公共施
設は、換地処分があった旨の公告があった日の翌日において、原則としてその公共施
設の所在する市町村の管理に属することになる。

【問 21】 農地法（以下この問において「法」という。）に関する次の記述のうち、
正しいものはどれか。

1　農地について法第3条第1項の許可があったときは所有権が移転する旨の停止条件
付売買契約を締結し、それを登記原因とする所有権移転の仮登記を申請する場合に
は、その買受人は農業委員会に届出をしなければならない。

2　市街化区域内の農地について、耕作の目的に供するために競売により所有権を取得
しようとする場合には、その買受人は法第3条第1項の許可を受ける必要はない。

3　農業者が住宅の改築に必要な資金を銀行から借りるために、自己所有の農地に抵当
権を設定する場合には、法第3条第1項の許可を受ける必要はない。

4　山林を開墾し現に農地として耕作している土地であっても、土地登記簿上の地目が
山林であれば、法の適用を受ける農地とはならない。

【問 22】 次の記述のうち、誤っているものはどれか。

1　国土利用計画法によれば、同法第23条の届出に当たっては、土地売買等の対価の額
についても都道府県知事（地方自治法に基づく指定都市にあっては、当該指定都市の
長）に届け出なければならない。

2　森林法によれば、保安林において立木を伐採しようとする者は、一定の場合を除き、

都道府県知事の許可を受けなければならない。

3　海岸法によれば、海岸保全区域内において土地の掘削、盛土又は切土を行おうとする者は、一定の場合を除き、海岸管理者の許可を受けなければならない。

4　都市緑地法によれば、特別緑地保全地区内において建築物の新築、改築又は増築を行おうとする者は、一定の場合を除き、公園管理者の許可を受けなければならない。

改【問　23】　住宅用家屋の所有権の移転登記に係る登録免許税の税率の軽減措置に関する次の記述のうち、正しいものはどれか。

1　この税率の軽減措置は、一定の要件を満たせばその住宅用家屋の敷地の用に供されている土地に係る所有権の移転の登記にも適用される。

2　この税率の軽減措置は、個人が自己の経営する会社の従業員の社宅として取得した住宅用家屋に係る所有権の移転の登記にも適用される。

3　この税率の軽減措置は、以前にこの措置の適用を受けたことがある者が新たに取得した住宅用家屋に係る所有権の移転の登記には適用されない。

4　この税率の軽減措置は、所有権の移転の登記に係る住宅用家屋が、新耐震基準に適合していても、床面積が50㎡未満の場合には適用されない。

【問　24】　不動産取得税に関する次の記述のうち、正しいものはどれか。

1　不動産取得税は、不動産の取得に対して、当該不動産の所在する市町村において課する税であり、その徴収は普通徴収の方法によらなければならない。

2　共有物の分割による不動産の取得については、当該不動産の取得者の分割前の当該共有物に係る持分の割合を超えなければ不動産取得税が課されない。

3　不動産取得税は、独立行政法人及び地方独立行政法人に対しては、課することができない。

4　相続による不動産の取得については、不動産取得税が課される。

【問　25】　地価公示法に関する次の記述のうち、正しいものはどれか。

1　土地鑑定委員会は、標準地の価格の総額を官報で公示する必要はない。

2　土地の使用収益を制限する権利が存する土地を標準地として選定することはできない。

3　不動産鑑定士が土地鑑定委員会の求めに応じて標準地の鑑定評価を行うに当たっては、標準地の鑑定評価額が前年の鑑定評価額と変わらない場合は、その旨を土地鑑定委員会に申告することにより、鑑定評価書の提出に代えることができる。

4　不動産鑑定士は、土地鑑定委員会の求めに応じて標準地の鑑定評価を行うに当たっては、近傍類地の取引価格から算定される推定の価格を基本とし、必要に応じて、近傍類地の地代等から算定される推定の価格及び同等の効用を有する土地の造成に要する推定の費用の額を勘案しなければならない。

【問　26】　宅地建物取引業の免許（以下この問において「免許」という。）に関する次の記述のうち、宅地建物取引業法の規定によれば、正しいものはいくつあるか。

ア　Aの所有する商業ビルを賃借しているBが、フロアごとに不特定多数の者に反復継続して転貸する場合、AとBは免許を受ける必要はない。

イ　宅地建物取引業者Cが、Dを代理して、Dの所有するマンション（30戸）を不特定多数の者に反復継続して分譲する場合、Dは免許を受ける必要はない。

ウ　Eが転売目的で反復継続して宅地を購入する場合でも、売主が国その他宅地建物取引業法の適用がない者に限られているときは、Eは免許を受ける必要はない。

エ　Fが借金の返済に充てるため、自己所有の宅地を10区画に区画割りして、不特定多数の者に反復継続して売却する場合、Fは免許を受ける必要はない。

1　一つ
2　二つ
3　三つ
4　なし

【問　27】　宅地建物取引業法（以下この問において「法」という。）に関する次の記述のうち、正しいものはどれか。

1　契約締結権限を有する者を置き、継続的に業務を行う場所であっても、商業登記簿に登載されていない事務所は、法第3条第1項に規定する事務所には該当しない。

2　国土交通大臣又は都道府県知事は、免許に条件を付すことができるが、免許の更新に当たっても条件を付すことができる。

3　法人である宅地建物取引業者が株主総会の決議により解散することとなった場合、その法人を代表する役員であった者は、その旨を当該解散の日から30日以内に免許を受けた国土交通大臣又は都道府県知事に届け出なければならない。

4　免許申請中である者が、宅地建物取引業を営む目的をもって宅地の売買に関する新聞広告を行った場合であっても、当該宅地の売買契約の締結を免許を受けた後に行うのであれば、法第12条に違反しない。

【**問 28**】 宅地建物取引業者Ａ（甲県知事免許）が乙県内に建設したマンション（100戸）の販売について、宅地建物取引業者Ｂ（国土交通大臣免許）及び宅地建物取引業者Ｃ（甲県知事免許）に媒介を依頼し、Ｂが当該マンションの所在する場所の隣接地（乙県内）に、Ｃが甲県内にそれぞれ案内所を設置し、売買契約の申込みを受ける業務を行う場合における次の記述のうち、宅地建物取引業法（以下この問において「法」という。）の規定によれば、誤っているものはどれか。

1 Ｂは国土交通大臣及び乙県知事に、Ｃは甲県知事に、業務を開始する日の10日前までに法第50条第2項に定める届出をしなければならない。

2 Ａは、法第50条第2項に定める届出を甲県知事及び乙県知事へ届け出る必要はないが、当該マンションの所在する場所に法第50条第1項で定める標識を掲示しなければならない。

3 Ｂは、その設置した案内所の業務に従事する者の数5人に対して1人以上の割合となる数の専任の宅地建物取引士を当該案内所に置かなければならない。

4 Ａは、Ｃが設置した案内所においてＣと共同して契約を締結する業務を行うこととなった。この場合、Ａが当該案内所に専任の宅地建物取引士を設置すれば、Ｃは専任の宅地建物取引士を設置する必要はない。

【**問 29**】 宅地建物取引業法に規定する営業保証金に関する次の記述のうち、正しいものはどれか。

1 新たに宅地建物取引業を営もうとする者は、営業保証金を金銭又は国土交通省令で定める有価証券により、主たる事務所の最寄りの供託所に供託した後に、国土交通大臣又は都道府県知事の免許を受けなければならない。

2 宅地建物取引業者は、既に供託した額面金額1,000万円の国債証券と変換するため1,000万円の金銭を新たに供託した場合、遅滞なく、その旨を免許を受けた国土交通大臣又は都道府県知事に届け出なければならない。

3 宅地建物取引業者は、事業の開始後新たに従たる事務所を設置したときは、その従たる事務所の最寄りの供託所に政令で定める額を供託し、その旨を免許を受けた国土交通大臣又は都道府県知事に届け出なければならない。

4 宅地建物取引業者が、営業保証金を金銭及び有価証券をもって供託している場合で、主たる事務所を移転したためその最寄りの供託所が変更したときは、金銭の部分に限り、移転後の主たる事務所の最寄りの供託所への営業保証金の保管替えを請求することができる。

【問　30】　宅地建物取引業者Aが行う業務に関する次の記述のうち、宅地建物取引業法の規定によれば、正しいものはどれか。

1　Aは、新築分譲マンションを建築工事の完了前に販売しようとする場合、建築基準法第6条第1項の確認を受ける前において、当該マンションの売買契約の締結をすることはできないが、当該販売に関する広告をすることはできる。

2　Aは、宅地の売買に関する広告をするに当たり、当該宅地の形質について、実際のものよりも著しく優良であると人を誤認させる表示をした場合、当該宅地に関する注文がなく、売買が成立しなかったときであっても、監督処分及び罰則の対象となる。

3　Aは、宅地又は建物の売買に関する広告をする際に取引態様の別を明示した場合、当該広告を見た者から売買に関する注文を受けたときは、改めて取引態様の別を明示する必要はない。

4　Aは、一団の宅地の販売について、数回に分けて広告をするときは、最初に行う広告以外は、取引態様の別を明示する必要はない。

⦿【問　31】　宅地建物取引業者Aが、自ら売主として宅地建物取引業者ではない買主Bとの間で宅地の売買契約を締結する場合における次の記述のうち、宅地建物取引業法の規定によれば、誤っているものはいくつあるか。

ア　Aが種類又は品質に関して契約の内容に適合しない場合におけるその不適合を担保すべき責任に関する買主の不適合である旨の売主に対する通知期間を売買契約に係る宅地の引渡しの日から3年間とする特約は、無効である。

イ　Aは、Bに売却予定の宅地の一部に甲市所有の旧道路敷が含まれていることが判明したため、甲市に払下げを申請中である。この場合、Aは、重要事項説明書に払下申請書の写しを添付し、その旨をBに説明すれば、売買契約を締結することができる。

ウ　「手付放棄による契約の解除は、契約締結後30日以内に限る」旨の特約を定めた場合、契約締結後30日を経過したときは、Aが契約の履行に着手していなかったとしても、Bは、手付を放棄して契約の解除をすることができない。

1　一つ
2　二つ
3　三つ
4　なし

【問　32】　宅地建物取引業者Aは、BからB所有の宅地の売却について媒介の依頼を受けた。この場合における次の記述のうち、宅地建物取引業法（以下この問において「法」という。）の規定によれば、誤っているものはいくつあるか。

ア　AがBとの間で専任媒介契約を締結し、Bから「売却を秘密にしておきたいので指定流通機構への登録をしないでほしい」旨の申出があった場合、Aは、そのことを理由に登録をしなかったとしても法に違反しない。

イ　AがBとの間で媒介契約を締結した場合、Aは、Bに対して遅滞なく法第34条の2第1項の規定に基づく書面を交付しなければならないが、Bが宅地建物取引業者であるときは、当該書面の交付を省略することができる。

ウ　AがBとの間で有効期間を3月とする専任媒介契約を締結した場合、期間満了前にBから当該契約の更新をしない旨の申出がない限り、当該期間は自動的に更新される。

エ　AがBとの間で一般媒介契約（専任媒介契約でない媒介契約）を締結し、当該媒介契約において、重ねて依頼する他の宅地建物取引業者を明示する義務がある場合、Aは、Bが明示していない他の宅地建物取引業者の媒介又は代理によって売買の契約を成立させたときの措置を法第34条の2第1項の規定に基づく書面に記載しなければならない。

1　一つ
2　二つ
3　三つ
4　四つ

【問　33】　宅地建物取引業者Aが、自ら売主として買主との間で建築工事完了前の建物を5,000万円で売買する契約をした場合において、宅地建物取引業法第41条第1項に規定する手付金等の保全措置（以下この問において「保全措置」という。）に関する次の記述のうち、同法に違反するものはどれか。

1　Aは、宅地建物取引業者であるBと契約を締結し、保全措置を講じずに、Bから手付金として1,000万円を受領した。

2　Aは、宅地建物取引業者でないCと契約を締結し、保全措置を講じた上でCから1,000万円の手付金を受領した。

3　Aは、宅地建物取引業者でないDと契約を締結し、保全措置を講じることなくDから手付金100万円を受領した後、500万円の保全措置を講じた上で中間金500万円を受領した。

4　Aは、宅地建物取引業者でないEと契約を締結し、Eから手付金100万円と中間金500万円を受領したが、既に当該建物についてAからEへの所有権移転の登記を完了していたため、保全措置を講じなかった。

改【問 34】 宅地建物取引業者が行う宅地建物取引業法第35条に規定する重要事項の説明に関する次の記述のうち、正しいものはどれか。なお、説明の相手方は宅地建物取引業者ではないものとする。

1 建物の売買の媒介を行う場合、当該建物の売主に耐震診断の記録の有無を照会したにもかかわらず、当該有無が判別しないときは、自ら耐震診断を実施し、その結果を説明する必要がある。

2 建物の貸借の媒介を行う場合、当該建物が津波防災地域づくりに関する法律第23条第1項の規定に基づく津波防護施設区域に位置しているときはその旨を説明する必要があるが、同法第53条第1項の規定に基づく津波災害警戒区域に位置しているときであってもその旨は説明する必要はない。

3 建物の売買の媒介を行う場合、売主が特定住宅瑕疵担保責任の履行の確保等に関する法律に基づく住宅販売瑕疵(かし)担保保証金の供託を行うときは、その措置の概要を説明する必要があるが、当該建物の瑕疵(かし)を担保すべき責任の履行に関し保証保険契約の締結を行うときは、その措置の概要を説明する必要はない。

4 区分所有権の目的である建物の貸借の媒介を行う場合、その専有部分の用途その他の利用制限に関する規約の定めがあるときはその内容を説明する必要があるが、1棟の建物又はその敷地の専用使用権に関する規約の定めについては説明する必要がない。

改【問 35】 宅地建物取引業法第35条に規定する重要事項の説明及び同条の規定により交付すべき書面（以下この問において「35条書面」という。）に関する次の記述のうち、同法の規定によれば、誤っているものはどれか。なお、説明の相手方は宅地建物取引業者ではないものとする。

1 宅地建物取引業者は、買主の自宅で35条書面を交付して説明を行うことができる。

2 宅地建物取引業者は、中古マンションの売買を行う場合、抵当権が設定されているときは、契約日までにその登記が抹消される予定であっても、当該抵当権の内容について説明しなければならない。

3 宅地建物取引士は、宅地建物取引士証の有効期間が満了している場合、35条書面に記名することはできるが、取引の相手方に対し説明はできない。

4 宅地建物取引業者は、土地の割賦販売の媒介を行う場合、割賦販売価格のみならず、現金販売価格についても説明しなければならない。

改【問 36】 建物の貸借の媒介を行う宅地建物取引業者が、その取引の相手方に対して行った次の発言内容のうち、宅地建物取引業法の規定に違反しないものはどれか。なお、

この問において「重要事項説明」とは同法第35条の規定に基づく重要事項の説明をいい、「重要事項説明書」とは同条の規定により交付すべき書面をいうものとする。また、説明の相手方は宅地建物取引業者ではないものとする。

1　重要事項説明のため、明日お宅にお伺いする当社の者は、宅地建物取引士ではありませんが、当社の最高責任者である代表取締役ですので、重要事項説明をする者として問題ございません。

2　この物件の契約条件につきましては、お手元のチラシに詳しく書いてありますので、重要事項説明は、内容が重複するため省略させていただきます。ただ、重要事項説明書の交付は、法律上の義務ですので、入居後、郵便受けに入れておきます。

3　この物件の担当である宅地建物取引士が急用のため対応できなくなりましたが、せっかくお越しいただきましたので、重要事項説明書にある宅地建物取引士欄を訂正の上、宅地建物取引士である私が記名をし、代わりに重要事項説明をさせていただきます。私の宅地建物取引士証をお見せします。

4　この物件は人気物件ですので、申込みをいただいた時点で契約成立とさせていただきます。後日、重要事項説明書を兼ねた契約書を送付いたしますので、署名の上、返送していただければ、手続は全て完了いたします。

改【問　37】　宅地建物取引業者A及び宅地建物取引業者B（共に消費税課税事業者）が受け取る報酬に関する次の記述のうち、正しいものはいくつあるか。

ア　Aが居住用建物の貸借の媒介をするに当たり、依頼者からの依頼に基づくことなく広告をした場合でも、その広告が貸借の契約の成立に寄与したとき、Aは、報酬とは別に、その広告料金に相当する額を請求できる。

イ　Aは売主から代理の依頼を受け、Bは買主から媒介の依頼を受けて、代金4,000万円の宅地の売買契約を成立させた場合、Aは売主から277万2,000円、Bは買主から138万6,000円の報酬をそれぞれ受けることができる。

ウ　Aは貸主から、Bは借主から、それぞれ媒介の依頼を受けて、共同して居住用建物の賃貸借契約を成立させた場合、貸主及び借主の承諾を得ていれば、Aは貸主から、Bは借主からそれぞれ借賃の1.1か月分の報酬を受けることができる。

1　一つ
2　二つ
3　三つ
4　なし

【問　38】 宅地建物取引業者Aが、自ら売主として宅地建物取引業者でない買主Bとの間で締結した宅地の売買契約について、Bが宅地建物取引業法第37条の2の規定に基づき、いわゆるクーリング・オフによる契約の解除をする場合における次の記述のうち、正しいものはどれか。

1　Aは、喫茶店でBから買受けの申込みを受け、その際にクーリング・オフについて書面で告げた上で契約を締結した。その7日後にBから契約の解除の書面を受けた場合、Aは、代金全部の支払を受け、当該宅地をBに引き渡していても契約の解除を拒むことができない。

2　Aは、Bが指定した喫茶店でBから買受けの申込みを受け、Bにクーリング・オフについて何も告げずに契約を締結し、7日が経過した。この場合、Bが指定した場所で契約を締結しているので、Aは、契約の解除を拒むことができる。

3　Bは、Aの仮設テント張りの案内所で買受けの申込みをし、その3日後にAの事務所でクーリング・オフについて書面で告げられた上で契約を締結した。この場合、Aの事務所で契約を締結しているので、Bは、契約の解除をすることができない。

4　Bは、Aの仮設テント張りの案内所で買受けの申込みをし、Aの事務所でクーリング・オフについて書面で告げられた上で契約を締結した。この書面の中で、クーリング・オフによる契約の解除ができる期間を14日間としていた場合、Bは、契約の締結の日から10日後であっても契約の解除をすることができる。

㊵【問　39】 宅地建物取引業保証協会（以下この問において「保証協会」という。）に関する次の記述のうち、正しいものはどれか。

1　還付充当金の未納により保証協会の社員の地位を失った宅地建物取引業者は、その地位を失った日から2週間以内に弁済業務保証金を供託すれば、その地位を回復する。

2　保証協会は、その社員である宅地建物取引業者から弁済業務保証金分担金の納付を受けたときは、その納付を受けた日から2週間以内に、その納付を受けた額に相当する額の弁済業務保証金を供託しなければならない。

3　保証協会は、弁済業務保証金の還付があったときは、当該還付に係る社員又は社員であった者に対して、当該還付額に相当する額の還付充当金を保証協会に納付すべきことを通知しなければならない。

4　宅地建物取引業者が保証協会の社員となる前に、当該宅地建物取引業者に建物の貸借の媒介を依頼した者（宅地建物取引業者に該当する者を除く。）は、その取引により生じた債権に関し、当該保証協会が供託した弁済業務保証金について弁済を受ける権利を有しない。

改【問 40】 宅地建物取引業者が行う業務に関する次の記述のうち、宅地建物取引業法の規定によれば、正しいものはいくつあるか。なお、この問において「37条書面」とは、同法第37条の規定により交付すべき書面をいうものとする。

ア 宅地建物取引業者は、自ら売主として宅地建物取引業者ではない買主との間で新築分譲住宅の売買契約を締結した場合において、当該建物が種類若しくは品質に関して契約の内容に適合しない場合におけるその不適合を担保すべき責任の履行に関して講ずべき保証保険契約の締結その他の措置について定めがあるときは、当該措置についても37条書面に記載しなければならない。

イ 宅地建物取引業者は、37条書面を交付するに当たり、宅地建物取引士をして、その書面に記名の上、その内容を説明させなければならない。

ウ 宅地建物取引業者は、自ら売主として宅地の売買契約を締結した場合は、買主が宅地建物取引業者であっても、37条書面に当該宅地の引渡しの時期を記載しなければならない。

エ 宅地建物取引業者は、建物の売買の媒介において、当該建物に係る租税その他の公課の負担に関する定めがあるときは、その内容を37条書面に記載しなければならない。

1 一つ
2 二つ
3 三つ
4 四つ

【問 41】 次の記述のうち、宅地建物取引業法（以下この問において「法」という。）の規定によれば、正しいものはどれか。

1 宅地建物取引業者が、他の宅地建物取引業者が行う一団の宅地建物の分譲の代理又は媒介を、案内所を設置して行う場合で、その案内所が専任の宅地建物取引士を置くべき場所に該当しない場合は、当該案内所には、クーリング・オフ制度の適用がある旨を表示した標識を掲げなければならない。

2 宅地建物取引業者が、その従業者をして宅地の売買の勧誘を行わせたが、相手方が明確に買う意思がない旨を表明した場合、別の従業者をして、再度同じ相手方に勧誘を行わせることは法に違反しない。

3 宅地建物取引業者が、自ら売主となる宅地建物売買契約成立後、媒介を依頼した他の宅地建物取引業者へ報酬を支払うことを拒む行為は、不当な履行遅延（法第44条）に該当する。

4 宅地建物取引業者は、その事務所ごとに従業者名簿を備えなければならないが、退職した従業者に関する事項は従業者名簿への記載の対象ではない。

改【問 42】 宅地建物取引業者Aが宅地建物取引業法第37条の規定により交付すべき書面（以下この問において「37条書面」という。）に関する次の記述のうち、同法の規定によれば、誤っているものの組合せはどれか。

ア Aが売主として宅地建物取引業者Bの媒介により、土地付建物の売買契約を締結した場合、Bが37条書面を作成し、その宅地建物取引士をして当該書面に記名させれば、Aは、宅地建物取引士による37条書面への記名を省略することができる。

イ Aがその媒介により、事業用宅地の定期賃貸借契約を公正証書によって成立させた場合、当該公正証書とは別に37条書面を作成して交付するに当たって、宅地建物取引士をして記名させる必要はない。

ウ Aが売主としてCとの間で売買契約を成立させた場合（Cは自宅を売却して購入代金に充てる予定である。）、AC間の売買契約に「Cは、自宅を一定の金額以上で売却できなかった場合、本件売買契約を無条件で解除できる」旨の定めがあるときは、Aは、37条書面にその内容を記載しなければならない。

1 ア、イ
2 ア、ウ
3 イ、ウ
4 ア、イ、ウ

【問 43】 宅地建物取引業者Aが行う業務に関する次の記述のうち、宅地建物取引業法の規定に違反しないものはどれか。

1 Aは、買主Bとの間で建物の売買契約を締結する当日、Bが手付金を一部しか用意できなかったため、やむを得ず、残りの手付金を複数回に分けてBから受領することとし、契約の締結を誘引した。

2 Aの従業者は、投資用マンションの販売において、相手方に事前の連絡をしないまま自宅を訪問し、その際、勧誘に先立って、業者名、自己の氏名、契約締結の勧誘が目的である旨を告げた上で勧誘を行った。

3 Aの従業者は、マンション建設に必要な甲土地の買受けに当たり、甲土地の所有者に対し、電話により売買の勧誘を行った。その際、売却の意思は一切ない旨を告げられたが、その翌日、再度の勧誘を行った。

4 Aの従業者は、宅地の売買を勧誘する際、相手方に対して「近所に幹線道路の建設計画があるため、この土地は将来的に確実に値上がりする」と説明したが、実際には当該建設計画は存在せず、当該従業者の思い込みであったことが判明した。

【問　44】　宅地建物取引業法（以下この問において「法」という。）の規定に基づく監督処分に関する次の記述のうち、誤っているものはいくつあるか。

ア　宅地建物取引業者Ａ（甲県知事免許）が乙県内において法第32条違反となる広告を行った。この場合、乙県知事から業務停止の処分を受けることがある。

イ　宅地建物取引業者Ｂ（甲県知事免許）は、法第50条第２項の届出をし、乙県内にマンション分譲の案内所を設置して業務を行っていたが、当該案内所について法第31条の３第３項に違反している事実が判明した。この場合、乙県知事から指示処分を受けることがある。

ウ　宅地建物取引業者Ｃ（甲県知事免許）の事務所の所在地を確知できないため、甲県知事は確知できない旨を公告した。この場合、その公告の日から30日以内にＣから申出がなければ、甲県知事は法第67条第１項により免許を取り消すことができる。

エ　宅地建物取引業者Ｄ（国土交通大臣免許）は、甲県知事から業務停止の処分を受けた。この場合、Ｄが当該処分に違反したとしても、国土交通大臣から免許を取り消されることはない。

1　一つ
2　二つ
3　三つ
4　なし

㊜【問　45】　特定住宅瑕疵担保責任の履行の確保等に関する法律に基づく住宅販売瑕疵担保保証金の供託又は住宅販売瑕疵担保責任保険契約の締結に関する次の記述のうち、正しいものはどれか。

1　自ら売主として新築住宅を宅地建物取引業者でない買主に引き渡した宅地建物取引業者は、基準日に係る住宅販売瑕疵担保保証金の供託及び住宅販売瑕疵担保責任保険契約の締結の状況について届出をしなければ、当該基準日から起算して50日を経過した日以後、新たに自ら売主となる新築住宅の売買契約を締結してはならない。

2　宅地建物取引業者は、自ら売主として新築住宅を販売する場合だけでなく、新築住宅の売買の媒介をする場合においても、住宅販売瑕疵担保保証金の供託又は住宅販売瑕疵担保責任保険契約の締結を行う義務を負う。

3　住宅販売瑕疵担保責任保険契約は、新築住宅の買主が保険料を支払うことを約し、住宅瑕疵担保責任保険法人と締結する保険契約である。

4　自ら売主として新築住宅を販売する宅地建物取引業者は、住宅販売瑕疵担保保証金の供託をする場合、当該新築住宅の売買契約を締結するまでに、当該新築住宅の買主に対し、当該供託をしている供託所の所在地、供託所の表示等について記載した書面を交付して説明しなければならない。

改【問　46】 独立行政法人住宅金融支援機構（以下この問において「機構」という。）に関する次の記述のうち、誤っているものはどれか。

1　機構は、地震に対する安全性の向上を主たる目的とする住宅の改良に必要な資金の貸付けを業務として行っている。

2　機構は、証券化支援事業（買取型）において、住宅の改良に必要な資金の貸付けに係る貸付債権についても、全て譲受けの対象としている。

3　機構は、高齢者の家庭に適した良好な居住性能及び居住環境を有する住宅とすることを主たる目的とする住宅の改良（高齢者が自ら居住する住宅について行うものに限る。）に必要な資金の貸付けを業務として行っている。

4　機構は、市街地の土地の合理的な利用に寄与する一定の建築物の建設に必要な資金の貸付けを業務として行っている。

【問　47】 宅地建物取引業者が行う広告に関する次の記述のうち、不当景品類及び不当表示防止法（不動産の表示に関する公正競争規約を含む。）の規定によれば、正しいものはどれか。

1　建築基準法第28条（居室の採光及び換気）の規定に適合した採光及び換気のための窓等がなくても、居室として利用できる程度の広さがあれば、広告において居室として表示できる。

2　新築分譲マンションの販売広告において、住戸により修繕積立金の額が異なる場合であって、全ての住戸の修繕積立金を示すことが困難であるときは、全住戸の平均額のみ表示すればよい。

3　私道負担部分が含まれている新築住宅を販売する際、私道負担の面積が全体の5％以下であれば、私道負担部分がある旨を表示すれば足り、その面積までは表示する必要はない。

4　建築工事に着手した後に、その工事を相当の期間にわたり中断していた新築分譲マンションについては、建築工事に着手した時期及び中断していた期間を明瞭に表示しなければならない。

【**問　48（参考）**】　宅地建物の統計等に関する次の記述のうち、正しいものはどれか。

> **注：** 出題内容の「参考」として、出題当時の内容をそのまま収載しました。なお、最新の数値・傾向等に改題した当問題を「ダウンロードサービス」でご提供いたします（2024年8月末日頃〜公開予定）。詳しくは【**解説編**】P. *x* をご覧ください。

1　平成24年度法人企業統計年報（平成25年9月公表）によれば、平成24年度における不動産業の売上高は約32兆7,000億円と対前年度比で8.5％減少し、3年連続で減少した。

2　建築着工統計（平成26年1月公表）によれば、平成25年の新設住宅着工戸数は持家、分譲住宅ともに前年に比べ増加したが、貸家は3年ぶりに減少した。

3　平成26年版土地白書（平成26年6月公表）によれば、土地取引について、売買による所有権の移転登記の件数でその動向を見ると、平成25年の全国の土地取引件数は128.1万件となり、前年に比べ減少した。

4　平成26年地価公示（平成26年3月公表）によれば、平成25年の1年間の地価変動率は、全国平均で見ると全ての用途で前年に引き続き下落したが、地方平均で見ると商業地については上昇に転じた。

【**問　49**】　土地に関する次の記述のうち、最も不適当なものはどれか。

1　旧河道は、地震や洪水などによる災害を受ける危険度が高い所である。

2　地盤の液状化は、地盤の条件と地震の揺れ方により、発生することがある。

3　沿岸地域は、津波や高潮などの被害を受けやすく、宅地の標高や避難経路を把握しておくことが必要である。

4　台地や丘陵の縁辺部は、豪雨などによる崖崩れに対しては、安全である。

【**問　50**】　建築物の構造と材料に関する次の記述のうち、最も不適当なものはどれか。

1　鉄筋コンクリート構造におけるコンクリートのひび割れは、鉄筋の腐食に関係する。

2　モルタルは、一般に水、セメント及び砂利を練り混ぜたものである。

3　骨材とは、砂と砂利をいい、砂を細骨材、砂利を粗骨材と呼んでいる。

4　コンクリートは、水、セメント、砂及び砂利を混練したものである。

宅地建物取引士講座コース

日建学院では様々なコースを用意しています。ご自分のペース、スタイルに合った最適なコースをお選びくだ

			2023年 10月中旬～	2024年 1月	2月	3月	4月	5月	6月

スーパー本科コース 〔通学〕〔Web〕〔教育訓練給付制度※〕

早めのスタートを切り万全の準備をする方へ

本科コースに「早期対策講座」「要点解説講義」「ズバリ解説」のオプションをセットに。
早めのスタートを切って万全の準備を整えられるプレミアムなコースです。
※教育訓練給付制度の対象にセットオプションは含まれません。

4月下旬～　本講
セットオプション

本科コース 〔通学〕〔Web〕〔教育訓練給付制度〕

基礎からじっくり学びたい方へ

6ヵ月で基礎から応用まで段階的に学習ができるスタンダードコースです。
合格に必要な知識を着実にインプットし、合格力を身につけます。

4月下旬～　本講

短期集中コース 〔通学〕〔Web〕〔教育訓練給付制度〕

重要ポイントを集中的に学びたい方へ

受験対策に欠かすことのできない科目ごとの重要ポイントを集約した
短期コースです。本試験に挑む万全の態勢を整えます。

6月中旬

直前対策コース 〔通学〕〔Web〕

演習で実力を身につけたい方へ

本試験直前の対策として、答案演習により確実な知識を身につけるコースです。
インプットとアウトプットの繰り返しで、実践力を養います。

直前攻略コース 〔通学〕〔Web〕

試験直前の総仕上げをしたい方へ

本試験直前3週間のラストスパートコースです。
模擬試験と解説講義の繰り返しによって、本試験への総仕上げを行います。

重点Webコース 〔Web〕〔教育訓練給付制度〕

自分のペース、理解度に合わせて学習したい方へ

基礎から実践的な答案演習まで、動画を中心に構成されたWeb講義。
自分の理解度に合わせ、いつでも、何度でも反復が可能です。

1月下旬～当年度講義
入門民法① 前年度版　　入門民法② 1月下旬～　　本講義
アプローチ主要科目 3月上旬～

通信合格コース 〔通信〕〔教育訓練給付制度〕

自宅学習で時間を有効利用したい方へ

メイン教材は日建学院通学生と同じ。
どうしても通学が難しい方、限られた時間を有効活用したい方におすすめです。

2月中旬　　　　5月中旬
第一回目教材

スーパー本科コース セットオプション内容

2023年 10月中旬	2024年 1月		2月		4月

  入門民法①(前年度版)

1月下旬～ 早期対策講座

入門民法②(新年度版)

3月上旬～

アプローチ主要科目配信開

日建学院コールセンター ☎ 0120-243-229

株式会社建築資料研究社　東京都豊島区池袋2-50-1　　受付／AM10:00～PM5:00(土・日・祝日は除きます)

| 9月 | 10月 | 本試験 |

10月上旬　直前攻略

早期対策	2023年10月中旬～
開講日	2024年4月下旬～
学習期間	約6ヵ月(週1回または2回通学)
受講料	一般／280,000円 学生／170,000円
	(税込・教材費込 一般／308,000円 学生／187,000円)

10月上旬　直前攻略

開講日	2024年4月下旬～
学習期間	約6ヵ月(週1回または2回通学)
受講料	一般／230,000円 学生／120,000円
	(税込・教材費込 一般／253,000円 学生／132,000円)

オプション
- 入門民法・アプローチ主要科目 20,000円(税込 22,000円)
- 要点解説 50,000円(税込 55,000円)
- ズバリ解説 30,000円(税込 33,000円)

10月上旬　直前攻略

開講日	2024年6月中旬～
学習期間	約4ヵ月(週1回または2回通学)
受講料	一般／180,000円 学生／100,000円
	(税込・教材費込 一般／198,000円 学生／110,000円)

オプション
- ズバリ解説 30,000円(税込 33,000円)

上旬～ 10月上旬　直前攻略

本講義

開講日	2024年8月上旬～
学習期間	約2ヵ月(週1回または2回通学)
受講料	120,000円 (税込・教材費込 132,000円)

オプション
- ズバリ解説 30,000円(税込 33,000円)

10月上旬　直前攻略

開講日	2024年10月上旬～
学習期間	約3週間
受講料	50,000円 (税込・教材費込 55,000円)

オプション
- ズバリ解説 30,000円(税込 33,000円)

当初試験機関が公表した
本試験日当日まで配信

講座配信日	2023年10月中旬～ 2024年度本試験日当日まで
受講料	一般／100,000円 学生／80,000円
	(税込・教材費込 一般／110,000円 学生／88,000円)

教材

教材発送日	2024年2月中旬～
学習期間	約8ヵ月
受講料	38,000円 学生／30,000円
	(税込・教材費込 41,800円 学生／33,000円)

オプション
- ズバリ解説 30,000円(税込 33,000円)

※詳細は最寄りの日建学院にお問い合わせください。

Web配信は当初試験機関が公表した本試験日当日まで

| 5月 | 6月 | 10月 |

要点解説講義

ズバリ解説 (4月中旬より随時)

試験直前の総仕上げ！

日建学院の公開模擬なら
全国規模の実力診断!!

全国統一
公開模擬試験

試　験　日
2024年10月6日(日)【予定】

※各校により実施日が異なる場合がありますので、受講校にご確認ください。

詳細な個人分析表で
現状の弱点と立ち位置を把握

左より順に、「得点」・「平均点」・「偏差値」そして「受験者数とその中の順位」を表示します。

合格の可能性をA～Dの4つのランクで表示します。

試験結果に対するコメント。試験の評定をこちらに表示します。

過去に受験した、模擬テストの得点履歴もこの欄に表示します。

得点分布をレーダーグラフで表示します。各科目の得点バランスがひと目で確認できます。

基礎力・応用力が各科目別にパーセントで表示され、学習理解度が把握できます。

各分野別に、受験者数とその中での順位をここに表示します。

得点から偏差値までの4つの項目を棒グラフで見やすく表示します。

多くの受験者が正解した、正答率の高い問題を誤答すると、不得意分野として正答率の隣に★印が表示されます。この★印の分野・分類を優先して復習することが、学習する上でとても重要です。

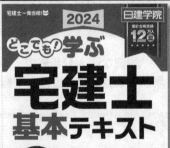

■**正誤等に関するお問合せについて**

　本書の記載内容に万一、誤り等が疑われる箇所がございましたら、**郵送・FAX・メール等の書面**にて以下の連絡先までお問合せください。その際には、お問合せされる方のお名前・連絡先等を必ず明記してください。また、お問合せの受付け後、回答には時間を要しますので、あらかじめご了承いただきますよう、お願い申し上げます。

　なお、正誤等に関するお問合せ以外のご質問、受験指導および相談等はお受けできません。そのようなお問合せにはご回答いたしかねますので、あらかじめご了承ください。

お電話によるお問合せは、お受けできません。

[郵送先]
〒171-0014
東京都豊島区池袋2-38-1　日建学院ビル 3F
建築資料研究社 出版部
「2024年度版 どこでも！学ぶ宅建士 年度別本試験問題集」正誤問合せ係
[FAX]
03-3987-3256
[メールアドレス]
seigo@mx1.ksknet.co.jp

メールの「件名」には、書籍名の明記をお願いいたします。

■**本書の法改正・正誤等について**

　本書の発行後に発生しました2024年度試験に関係する法改正・正誤等についての情報は、下記ホームページ内でご案内いたします。

　なお、ホームページへの掲載は、対象試験終了時ないし、本書の改訂版が発行されるまでとなりますので、あらかじめご了承ください。

https://www.kskpub.com ➡ **お知らせ(訂正・追録)**

＊装　　丁／広田 正康
＊イラスト／株式会社アット
　　　　　（イラスト工房 http://www.illust-factory.com）

日建学院 「宅建士 一発合格！」シリーズ

2024年度版　どこでも！学ぶ宅建士　年度別本試験問題集

2024年2月5日　初版第1刷発行

編　著　日建学院
発行人　馬場 栄一
発行所　株式会社建築資料研究社
　　　　〒171-0014　東京都豊島区池袋2-38-1
　　　　日建学院ビル 3F
　　　　TEL：03-3986-3239
　　　　FAX：03-3987-3256

印刷所　株式会社ワコー